全国高等院校医学实验教学规划教材

医学化学实验教程

第2版

主　　编　赵云山　刘全礼
副主编　崔成立　程向晖　刘绍学
主　　审　杨玉梅
编　　委（以姓氏笔画为序）
王登奎　石松利　白迎春　刘全礼
刘绍学　杨　丹　杨玉梅　苏　琨
何　鑫　张　璐　张桂莲　周红兵
郑东华　赵云山　赵冬冬　钮树芳
郭　叶　郭梅凤　崔成立　程向晖
樊丽雅　薄彧坤

科学出版社
北　京

内 容 简 介

本书包括基础化学、无机化学、分析化学和有机化学 4 门课程的实验教学内容，是依据高等医学院校临床医学等专业特点和培养目标，由教学经验丰富的专家和教授编写而成。每门课程既有最基本的经典实验，也有难度较大的综合性实验、设计性实验和创新性实验，还有常用溶液的配制、常用玻璃仪器的清洗、常规仪器设备的使用等实验室基本知识的训练，内容新颖、充实，是一本实用性较强的医用化学实验教材。

本书不仅适用于临床医学专业的化学实验课教学，也可供预防医学、卫生检验、临床检验、法医、口腔医学、麻醉、康复、影像、放射等医学专业使用。

图书在版编目（CIP）数据

医学化学实验教程 / 赵云山，刘全礼主编. —2 版. —北京：科学出版社，2016.8

全国高等院校医学实验教学规划教材

ISBN 978-7-03-049610-2

Ⅰ. ①医… Ⅱ. ①赵… ②刘… Ⅲ. ①医用化学–化学实验–医学院校–教材 Ⅳ. ①R313-33

中国版本图书馆 CIP 数据核字（2016）第 196998 号

责任编辑：王　颖 / 责任校对：彭　涛

责任印制：赵　博 / 封面设计：陈　敬

科学出版社 出版

北京东黄城根北街 16 号

邮政编码：100717

http://www.sciencep.com

三河市骏杰印刷有限公司印刷

科学出版社发行 各地新华书店经销

*

2011 年 8 月第 一 版　开本：787×1092　1/16

2016 年 8 月第 二 版　印张：11　1/2

2020 年 8 月第七次印刷　字数：270 000

定价：42.80 元

（如有印装质量问题，我社负责调换）

前　言

本教材是根据高等医学院校临床医学、预防医学、卫生检验、临床检验、法医、口腔医学、麻醉、康复、影像、放射等专业的培养目标，以各专业的化学类课程的教学大纲和教学计划为依据编写而成。全书包括基础化学、无机化学、分析化学和有机化学 4 门课程实验。每门课程既有最基本的经典实验，也有难度较大的综合性实验、设计性实验和创新性实验，还有常用溶液的配制、常用玻璃仪器的清洗、常规仪器设备的使用等实验室基本知识的训练，有利于培养医学生的实践能力、科学作风和创新精神。各专业可根据本专业的特点和培养目标选择相关的实验项目进行教学。

由于我们的能力和水平有限，书中难免有不足之处，欢迎大家批评指正。

主　编

2016 年 4 月

目　　录

第一章　绪　论

一、化学实验课的目的

化学是一门以实验为基础的学科，化学实验是每个医药卫生工作者必须学习和掌握的一种非常重要的实验方法和基本技能。通过化学实验课，使学生受到正规、系统的化学实验训练，从而达到以下目的：

(1) 验证和巩固化学的基本理论和基本知识。

(2) 掌握化学实验的基本原理、基本方法和基本技能。

(3) 提高观察问题、分析问题和解决问题的能力。

(4) 培养良好的实验室工作习惯和严谨求实的科学作风。

二、化学实验室基本常识

（一）药品和试剂的使用规则

1. 一般药品、试剂的使用规则

(1) 存放：固体药品或试剂要放在广口瓶内；液体药品或试剂应放在细口瓶或带有滴管的点滴瓶内；见光容易分解的药品或试剂则应装在棕色或用黑色包裹的试剂瓶中。每一试剂瓶都必须贴有标签，写清楚药品或试剂的名称、浓度、纯度、来源、日期。

(2) 取用

1) 要看清瓶签上的标识。瓶塞或瓶盖取下后应夹在手指中或倒放在桌上，取完药品或试剂后要立即把瓶塞或瓶盖盖好并放回原位。

2) 不能用手直接接触药品或试剂。固体药品或试剂要用洁净的药勺取用，用过的药勺要洗净擦干后放回原处；液体药品或试剂要用专用的吸管或滴管取用，不能伸入到其他液体中，也不能与接收容器的器壁接触。

3) 倒取溶液时应将贴有瓶签的一面朝上或握向手心，以免药剂浸蚀损毁标签。

4) 取用不要过量。不论是固体还是液体，取出的药品或试剂绝不允许再放回原瓶里，以免造成污染。如取用不慎过量，可给别人或弃去。

2. 易燃、易爆、易腐蚀药品和试剂的使用规则

(1) 绝对不允许任意混合各种化学药品，以免发生意外事故。

(2) 钾、钠遇水容易起火，应保存在煤油或液状石蜡中；白磷等暴露在空气中易燃烧，应保存在水中。使用时要用镊子取用，并不得在空气中露置过久。

(3) 乙醚、乙醇、丙酮、苯、汽油等有机溶剂极易引燃；尤其是醚类和汽油类物质的蒸气与空气相混时极为危险，可能会由一个热的表面或者一个火花、电花而引起爆炸。使用时必须远离明火，用毕立即盖紧瓶塞。

(4) 混有空气不纯的氢气、一氧化碳等遇火易爆炸，操作时必须严禁接近明火；在点燃氢气、一氧化碳等易燃气体之前，必须先检查并确保纯度。

(5) 银氨溶液不能留存，因久置后会变成氮化银容易爆炸；某些强氧化剂，如氯化钾、硝酸钾、高锰酸钾等或其混合物不能研磨，否则将引起爆炸；有机过氧化物、芳香族化合物和硝酸酯等，受热或敲击均会爆炸。重金属乙炔化物、苦味酸金属盐、三硝基甲苯等都不能重压或撞击，以免引起爆炸。

(6) 浓酸、浓碱具有强腐蚀性，切勿使其溅在皮肤或衣服上，眼睛更应注意防护；稀释它们时（特别是浓硫酸）应将它们慢慢倒入水中，而不能相反进行，以避免迸溅。

3. 有毒、有害药品和试剂的使用规则

(1) 能产生有刺激性或有毒气体（如 H_2S、HF、Cl_2、CO、NO_2、Br_2 等）的实验最好在通风橱内进行。切忌俯向容器去嗅放出的气味；

闻气味时，应该是面部远离容器，用手把离开容器的气流慢慢地扇向自己的鼻孔。

(2)有毒药品，如重铬酸钾、钡盐、铅盐、砷的化合物、汞的化合物，特别是氰化物，取用时要戴厚口罩，以免进入口内；要避免接触伤口。剩余的废液也不能随便倒入下水道。

(3)金属汞易挥发(瓶中要加一层水保护)，可通过呼吸道进入人体内导致慢性中毒。故取用汞时，应在盛水的搪瓷盘上方操作；做金属汞的实验时应特别小心，不要把汞洒落在桌上或地上。一旦洒落，必须尽可能收集起来，并用硫磺粉盖在洒落的地方，使汞转化成不挥发的硫化汞。

(4)很多有机溶剂不仅对皮肤黏膜有刺激性，还可通过呼吸道或皮肤黏膜吸收入血导致中毒；烷化剂、芳香胺类化合物、稠环芳香烃类化合物等还有致癌作用。因此在取用时要做好防护，以免吸入或与皮肤黏膜接触。

(5)实验中所用的剧毒物质要严格按照毒麻药品管理规定领取、存放。

(二)实验室内意外事故的预防与处理及急救

1. 意外事故的预防

(1)使用电器设备之前要认真检查电源开关；不要用湿的手、物接触电源。水、电、煤气(液化气)等使用完毕后要立即关闭。点燃的火柴用后立即熄灭，不得随便丢弃。

(2)严禁在实验室内饮食、吸烟，也不要把食具带进实验室；不得穿拖鞋进入实验室；实验时要穿好白大褂；实验完毕，必须洗净双手。

(3)操作和处理易挥发、易燃烧的溶剂时，应远离火源；勿将易燃液体放在敞口容器中(如烧杯)直火加热，加热必须在水浴中进行；切勿使容器密闭，否则会造成爆炸。当处理大量的可燃性液体时，应在通风橱中或在指定地方进行，且应无火源。

(4)使用或反应过程中产生氯、溴、氧化氮、卤化氢等有毒气体或液体的实验，都应该在通风橱内进行，有时也可用气体吸收装置吸收产生的有毒气体。在使用通风橱时，实验开始后不要把头部伸入橱内。

(5)开启易挥发的试剂瓶时，瓶口要向着无人处，以防因大量气液冲出造成伤害；倾注试剂或加热液体时，不要俯视容器，以防溅出；试管加热时，切记不要使试管口向着自己或别人。

(6)洗涤的试管等容器应放在规定的地方(如试管架上)干燥，严禁用手甩干，以防未洗净容器中含有的酸碱液等伤害别人身体或衣物。

(7)实验室不许储放大量易燃物。少量的易燃、易爆、强腐蚀的试剂及强氧化剂应分别放置在低温、阴凉、通风的地方，切忌受热、重压或撞击。

(8)取用药品或试剂一定要用专用器具，不得用手接触；更不能拿吸管用嘴直接吸取液体试剂，尤其是浓酸、浓碱、洗液及挥发性和有毒性的物质。

(9)实验后的有毒残渣必须作妥善而有效的处理，不准乱丢。

2. 事故的处理和急救

(1)触电：首先切断电源，如拉闸或用绝缘物将人与电源分开；如触电者出现呼吸停止，要立即进行人工呼吸，并及时送往医院救治。

(2)起火：起火后，要根据起火的原因和火场周围的情况，采取不同的方法灭火；并采取措施防止火势蔓延，如切断电源，移走易燃药品等。如果火势严重，应立即报火警。

1)一般的小火，可用湿布、石棉布或沙子覆盖燃烧物，即可灭火。火势较大时，要使用泡沫灭火器或灭火水龙头。

2)电器设备所引起的火灾，首先应先切断电源，然后使用二氧化碳或四氯化碳灭火器灭火(注意：四氯化碳蒸气有毒，在空气不流通的地方使用有危险!)，因为这些灭火剂不导电，不会使人触电。这种情况下绝不能用水和泡沫灭火器灭火，因为水能导电，会使人触电甚至死亡。

3)活泼金属如钠、镁以及白磷等着火，宜用干沙灭火，不能用水、泡沫灭火器以及四氯化碳灭火器等。

4）衣服着火时，切勿惊慌乱跑，要赶紧脱下衣物，或用石棉布覆盖着火处，或立即往地上打滚，或浇以大量的水扑灭。

(3) 玻璃划伤：不要用手抚摸伤处，也不能用水洗涤伤处。应先把碎玻璃从伤处挑出，涂以紫药水或红汞、碘酒等。严重者要及时去医务室或医院进行处理包扎。

(4) 烫伤或炸伤

1）因火灼伤皮肤，不要用水洗涤伤处。伤处皮肤未破时可涂擦饱和碳酸氢钠溶液或用碳酸氢钠粉调成糊状敷于伤处，也可涂甘油、苦味酸溶液或烧伤油膏；如果伤处皮肤已破，可涂些紫药水或10%高锰酸钾溶液。

2）因酸腐蚀伤及皮肤，先用大量水冲洗，再用 5%碳酸氢钠溶液或稀氨水、肥皂水冲洗，最后用水冲洗，然后涂以凡士林。

3）因碱腐蚀伤及皮肤，先用大量水冲洗，再用1%乙酸溶液或5%硼酸溶液洗，最后用水冲洗，然后涂以凡士林。

4）因溴腐蚀伤及皮肤，要先用乙醇冲洗伤口，也可用苯或甘油洗伤口，再用水冲洗。

5）因受磷灼伤皮肤，可用 1%硝酸银、5%硫酸铜或浓高锰酸钾溶液洗涤伤口，必要时再进行包扎。

6）因酚灼伤皮肤，可用温水及 5%乙醇溶液洗涤伤口。

7）如果药品或试剂溅入眼内，首先用大量水冲洗，酸性药品或试剂再用 3%碳酸氢钠溶液淋洗，碱性药品或试剂再用 3%硼酸溶液淋洗。必要时送医务室或医院进行治疗。

8）如果因化学反应剧烈或容器耐压不够发生爆炸而将人炸伤，救治措施同上；如有出血，要进行止血处理。

(5) 中毒

1）吸入刺激性或有毒气体：如不慎吸入氯气或氯化氢气体时，可立即吸入少量乙醇和乙醚的混合蒸气进行解毒；吸入硫化氢或一氧化碳气体如果感到不适时，应立即到室外呼吸新鲜空气。注意，如吸入氯、溴中毒千万不要进行人工呼吸；吸入一氧化碳中毒千万不要使用兴奋剂。

2）误服毒物：溅入口中尚未咽下者应立即吐出，并用大量水冲洗口腔。已经吞下，应根据毒物性质给予解毒剂，并立即送往医院救治。

A. 腐蚀性毒物：如误服强酸，可用大量清水或 $0.1mol \cdot L^{-1}$ 的氢氧化钠溶液漱口，洗胃后，再内服氧化镁或镁乳；如误服强碱，也应先用大量清水或弱酸漱口，洗胃后，再服用醋、酸果汁等。

B. 刺激剂及神经性毒物：先用牛奶或鸡蛋白使之立即冲淡、缓和，再用一大匙硫酸镁（30g）溶于一杯水中催吐；也可用手指伸入喉部催吐，然后立即送往医院救治。

三、化学实验课的基本要求

（一）教师职责

(1) 课前教师要认真做好预试验，并按要求做好实验准备，保证实验室卫生、整洁、安全，仪器设备处于工作状态，各种实验物品齐全，确保学生实验的顺利完成。

(2) 首次上课时，教师要对学生进行实验室基本常识讲解，要求学生遵守操作规程，正确使用仪器设备及其他实验器材，节约药品及一切消耗品。

(3) 教师要按照教学大纲和教学计划指导学生实验，要注重加强学生的基本技能训练，提高学生的动手能力，培养学生的科学思维和严谨的工作态度，鼓励学生的创新意识和探索精神。

(4) 上课时教师要在实验室内巡视，认真指导，严格要求，使学生养成良好的实验室工作习惯。

(5) 实验结束后，实验教师要及时组织学生清扫实验室，保养仪器，清洗玻璃器皿，办理实验器材清还手续，发现问题及时处理。

(6) 教师要时时刻刻对学生进行安全性教育。每次实验结束后都要检查实验室的门、窗、水、电、锁，发现安全隐患及时报告处理，并填写《实验教学日志》和《实验室安全日志》。

（二）学生守则

(1)实验前要认真做好预习，了解实验目的，掌握实验原理，熟悉实验步骤，做好实验设计。

(2)要按教学计划规定的时间到达实验室上课或工作；进入实验室要身穿白大褂，不许穿拖鞋。无故不参加实验者，实验成绩为零分。

(3)进行实验前应核对自己所用的仪器、工具、药品、试剂及其他实验器材等，如有问题立即报告指导教师及时处理。

(4)进行实验时要认真正确操作，注意观察思考，如实记录实验数据，探索分析实验中出现的各种现象，锻炼自己分析问题和解决问题的能力。如实验失败或结果误差太大，一定要找出原因，必要时要重做。

(5)实验中要遵守操作规程，仪器设备如发生故障应立即停止使用并报告指导教师，不可自行拆卸修理。

(6)实验课应保持严肃认真的课堂气氛，严禁喧哗、吃零食、打电话、听音乐、吸烟、随地吐痰、乱抛纸屑杂物，禁止将杂物抛入水池；不准动用与本实验无关的仪器设备。

(7)注意节水、节电、节约试剂。用过的有毒、有害物品及其污染物应放在指定处，在教师的指导下统一进行无害处理。

(8)实验完毕，值日生应认真清点、整理实验器材，按要求清洗后妥为安放。打扫实验室，关闭水源、电源，关好门窗，经指导教师同意后方可离开实验室。

(9)课后要根据实验记录认真整理、分析、归纳、计算，并及时写好实验报告。实验报告一般包括以下几个部分：

1)实验名称和实验日期。

2)实验原理：简要地用文字或化学反应式说明测试方法的原理。

3)实验步骤：简要地用文字及流程图描述实验过程。

4)实验记录及数据处理：用文字、表格、图形等，将实验数据及其处理、分析结果、实验误差表示出来。

5)结果讨论：将实验过程中观察到的现象或发现的问题及实验教材中的思考题，进行讨论和分析，提高分析问题和解决问题的能力。

（三）实验室安全注意事项

1. 安全用电

(1)用电线路和配置应由学校专人安装检查，不得私自随意拉接。

(2)专线专用，杜绝超负荷用电。

(3)使用烘箱、电炉等高热电器要有专人看守。温箱需经长时间试用检查，确定确实恒温后方可过夜使用。

(4)不用电器时必须拉闸断电或拔下插头。

(5)电源跳闸，应由专业人员恢复供电。

(6)经常检查电路、插头、插座，发现破损立即报告并进行维修或更换。

2. 防火、防爆、防水

(1)严格安全用电。

(2)易燃、易爆物品要远离火源。必须加热处理者，应有专人监护。

(3)每个实验室要有消防器材，并保证人人会用。

(4)水槽内不许存放任何杂物，随时关闭水门。需长时间流水冲洗者，必须留人监护。

(5)自来水、暖气如有泄漏，要及时报告并修理。

(6)离开实验室前，必须检查门、窗、水、电。

3. 防污染

(1)易燃、易爆、剧毒、剧腐蚀物品尽量随用随领，挥发性药品必须在通风橱中进行操作。

(2)实验中产生的废液、危险或有毒化学品严禁直接倒入下水池，要按规定进行处理。

(3)有毒物品的空容器、包装物和废弃物，应交学校设备科统一处理，不得随意乱扔乱倒或当废品出售。

（杨玉梅　刘全礼）

第二章　基础化学实验

实验一　玻璃仪器的洗涤、干燥和使用

一、目标要求

(1)认识化学实验中常用的玻璃仪器。

(2)学习并练习常用玻璃仪器的洗涤和干燥方法。

(3)了解配制洗液的方法。

(4)学习并练习几种玻璃仪器的使用方法。

二、预习内容

(一)常见玻璃(瓷质)器皿简介

常见玻璃(瓷质)器皿简介如图 2-1、表 2-1 所示。

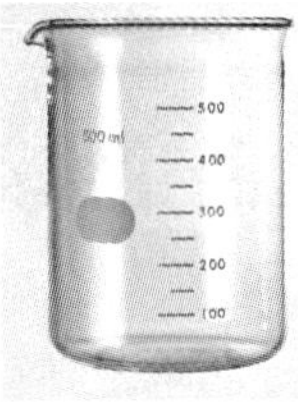

烧杯

锥形瓶

表面皿

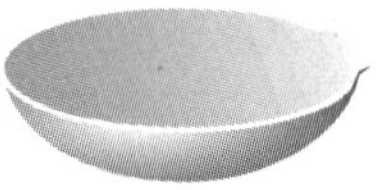

蒸发皿

试管

试管刷

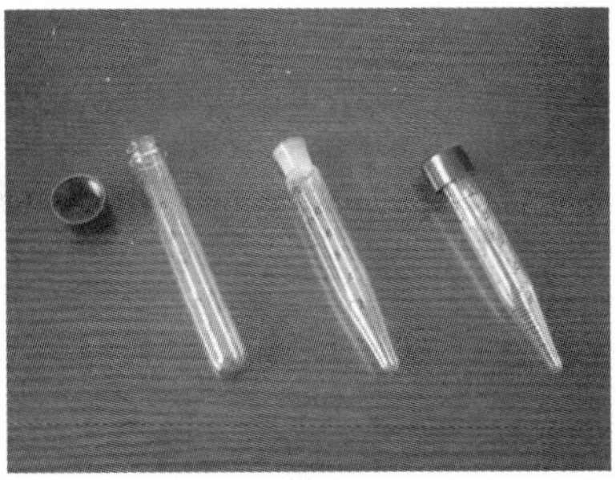

离心试管

试管夹

药匙

燃烧匙

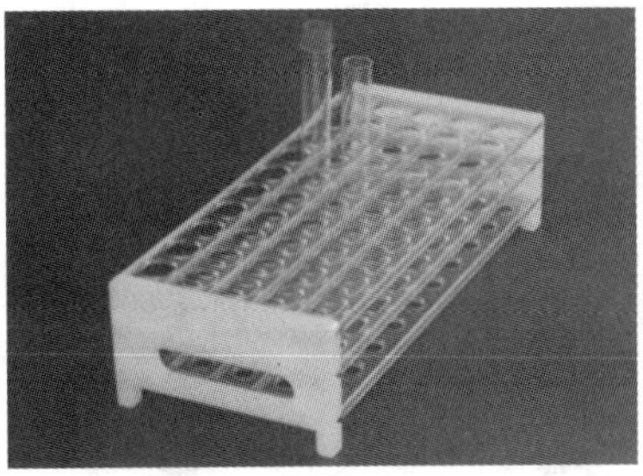

试管架

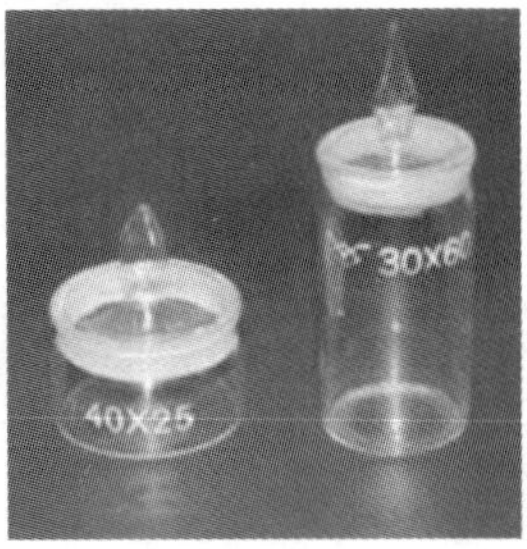

称量瓶

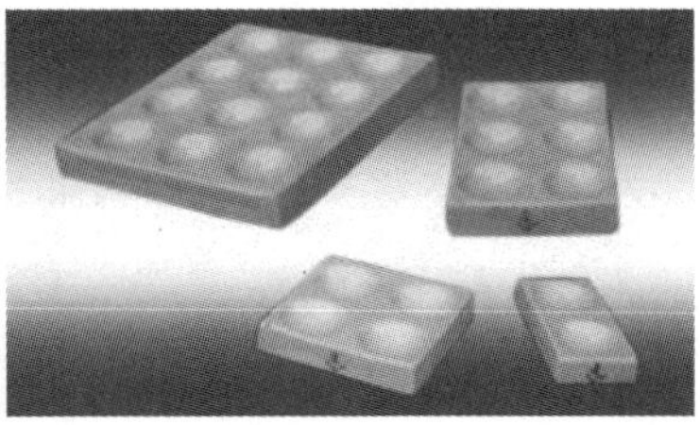

点滴板

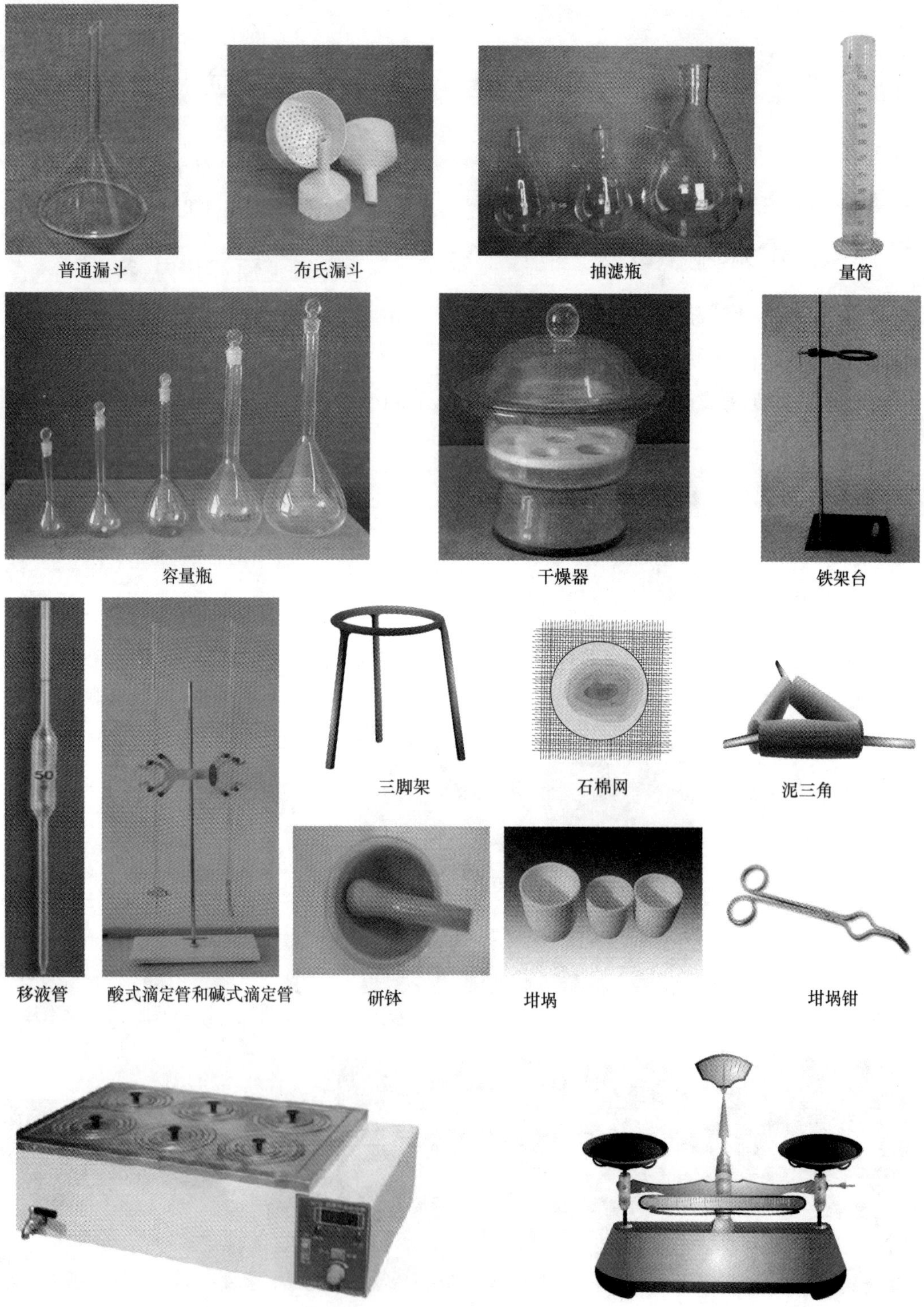
普通漏斗
布氏漏斗
抽滤瓶
量筒
容量瓶
干燥器
铁架台
移液管
50
酸式滴定管和碱式滴定管
三脚架
石棉网
泥三角
研钵
坩埚
坩埚钳
恒温水浴锅
托盘天平

图 2-1　常见玻璃仪器

表 2-1　常用器皿及其用途

仪器名称	规格	用途及注意事项
烧杯 锥形瓶	以容积(单位：ml)表示，一般有 50、100、150、200、400、500、1000、2000 等规格	用于反应器皿；加热时应置于石棉网上，使受热均匀，所盛反应液体一般不能超过容积的 2/3
试管 离心试管	普通试管是以管外径(mm)×长度(mm)表示，一般有 12×150、15×100、30×200 等规格；离心试管以容积(ml)表示，一般有 5、10、15 等规格	作为反应器皿；普通试管可直接加热，加热时应用试管夹夹持；离心试管不能用火直接加热；试管被加热后不能骤冷，以防试管被炸裂；加热时试管内液体不能超过试管体积的 1/3，以防受热时液体溅出；不需加热的反应液体一般不超过试管体积的 1/2
滴瓶	以容积(ml)表示，常有 30、60、125 等	用于盛装少量液体；不能用于加热或盛装热的液体
分液漏斗	以容积(ml)表示其大小，常用 125、250 等规格	用作分离和滴加液体；玻璃活塞不能互换；不能加热
称量瓶	以直径(mm)×高度(mm)表示，有 25×24、25×40、30×50、40×70、50×30、60×30、70×35 等规格	不能加热，也不能作为反应容器，只能用作称量，使用时应用干净纸片夹持
吸量管 移液管	以容积(ml)表示。有 1、2、5、10、25、50 等规格；精密度如 50ml 一般约为 0.2%	用于精确量取液体；不能加热；管口上无“吹出”字样者，使用时尖端液体不允许吹出
滴定管	以容积(ml)表示。常用酸式、碱式滴定管的容积为 25、50ml；精密度如 50ml 一般约为 0.2%	用于滴定操作；不能加热及量取热的液体；酸式滴定管、碱式滴定管不能互换使用，量取溶液时应先排除滴定管尖端的气泡。量取体积应用有刻度区域
容量瓶	以容积(ml)表示。有 10、25、50、100、200、250、500、1000 等规格；精密度如 100ml 约为 0.2%	用于配制试剂；瓶的磨口瓶塞配套使用不能互换；不能加热及量取热的液体
漏斗	分为普通漏斗和长颈漏斗。以口径(mm)表示其大小	用于过滤；不能用火加热
保温漏斗	以口径(mm)表示其大小	用于热过滤。切勿未加水就加热，以免损坏漏斗
干燥器	以外径(mm)表示其大小	存放勿潮湿的固体、灼烧后的坩埚，热物体放入器中，待冷后方可盖严盖子，器内中下部的带孔瓷板上方放置被干燥物，下方为硅胶类干燥剂，硅胶变色后应加热除水再生
量筒 量杯	以容积(ml)表示。有 10、20、50、100、200 等规格；精密度如 10ml 为 0.1ml、100ml 为 1ml	用于量取液体；不能量取热的液体，不能加热，不可用作反应容器
研钵	以口径(mm)或容积(ml)表示其大小；材质有瓷质、玻璃、玛瑙等	研磨固体物质，视固体性质选用不同材质的研钵；不能用火加热；不能研磨易爆物质
布氏漏斗 吸滤瓶	布氏漏斗以容积(ml)或口径(mm)表示其大小。吸滤瓶以容积(ml)表示其大小	用于抽气过滤，不能用火加热，吸滤瓶与布氏漏斗配合使用，漏斗所用橡皮塞要塞于吸滤瓶的 1/3 处，且要塞紧
坩埚 泥三角	坩埚以容积(ml)表示其大小；材质有瓷质、石英、铂、银、镍、铁、刚玉等 泥三角有大小之分；用铁丝弯成，套上瓷管 坩埚与泥三角配合使用	用于加热处理固体试样；依据试样性质选用不同材质的坩埚。 如瓷坩埚，熔点达 1400℃，吸水性小，易于恒量，常用来灼烧沉淀，但瓷坩埚耐碱性差，不适用于碱金属碳酸盐、氢氧化钠等物质灼烧，也不适用于氢氟酸分解。 又如铂坩埚，熔点达 1174℃，导热性能好，膨胀系数小，化学性质稳定，但像王水、盐酸与氧化剂的混合物、硫、磷、砷、汞、锡、铅、铋、锑、碱金属氧化物、氢氧化物、硝酸盐、亚硝酸盐、氧化物等都不能在铂坩埚中加热或熔融，以免浸蚀此坩埚。坩埚加热后不能骤冷
蒸发皿	以口径(mm)或容积(ml)表示，材质有瓷质、石英或金属制的	主要用于蒸发溶液，蒸发时可将其放在石棉网上，也可直接用火加热，能耐高温，但不能骤冷

续表

仪器名称	规格	用途及注意事项
点滴板	材质有透明玻璃和瓷质	用于定性沉淀实验等，不能加热
启普发生器	以容积(ml)表示大小	用于实验室制备气体，装入的固体反应物的粒度较大，不适用颗粒细小的固体反应，不能加热
表面皿	以直径(cm)表示，如5、6、7、8、9、12、15等规格	当加热溶液时，可将其放在烧杯上，以防液体溅出或尘粒落入，还有自然晾干少量晶体、与其他器皿组成气室或称量等用途。不能直接用火加热
干燥管		用来干燥空气中水分，阻止水分进入仪器或不需水分的反应系统

(二)容量分析基本仪器及其基本操作

1. 滴定管 滴定管是滴定时用来准确测量标准溶液体积的量器，具有精密的刻度。常量分析最常用的滴定管的容量为25ml[1]，在滴定管上部离管口不远的地方有一表示零的标线，自零向下将玻璃管分成25等份(单位为1ml)，每毫升间又分成10等份(单位为0.1ml)，最小刻度间可估计读出0.01ml，因此，读数可读到小数点后两位，如0.06ml，19.89ml等，一般读数误差为±0.02ml。滴定时所用标准溶液的体积可由滴定前后管内二液面的差值来计算。

(1)滴定管的分类：滴定管一般分为两种。一种是具塞滴定管，常称酸式滴定管；另一种是无塞滴定管，常称碱式滴定管。酸式滴定管的下端有玻璃活塞，可用以装酸性及氧化性溶液，但不适于装碱性溶液，因为碱性溶液要腐蚀玻璃，使活塞难以转动。碱式滴定管的下端连接一乳胶管，管内装有玻璃珠以控制溶液的流出[2]，乳胶管下面再接一尖嘴玻璃管，用来装碱性及无氧化性溶液，如高锰酸钾、碘等溶液，都不能装入碱式滴定管。滴定管除无色外，还有棕色的，用来装见光易分解的溶液。

(2)滴定管的使用方法

1)洗涤：滴定管在使用前必须洗净。当没有明显污物时，可直接用自来水冲洗。如果其内壁沾有油脂性污物，则可用肥皂液、合成洗涤液或Na_2CO_3溶液润洗[3]，必要时把洗涤液先加热并浸泡一段时间。若仍洗不干净，可用铬酸等洗液浸泡洗涤(铬酸洗液用于洗涤后，应倒回原盛装瓶)。铬酸洗液具有很能强的氧化能力而对玻璃的腐蚀作用又极小，但考虑到六价铬对人体有害，在可能的情况下不要多用。无论用肥皂液、洗液等洗涤后都需要用自来水充分洗涤，最后用蒸馏水少量洗涤2～3次，每次用5～10ml蒸馏水。洗净的滴定管，内壁应当均匀地被水湿润，即滴定管内的溶液放出后，管壁不应黏附液珠。

2)检查：应事先检查滴定管是否漏水，玻璃活塞旋转是否灵活。检查酸式滴定管时，把活塞关闭，用水充满至零刻度以上，直立约2min，仔细观察有无水从活塞缝隙中渗出，然后将活塞旋转180°，再观察2min，如无水滴滴下，缝隙中也无水渗出，表示滴定管不漏水，即可以使用，检查碱式滴定管，只需装水直立2min即可。

A. 酸式滴定管漏水，可按下法处理。倒出滴定管中的水，把滴定管平放在桌面上，先取下活塞上的小橡皮圈，再取下活塞，用滤纸或吸水纸擦干活塞和活塞槽，用食指取少许凡士林在活塞的两头[4]涂上薄薄的一层，不要涂到中间有孔处，也不要涂得太厚，把活塞插入塞槽内，转动活塞，外面观察活塞槽接触的地方应该是透明状态，而且活塞转动灵活。将滴定管放在桌上，一手顶住活塞大头，一手套好橡皮圈，再检查是否漏水，如不合要求则需重新涂凡士林。

B. 若碱式滴定管漏水，可将乳胶管中的玻璃珠转动一下或者略微向上推或向下移动一点。这样处理后，仍漏水，则需要更换玻璃珠或乳胶管。

3）标准溶液的装入：为了使装入滴定管内的标准溶液不被滴定管内壁的水稀释，要先用所装溶液润洗滴定管。加入标准溶液5～10ml，然后两手平端滴定管，慢慢转动使溶液流遍全管，再把滴定管竖起，打开滴定管活塞或捏挤玻璃珠附近的乳胶管，使溶液从出口管下端流出。如此润洗3次。特别注意一定要使标准溶液洗遍全管，而且使溶液接触管壁1～2min，以便与原来剩余溶液混合均匀，然后再放出。

装入标准溶液之前先将瓶中溶液摇匀，装时，先把活塞完全关好。然后左手三指拿住滴定管上部无刻度处，滴定管可以稍微倾斜以便接收溶液；右手拿住试剂瓶[5]往滴定管中倒溶液，小瓶可以手握瓶肚（瓶签向手心）拿起来慢慢倒入，大瓶可以放在桌上，只是手拿瓶颈，使溶液慢慢顺内壁流下，直到溶液充满到零刻度以上为止。

4）排去滴定管下端的气泡：将标准溶液加入滴定管后，应检查活塞下端或乳胶管中有无气泡。如有气泡，对于酸式滴定管可以迅速转动活塞，使溶液急速流出，以排出空气泡。对于碱式滴定管，先将它倾斜，将乳胶管向上弯曲，并使管嘴向上，然后捏挤玻璃珠上部，让溶液从尖嘴处喷出，使气泡随之排出，乳胶管中气泡是否排出，可把乳胶管对光照着检查。

5）滴定管的读数：装满标准溶液至零刻度处或零稍下，将滴定管垂直地夹在滴定管夹上，并将下端悬挂的液滴除去，进行读数。

读数方法：对无色或液体较浅溶液，读取弯月下沿最低处；对颜色太深溶液，不能观察下沿时，应从液面最上沿读数，视线和刻度应在同一水平面上（图2-2）。最好面对光源，滴定管的读数是自上而下的，应该读到小数点后第二位（即要求估计到0.01ml），在装好标准溶液中放出标准溶液后，都必须等1～2min，使溶液完全从壁上流下后再读数。为了便于读数，可采用读数卡。读数卡是用涂有黑色的长方形（约3cm×1.5cm）的白纸制成，读数卡放在滴定管背后，使黑色部分在弯月面下约1mm处，即可看到弯月面的反射层成为黑色（图2-3），然后读此黑色弯月面下沿的最低点。溶液颜色深而读上沿时，就可以用白纸作为读数卡。有的滴定管带有白底蓝线，对无色溶液有两个弯月面相交二蓝线的某一点，读数时视线应与此点在同一水平面上，对有色滴定管方法与普通滴定管相同。不论采用哪种方法读数，最初读数和最终读数应采用同一标准，读数后，应立即记录，记录后再读一次，以资核对。

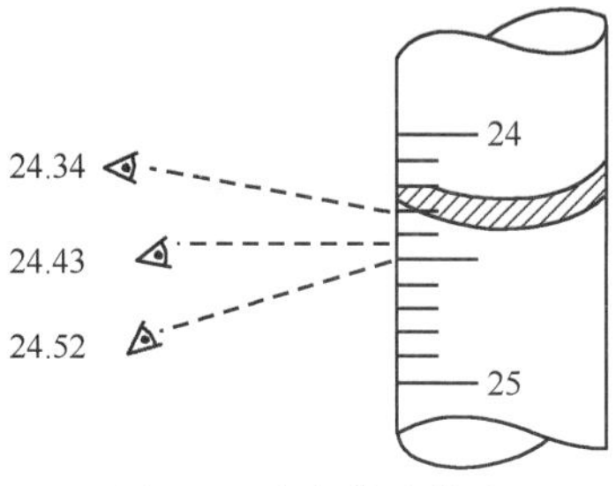

图2-2　滴定管读数法

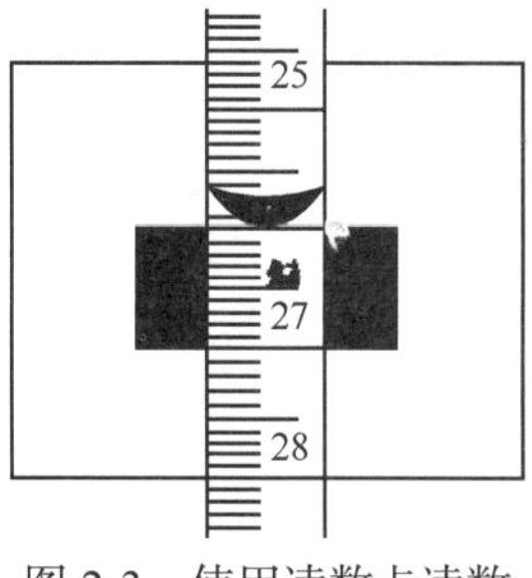

图2-3　使用读数卡读数

6）滴定：将装有被滴定液的锥形瓶[6]放在滴定管下面，瓶下面放白瓷板（滴定管下端伸入瓶口约1cm，瓶底离开白瓷板2～3cm）。

使用酸式滴定管，以左手拇指在前，食指和中指在后一起控制活塞，而无名指、小指抵住活塞下部。在转动活塞时，手指微微弯曲，轻轻向里扣住，手心不要顶住活塞小头一端，以免顶出活塞，使溶液溅漏。右手持锥形瓶颈部使瓶底向同一方向做圆周运动。使用碱式滴定管时，左手拇指和食指捏挤玻璃珠所在部位稍上处，使乳胶管与玻璃珠间形成一个缝隙，溶液即从此缝隙流出。

滴定时(图 2-4)，左手控制流量，右手前三指拿住瓶颈，滴定和振摇溶液要同时进行，使滴下的溶液能较快地分散，以进行化学反应。但注意不要使瓶内溶液溅出。

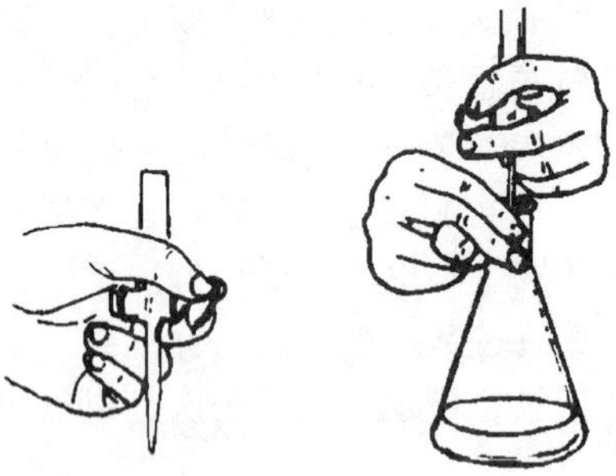

图 2-4　滴定

滴定是逐滴地把标准溶液滴入被滴定的溶液中去，不应滴入太快，每分钟 10ml 为宜(不超过 4 滴/秒)，否则易超过终点。快到终点时，每次可加一滴或半滴溶液[7]，并不断摇动，应用洗瓶将溅在内壁上的溶液吹洗下来。继续滴定，直至到达终点。

滴定操作完毕，应将滴定管中溶液放掉，用自来水冲洗滴定管，倒放在滴定管夹上。

7) 注释

[1] 滴定管还有容积为 50ml、10ml、5ml 等。半微量滴定管总容积为 10ml，最小刻度 0.05ml，一般附有自动加液漏斗。微量滴定管总容积 1ml、2ml 或 5ml，最小刻度 0.005ml 或 0.01ml，附有自动加液漏斗。

[2] 玻璃珠大小要适中，过大了，滴定时溶液流出比较费劲；过小了，溶液要漏出。

[3] 为避免容器内壁受机械磨损而影响容积测量的准确性，一般不用刷子刷洗，而用润洗。

[4] 除此法外，也可以只在活塞大头涂凡士林，另用纸卷或牙签粘少量凡士林，涂在槽的小口内部，然后转动。

[5] 装标准溶液时要直接从试剂瓶倒入滴定管，不要经过其他容器(如烧杯等)，以免在转移过程浓度发生改变。

[6] 最好在锥形瓶中滴定，必要时也可以在烧杯中滴定。

[7] 滴加半滴的方法是使液滴悬挂管尖而不让其自由滴下，再用锥形瓶内壁将液滴擦下，然后用洗瓶吹入少量蒸馏水，将其内壁附着的溶液洗下去。

2. 容量瓶　容量瓶是测量容纳液体体积的一种容量器皿，用于配置一定浓度的溶液。它是细长颈的梨形平底瓶，带有磨口玻璃塞或塑料塞。瓶上标有它的容积和规定该容积时的温度，颈上刻有标线，表示在指定温度(一般为 20℃)时，当液体充满到液面与标线相切时所容纳的液体体积与瓶上所示的容积相符合。容量瓶常用的有 50ml、100ml、200ml、250ml、1000ml 等几种规格，颜色有棕色和无色，棕色容量瓶用来配制见光易分解的试剂溶液。

使用前应检查：①容量瓶容积与所要求的是否一致；②容量瓶塞是否已用绳系在瓶颈上；③磨口玻璃塞的容量瓶是否漏水，为检查是否漏水，可在瓶中放入自来水到标线附近，盖好瓶塞，左手食指按住塞子，右手指尖顶住瓶底边缘，倒立 2min，观察瓶塞周围是否有水漏出。如果不漏，把瓶直立后将瓶塞转动 180°，再倒过来试验这个方向是否漏水，如不漏水，即可使用。

在用固体样品或试剂配制溶液时，应先将溶质在烧杯中溶解，放至室温，再用玻璃棒转移到容量瓶中(图 2-5)。烧杯中残留的少许溶液，可用少量溶剂(5～10ml)洗涤三次，洗涤液均沿玻璃棒转入容量瓶中，然后加溶剂稀释。当瓶内液体体积达容量瓶容积 2/3 时，应将容量瓶沿水平方向旋摇，使溶液初步混均。再用溶剂稀释至接近标线 1cm 左右，等待 1～2min，使黏附在瓶颈内壁的溶剂流下后，用洗瓶或细而长的滴管慢慢滴加溶剂到溶液弯月面下缘最低点与标线相切为止。盖好瓶塞，左手拇指在前，中指、无名指及小指在后拿住瓶颈标线以上部分，而以食指顶住瓶塞上部，用右手指尖顶住瓶底边缘(图 2-5)，将容量瓶倒转，使气泡上升到顶，再倒转过来仍使气泡上升到顶，如此反复 10～20 次，使溶液充分混匀。如果浓溶液稀释，可用移液管吸取一定体积的溶液，放入容量瓶后，按上述方法稀释至标线。

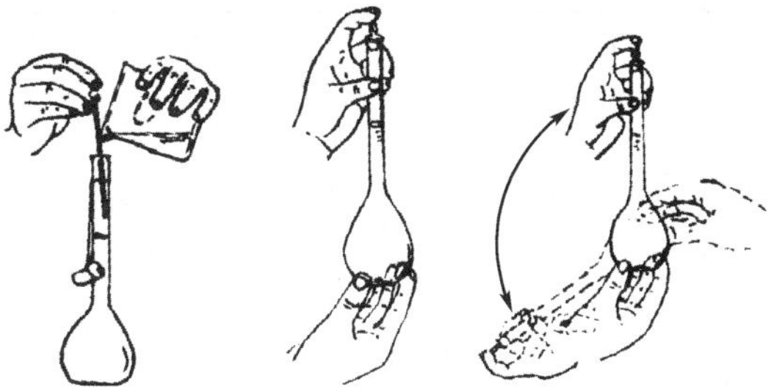

图 2-5　容量瓶的使用

不要用容量瓶储存配好的溶液。配好的溶液需要保存，应该转移到洁净、干燥的试剂瓶中。容量瓶用完后应及时洗净，在瓶塞与瓶口之间衬一纸条后保存起来。容量瓶不得在烘箱中烘烤，也不能在容量瓶中用任何加热的办法加速溶解。

3. 移液管　移液管是用于准确移取一定体积液体的容量器皿。其上部有一环形标线，下端有一拉尖的出口，膨大部分的中央刻有数字，标明它的容积和规定该容积的温度。常用移液管有 5ml、10ml、20ml、50ml 等规格（图 2-6）。

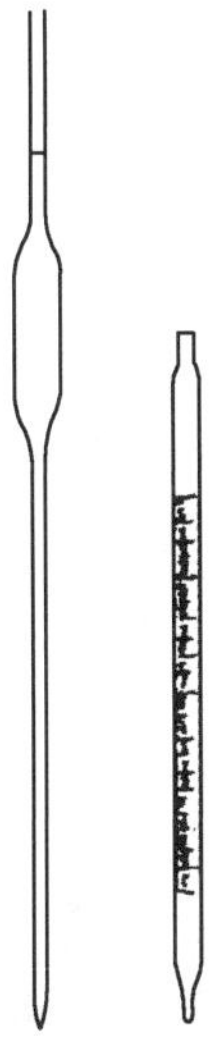

图 2-6　移液管

使用前，依次用洗液、自来水、蒸馏水洗涤移液管，然后再用被移取的液体润洗三次（被移取液体倒入小烧杯中。润洗时，每次用量以吸液体至刚进球部即可），以免残留在移液管内部的蒸馏水稀释被移取液体。

在吸取液体时，用右手拇指和食指拿住移液管上端，将移液管插入待吸液体的液面下 1～2cm，左手捏瘪洗耳球，排去球中空气，将洗耳球口对准移液管上口，按紧勿使漏气，然后捏洗耳球的左手轻轻松开，使液体从移液管下端徐徐上升。眼睛注意看管中液面上升，移液管则随容器中液体的液面下降而下伸。当液体上升到移液管标线以上时，迅速移动洗耳球，用右手食指紧按管口，将移液管下端提离液面并接触瓶颈内壁，然后稍微放松右手食指或轻轻用拇指与中指旋转移液管，使液面缓慢、平稳地下降，直到液体弯月面与标线相切，立即紧按食指，使液体不再流出，将移液管移入接收器中，容器稍倾斜而移液管直立并使出口尖接触器壁，松开食指，让液体自由地顺壁而下（图 2-7）。待液体不再流出时，还要稍等片刻（约 15s）再把移液管取出。留在管口的少量液体不要吹入接收器内，因其为保留体积。

图 2-7　从移液管放出液体

另外还有一种带等分刻度的移液管，其中间没有膨大球部，一般称为吸量管。有 10ml、5ml、2ml、1ml 等规格，可用于吸取非整数的小体积的液体。吸量管的用法基本上与移液管操作相同，使用吸量管时，通常是使液面从吸量管最高刻度降到某一刻度，使两刻度之间的体积恰为所需体积。

移液管、吸量管用完后且短时间内不再用时，应立即用自来水和蒸馏水冲洗，放在管架上，不能在烘箱中烘烤。

（三）常用洗涤液简介

1. 铬酸洗液 铬酸洗液是由浓硫酸和重铬酸钾配制而成，呈暗红色，具有很强的氧化性，对有机物和油污的去污能力特别强。其配制方法为：取重铬酸钾固体 5g 于 250ml 烧杯中，加水 10ml，加热溶解，冷却后，将 90ml 浓硫酸缓慢加入到重铬酸钾溶液中（当心！此操作不可逆），且边加边搅拌，冷却后储存于磨口细口瓶中，盖紧塞。（因其吸水性很强，以防失效。）使用洗液时，玻璃仪器内不能有水，以免洗液被冲稀而失效。洗液用后应倒回瓶内，供反复使用。洗液腐蚀性很强，会灼伤皮肤和损坏衣物，使用时应注意安全，如不慎洒在皮肤、衣物或实验台上时，应立即用水冲洗。洗液具有毒性，清洗残留在仪器上的洗液时，前两次洗涤水应倒入废液缸内，不要倒入下水管，以免锈蚀管道。当洗液颜色变成绿色时，表明洗液已失效不能继续使用。

2. 碱性高锰酸钾洗涤液 将 4g 高锰酸钾固体溶于少量水中，慢慢加入 100ml 10% 氢氧化钠溶液。

3. 酸性草酸洗涤液 取 10g 草酸固体溶于 100ml 20%的盐酸溶液。

三、实验原理

（一）常见玻璃仪器污物的处理

化学实验用玻璃仪器的干净与否，直接影响到实验结果的可靠性和准确性，所以应保持玻璃仪器的洁净。一般来说，附着在玻璃仪器上的污物有可溶性物质、尘土或不溶性物质，还有有机物或油污等，且自来水中也含有很多杂质，影响化学实验的结果。针对不同情况可选用适当的洗涤剂来清洗，方法见表 2-2。

（二）玻璃仪器的洗涤方法

1. 刷洗 用自来水和毛刷刷洗，除去玻璃仪器上的尘土、不溶性物质和可溶性物质。

表 2-2 玻璃仪器常见污物处理方法

污物	处理方法
可溶于水的污物、灰尘等	自来水清洗
不溶于水的污物	肥皂、去污粉、合成洗涤剂清洗
氧化性污物（如铁锈、二氧化锰等）	浓盐酸、草酸洗液浸泡
油污、有机物	碱性洗液（碳酸钠、氢氧化钠等）、有机溶剂，铬酸洗液、碱性高锰酸钾洗液
残留的硫酸钠、硫酸氢钠固体	用沸水使其溶解后倒掉
高锰酸钾污垢	酸性草酸洗液
黏附的硫磺	用煮沸的石灰水处理
瓷研钵内的污迹	用少量食盐在研钵内研磨后倒掉，再用水洗
被有机物染色的比色皿	用体积比为 1∶2 的盐酸-乙醇溶液处理
银迹、铜迹	硝酸
碘迹	用碘化钾溶液浸泡，温热的稀氢氧化钠或用硫代硫酸钠溶液处理

2. 用去污粉或肥皂、合成洗涤剂刷洗 若玻璃仪器有油垢和有机物质可用去污粉或肥皂、合成洗涤剂刷洗，最后再用自来水清洗。有时去污粉的微小粒子会黏附在玻璃器皿的壁上，不易被水冲走，此时可用 20mol · L^{-1} 的盐酸摇洗一次，再用自来水冲洗。若油污或有机物还洗不干净，可用热的碱溶液洗涤。但容量瓶、移液管、滴定管等量器不宜用强碱性洗涤剂，以免玻璃受腐蚀而影响容积的准确性。

3. 用洗液洗 坩埚、称量瓶、容量瓶、移液管、滴定管等宜用合适的洗液洗涤，必要时把洗液先加热，并浸泡一段时间。

4. 蒸馏水或去离子水荡洗 玻璃仪器刷洗或洗涤剂洗过后，应用自来水连续淋洗数次，直到冲洗干净。已洗净的玻璃仪器壁上，不应附着不溶物、油污。这样的玻璃仪器可以被水完全湿润，把玻璃仪器倒过来，如果水即顺着玻璃仪器流下，器壁上只留下一层既薄而又均匀的水膜，不挂水珠，表示玻璃仪器已经洗净。已洗净的玻璃仪器要用蒸馏水少量多次润洗，一般润洗 2～3 次，以除去自来水中的钙、镁、氯等离子。最好用洗瓶装蒸馏水润洗。润洗后的玻璃仪器不能再用布或纸揩抹，可把它们倒置于干净的仪器架上或直接使用。

以上洗涤操作步骤使用于定性、定量实验。但在有些情况下，如一般的无机制备或样品很脏等，对仪器的洁净度要求不高时，可根据具体情况选择洗涤的程度。

（三）玻璃仪器的干燥方法

1. 晾干 不急用的玻璃仪器，在洗净后，可倒置在干净的仪器柜内或仪器架上，任其自然干燥。

2. 烤干或吹干 一些常用的烧杯、蒸发皿等可放在石棉网上，用小火烤干或直接用吹风机吹干。试管可用试管夹夹住后，在火焰上来回移动，但必须使管口低于管底，以免使水珠倒流至灼热部位，使试管炸裂，待烤到不见水珠后，将管口向上赶尽水汽或用吹风机类似操作。

3. 烘箱烘干 将洗净的玻璃仪器（容量器皿不能在烘箱内烘干，以免影响体积的准确度）尽量倒干水后放入烘箱内。放时应使仪器口朝下，并在烘箱下层放一搪瓷盘，承接从仪器上滴下的水，以免滴到电热丝上，损坏烘箱。

4. 有机溶剂干燥 较大的玻璃仪器或者在洗涤后要立即使用的玻璃仪器，为了节省时间，可将水沥干后，加入少量丙酮或乙醇溶液摇洗，使仪器壁上的水和有机溶剂互相溶解、混合，倒出有机溶剂后，再用吹风机吹干（有机溶剂沸点比水低）。

四、实验仪器与药品

1. 仪器 500ml、250ml、100ml、50ml 烧杯各一只，试管 10 支，10ml 离心试管 2 支，50ml、100ml 量筒各一只，酸式滴定管、碱式滴定管各一支，200ml 容量瓶一只，20ml、10ml、5ml、1ml 移液管各一支，250ml 锥形瓶 3 个，试管架，试管夹，试管刷，酒精灯，石棉网，滴定管架等。

2. 药品 重铬酸钾，浓硫酸。

五、实验内容与方法

(1) 认识一些常用玻璃仪器，并按照要求选择适宜的方法洗涤、干燥几种玻璃仪器。

(2) 按照要求洗涤滴定管，并学会酸式滴定管和碱式滴定管排除气泡方式及操作方法。

(3) 按照要求洗涤移液管，并学会各种型号移液管的操作方法。

(4) 按照要求洗涤容量瓶，并学会各种型号容量瓶的操作方法。

(5) 按照铬酸洗液配方配制 100ml 铬酸洗液。

六、思 考 题

(1) 洗涤、干燥玻璃仪器方法有哪些？

(2) 玻璃仪器洗涤干净的标志是什么？

(3) 配制和使用铬酸时应注意什么？

(4) 滴定管、移液管等容量仪器洗涤与普通玻璃仪器有何不同？

(5) 量筒、容量瓶等量器能否用作反应器？为什么？

（王登奎）

实验二 溶液的配制

一、目 标 要 求

(1) 熟悉常用试剂的规格和适用范围。

(2) 掌握几种常用的配制溶液的方法。

(3) 熟悉有关浓度的计算方法。

(4) 练习使用量筒和比重计。

二、预 习 内 容

（一）化学试剂的规格及使用规则

1. 化学试剂的规格 化学试剂的规格

是以其中所含杂质的量来划分的，根据国家标准，常见的化学试剂共分 4 个等级，其规格和适用范围见表 2-3。

表 2-3　化学试剂的规格及适用范围

等级	名称	英文名称	缩写符号	标签颜色	使用范围
一级品	优级纯（保证试剂）	Guaranteed Reagent	G.R	绿色	纯度很高，用于精密的分析和科学研究工作
二级品	分析纯（分析试剂）	Analytical Reagent	A.R	红色	纯度略低于一级品，用于一般的科学研究和定量分析工作
三级品	化学纯	Chemical Pure	C.P	蓝色	纯度较二级品差，用于一般定性分析和无机、有机化学实验

除上述外，还有基准试剂（用于定量分析中标定标准溶液的基准物质，纯度接近一级品）、光谱纯试剂（用于光谱分析中的标准物质）和生化试剂（用于各种生物化学实验）等。同一化学试剂由于规格不同，价格差别很大，在选用时，应按实验要求选择，否则会造成不必要的浪费。

2. 试剂的取用　取用试剂必须遵守两个原则：一是不弄脏试剂，不能用手接触试剂，瓶盖不可乱放或张冠李戴。二是节约，试剂用量按要求取，若取多了，应分给其他同学用，不要倒回原瓶，以免沾污。

（1）液体试剂：打开液体试剂瓶后，瓶盖应倒置在桌面上（为什么？），右手握试剂瓶且使瓶签握于手心，以瓶口靠住容器壁，缓缓倾出所需液体，让液体沿器壁流下。若所用容器为烧杯，则倾注液体时可用玻璃棒引入（为什么？）。用完后，即将瓶盖盖上。取少量或滴加液体试剂时，可使用滴瓶，取用时，先提起滴管于液面以上，用手捏紧橡皮头排出空气，再把滴管伸入滴瓶中吸取试剂，滴管竖直于容器口而不接触器壁，以免滴管沾污，逐滴滴入试剂。严禁将滴管伸入容器内，且滴管不可平放、倒置，以免试剂流入橡皮帽而使试剂污染。用后及时插入原滴瓶中，避免滴管混用，污染试剂。

（2）固体试剂：固体试剂应用清洁干净的牛角药匙（或不锈钢药匙、塑料匙等）取用，做到专匙专用。用过的牛角药匙须洗净擦干后放回原处。

3. 试剂的存放　一般的化学试剂应保存于通风良好、干净、干燥的库房内，以免水分、灰尘和其他物质的污染。对于见光易分解的试剂（如硝酸银、高锰酸钾、过氧化氢等）、与空气接触易发生氧化的试剂（如氯化亚锡、硫酸亚铁等）以及易挥发的试剂（如氨水、乙醇等）都应储于棕色瓶内，并放于暗处；对吸水性强的试剂（如无水硫酸钠、氢氧化钠等），其瓶口应密封；对于易腐蚀玻璃的试剂（如氢氟酸、含氟盐、氢氧化钠等），应保存在塑料瓶内；对易燃、易爆，强腐蚀性、强氧化性、强还原性、挥发性强的试剂（如石油醚、苯丙酮、挥发性酸、氨等）应分类单独存放于阴凉、不受阳光直射的地方；对剧毒试剂（如氰化钾、三氧化二砷、升汞等）应由专人保管，做好取用记录，以免发生事故。

4. 试剂的配制　同一实验中所用各种试剂的纯度要匹配，所用称量和容量仪器也要匹配。配制一般试剂溶液为粗略浓度时，使用台秤称量，体积容器采用量筒；配制标准溶液时，应采用万分之一天平称量，体积容器选用容量瓶。

5. 实验室用的纯水

（1）蒸馏水：将自来水在蒸馏装置中加热汽化，再将蒸汽冷却，即得到蒸馏水。蒸馏水中不含非挥发性杂质，但不能完全排除溶解于水中的气体杂质和可能的金属离子。

（2）去离子水：去离子水是将自来水依次通过阳、阴离子树脂混合交换柱后所得到的水。其纯度较蒸馏水高，但可能含有非离子型杂质或微量的有机物。

(3)电导水：在第一套蒸馏器(最好是石英制的，其次是硬质玻璃)中装入蒸馏水，加入少量高锰酸钾固体，经蒸馏除去水中的有机物，得重蒸水。将重蒸水注入第二套蒸馏器中，加少许硫酸钡和硫酸氢钾固体后蒸馏，收取中间馏分(弃去馏头、馏后各10ml)得电导水。电导水应收集保存在带有碱石灰吸收管的硬质玻璃瓶内，保存时间一般在两周以内。

(二)台秤及其使用方法

1. 台秤 台秤用于精确度不高的称量。最大载荷为200g的台秤，能称准至0.1g(即感量0.1g)，最大载荷为500g的台秤，能称准至0.5g(即感量为0.5g)。

2. 称量前检查 使用前先将游码拨至刻度尺左端"0"处，观察指针摆动情况。如果指针在刻度尺的中央左右摆动几乎相等，即表示台称可以使用；如果指针在刻度尺的中央左右摆动距离相差很大或完全偏到一边去了，则应将调节零点螺丝(有的螺丝在中间，有的在两侧)加以调节后方可使用。

3. 称量物重 称量物重时，左盘放称量物，右盘放砝码，先加大砝码，后加小砝码，10g以下砝码可移动标尺上游码，直至最后停点(即左右盘上分别放上称量物和砝码后，直到平衡时，指针在刻度盘上批示的位置)与零点相符时(可以偏差1小格)，砝码的质量就是称量物的质量。

4. 称量时必须注意下列几点 ①称量物要放在称量用纸或表面皿上，不能直接放在托盘上；潮湿或有腐蚀性物品，则要放到玻璃容器内。②不能称量热的东西。③经常保持台秤整洁，托盘上如撒有药品应立即清除。④称量完毕后，放回砝码，标尺上游码移回"0"处，使台秤各部分恢复原状。

(三)常用加热仪器及其用法

1. 酒精灯和煤气灯

(1)酒精灯是使用乙醇燃烧发热的加热装置。点燃酒精灯时要用火柴，不能用另一个燃着的酒精灯来点燃，以免着火。熄灭时，只要将灯罩盖上，切勿用嘴吹。不用时，应及时盖好灯罩，以免乙醇挥发。

(2)煤气灯是利用煤气燃烧发热的加热装置。转动灯管和螺旋针，可分别控制空气和煤气的流量。

为使火焰正常，应调节好空气和煤气的流量。若两者的流量都很小，则煤气仅在灯管内燃烧而产生"侵入火焰"；若煤气流量很小，而空气流量很大，则产生"凌空火焰"，此时灯火不稳定，且易熄火；与"凌空火焰"相反，则为"黄色火焰"，说明煤气燃烧不完全，也不正常。

煤气灯的正常火焰层包括三部分：焰心、还原焰、氧化焰。

焰心：煤气、空气的混合气并未完全燃烧，温度较低，约为300℃。

还原焰：煤气仅燃烧成一氧化碳，具有还原性。火焰呈淡蓝色，温度较高。

氧化焰：煤气完全燃烧成二氧化碳，剩余的空气使火焰具有氧化性。火焰呈淡紫色，温度最高，800～900℃。一般应在氧化焰处加热。

由于煤气中含有的一氧化碳是一种窒息性的有毒气体，当煤气和空气混合到一定比例时，遇火源即可发生爆炸，所以绝对不许把煤气泄漏到室内。不用煤气灯时，一定要注意把煤气阀门关紧，离开实验室时再检查一下是否关好。

2. 电炉、电加热套、管式电炉和马弗炉 电炉、电加热套、管式电炉和马弗炉都能代替煤气灯进行加热，属电加热装置。电炉和电加热套可通过外接变压器来调节加热温度。用电炉时，需在加热容器和电炉间垫一块石棉网，使加热均匀。

管式炉有一管状炉膛，最高温度可达1223K，加热温度可调节，炉膛中插入一根瓷管或石英管，管内放入盛有反应物的反应舟，反应物可在空气或其他气氛中受热反应。

马弗炉有一个长方形的炉膛，打开炉门

就能放入需加热的器皿。最高温度可达1223～1573K。

管式炉和马弗炉需用高温计测温，它由一副热电偶和一支毫伏表组成。如再连接一只温度控制器，则可自动控制炉温。

（四）实验室常用电器及其使用

1. 干燥箱的使用 干燥箱的全称是电热鼓风干燥箱，俗称烘箱，是化学实验室常备的设备，其规格、型号较多，这里介绍常用电热鼓风干燥箱。

(1) 使用方法

1) 通电前，先检查干燥箱的电气性能，并注意是否有断路和漏电现象。

2) 在箱顶排气阀孔中插入温度计，同时旋开排气阀（空隙约 10mm）。此时，可接上电源，开始工作。

3) 开始升温时，可开启两组加热开关，并将控温器旋钮由“0”位顺时针旋至适当指数处，此时箱内开始升温。根据需要决定是否开启鼓风机。

4) 当温度升至所需温度时（从插入排气阀中的温度计观察得知），即将控温器旋钮逆时针方向旋回，旋至指示灯熄灭，再微调至指示灯复亮。指示灯明灭交替处即为恒温点。此时，再把旋钮微调至指示灯熄灭处，令其恒温。但由于余热影响，温度仍可继续上升，约半小时后便处于稳定。箱内温度稳定（恒温状态），如温度计上读数超出或低于所需温度，则可将控温器再稍作调整，以达到所需温度。

用此法可选取任何工作温度，每当恒温时，可记下当时控温器铭牌上的指数，以备以后选温时用。

5) 恒温时，可关闭一组加热器开关，只留一组加热器工作，以免功率过大影响恒温灵敏度。

6) 恒温后，可根据需要，令其作一定时间的恒温，在此过程中，箱内可自动控温，不需加以人工管理。

7) 开启箱门时，通过玻璃门即可观察工作室内的情况。但箱门不能经常开启，以免影响恒温。当温度升至 573K 时，开启箱门可能会使玻璃门受骤冷而破裂。

(2) 注意事项

1) 此烘箱为非防爆型干燥箱，故带有易燃、易挥发性的物品不能放入箱内，以免发生爆炸。

2) 此烘箱外壳的金属板上喷有平光漆，工作室内喷以耐高温银粉漆作防腐层，故切勿损坏漆层，以免引起箱体的腐蚀。漆层损坏后，应及时重新上漆。

3) 工作室内隔板的平均负荷为 15kg，放置物品切勿过密或超载。散热板上不能放物品，以免影响热空气对流。

2. 磁力加热搅拌器及其使用

(1) 用途：可作液体的搅拌、加热之用。搅拌器上附有支柱，可安装电极架作滴定用。

(2) 使用方法

1) 在需搅拌的玻璃容器中放入磁子，将容器放在镀铬盘正中。

2) 打开电源开关，旋转调速旋钮，使电机从慢到快带动磁钢，由永磁钢的磁力线带动玻璃容器中的磁子转动，起到搅拌的作用。

3) 调节加热调节旋钮，利用镍钢丝加热并保温溶液。一般有三组镍钢丝，能同时加热，升至所需温度后，可适当关闭几组加热丝。不能自动控温，必须由人工管理。

(3) 使用注意事项

1) 为了确保安全，该搅拌器使用时要接地。

2) 搅拌开始时，需慢慢旋转调速器，否则会使磁子磁力脱落，不能旋转。不允许高速挡直接启动，以免磁子不同步，引起跳动。

3) 搅拌时，如发现磁子跳动或不搅拌时，则应切断电源检查容器底部是否平整，位置是否放正。

4) 连续加热时间不宜过长，间歇使用能延长搅拌器的寿命。

5) 搅拌器应保持清洁干燥，严禁溶液进入机内，以免损坏机件。

三、实验原理

溶液的浓度指一定量溶液或溶剂中，所含溶质的量。可用质量浓度、物质的量浓度、质量分数、体积分数等表示。

配制一定浓度的溶液往往根据各种浓度的计算公式或用稀释公式计算的结果，取一定质量(或体积)的溶质加少量溶剂溶解后，再加溶剂至所要求的体积，即得所要配制的溶液。有时如果用浓溶液来配制稀溶液，则往往需先用密度计测出浓溶液密度，从化学手册中查出其对应的质量分数，然后再按照要配制的浓度计算出所需的体积，量出所需体积再与一定量的溶剂相混合即得要配制的溶液。

四、实验仪器与药品

1. 仪器　密度计，量筒，玻璃棒，台秤，烧杯，洗瓶，容量瓶，移液管，洗耳球。

2. 药品　浓盐酸，$CuSO_4 \cdot 5H_2O$ 固体，0.2000 mol · L^{-1} Na_2CO_3 溶液，95%乙醇，葡萄糖固体。

五、实验内容与方法

(一)质量浓度溶液的配制

1. 配制 70g · L^{-1} 盐酸溶液 50ml　将浓盐酸小心倒入干燥的 100ml 量筒中，再将密度计(见附录)浸入浓盐酸中(不要将密度计靠在量筒壁上)，读出液面刻度即为此浓盐酸的密度。从化学手册中查出含酸质量分数，算出配制 70g · L^{-1} 盐酸溶液 50ml 需要浓盐酸的毫升数。在 100ml 烧杯中加水 30ml，用 10ml 量筒量取计算所需浓盐酸的毫升数，缓缓倒入烧杯中，并不断搅拌，冷却后将溶液全部倒入 50ml 量筒中，10ml 量筒和烧杯均用少量水冲洗 1～2 次，每次洗液并入 50ml 量筒中，然后加水使溶液的总体积为 50ml，将配制好的溶液倒入回收瓶中。

2. 配制葡萄糖溶液　用台秤称取葡萄糖 2.5g，放入 150ml 的烧杯中，用量筒加入 30ml 蒸馏水，用玻璃棒搅拌溶液，使其完全溶解。计算该溶液的质量浓度。

(二)配制不同浓度的溶液

1. 准确配制 0.05000mol · L^{-1} Na_2CO_3 溶液 50ml　先计算出所需 0.2000mol · L^{-1} Na_2CO_3 溶液的体积。用 20.00ml 移液管量取所需体积的 0.2000mol · L^{-1} Na_2CO_3 溶液，加入到 50ml 容量瓶中，然后加蒸馏水至标线，摇匀，即得所配制的溶液。

2. 配制 0.1mol · L^{-1} 硫酸铜溶液 50ml　先计算需多少克固体硫酸铜($CuSO_4 \cdot 5H_2O$)。在台秤上称取所需 $CuSO_4 \cdot 5H_2O$ 的质量(称准至 0.1g)倒入 150ml 烧杯中，加水约 30ml，用玻璃棒搅拌至完全溶解，将溶液倒入 100ml 量筒中，再用少量水冲洗烧杯 1～2 次，每次冲洗液并入 100ml 量筒中，最后加水至体积为 50ml，即得 0.1mol · L^{-1} 硫酸铜溶液。

(三)溶液的稀释

1. 由 95%乙醇稀释成 75%乙醇 50ml　用 50ml 量筒量取所需 95%乙醇毫升数(准确至 0.1ml)，小心加水至 50ml 刻度处，混匀，即成。

2. 由 68%浓硝酸稀释成 15%硝酸 100ml　用 100ml 量筒量取所需 68%浓硝酸毫升数(准确至 0.1ml)，小心加水至 100ml 刻度处，混匀，即成。

六、注意事项

(1)测定盐酸密度时，所用盐酸必须是从原瓶倒出的新液体，否则测定不准确。

(2)95%乙醇和 75%乙醇都是用体积分数表示。

七、思考题

(1)实验室有 50%的乙醇 200ml 及足量的 95%乙醇，如何充分利用 50%的乙醇来配制 1000ml 75%的消毒酒精？

(2)质量浓度和物质的量浓度有何区别？

(3)什么是稀释定律？

(4)使用比重计应注意的事项是什么？

(5) 配制精确度不同的溶液所用量器是否相同?

(6) 常见化学试剂 4 个等级的标签颜色为何? 说明其适用范围。

(7) 如何取用液体、固体试剂?

附录：密度计的使用

用来测量液体密度的密度计有两种：一种是测量比水重的液体的密度计，其零点在刻度上端，另一种是测量比水轻的液体的密度计，其零点在刻度下端。这两种密度计又有是否带温度计之分，使用时要注意区分。

测量时将待测液体置于事先洗净干燥的量筒内，并使待测液体温度与环境温度相差不超过±5℃。再估计密度的大致范围，选择合适的密度计(包括类型和具有相应刻度范围)。手执干净比重计的上端，小心置于量筒中，勿使密度计与量筒底及量筒壁相接触。当摆动停止后，按弯月面的上沿进行读数。读数时眼睛应与弯月面上沿平行。同时按照密度计上的温度计或另用温度计测定试样温度(t)，记下比重计的读数及温度。然后将试验温度下的密度 d_4^t 按下式换算为标准密度 d_4^{20}

$$d_4^{20} = d_4^t + r(t-20)$$

式中：t，实验时温度(℃)；r，温度校正系数，化学手册中可查到各物质的温度系数，对于大于水的物质，r=0.0005；d_4^{20}：样品的重量与同体积的纯水在 4℃时的重量之比。

(王登奎)

实验三　食盐的精制

一、目 标 要 求

(1) 正确使用台秤、酒精灯及滤纸摺折法。

(2) 练习过滤、蒸发、结晶、干燥等基本操作。

(3) 学会提纯氯化钠的一般方法。

(4) 了解氯化钠纯度的检验方法。

二、预 习 内 容

(一) 加热方法

1. 直接加热

(1) 直接加热液体：适用于在较高温度下不分解的溶液或纯液体。

1) 少量的液体可装在试管中加热，用试管夹夹住试管的中上部(不能用手拿，以免烫伤)，试管口向上，微微倾斜，管口不能对着自己和他人的脸部，以免溶液沸腾时溅到脸上。管内所装液体的量不能超过试管的1/3。加热时应使液体受热均匀，先加热液体的中上部，再慢慢移动试管，热及下部，然后不时地移动试管，从而使液体各部分均匀受热，以免试管内液体局部沸腾而迸溅，造成烫伤。

2) 如需加热的液体较多，则可放在烧杯或其他器皿中。待溶液沸腾后，再把火焰调小，使溶液保持微沸，以免溅出。

3) 如需将溶液浓缩，则把溶液放入蒸发皿(放在泥三角上)内加热，待溶液沸腾后改用小火慢慢地蒸发、浓缩。

(2) 直接加热固体

1) 少量固体药品可装在试管中加热，加热方法与直接加热液体的方法稍有不同，此时试管口向下倾斜，使冷凝在管口的水珠不倒流到试管的灼烧处，而导致试管炸裂。

2) 较多固体的加热，应在蒸发皿中进行。先用小火预热，再慢慢加大火焰，但火也不能太大，以免固体溅出，造成损失。要充分搅拌，使固体受热均匀。需要高温灼烧时，则把固体放在坩埚中，用小火预热后慢慢加大火焰，直至坩埚红热，维持一段时间后停止加热。稍冷，用预热过的坩埚钳将坩埚夹持到干燥器中冷却。

2. 水浴加热　当实验要求被加热物质受热均匀，而温度又不能超过 373K 时，采用水浴加热。若把水浴锅中的水煮沸，用水蒸气来加热，即成蒸汽浴。水浴加热时要注意：

(1)水浴锅上放置一组铜质或铝质的大小不等的同心圈，以承受各种器皿。根据器皿的大小选用铜圈，尽可能使器皿底部的受热面积最大。

(2)水浴锅内盛放水量不超过其总容量的 2/3，在加热过程中要随时补充水以保持原体积，切不可烧干。

(3)不能把烧杯直接放在水浴中加热，这样烧杯底会碰到高温的锅底，由于受热不均匀而使烧杯破裂，同时烧杯也容易翻倒。

(4)实验室中也可用较大的烧杯代替水浴锅。

3. 沙浴和油浴加热　当要求被加热物质受热均匀，而温度又需要高于 373K 时，可用沙浴或油浴。

(1)沙浴是将细沙均匀地铺在一只铁盘内，被加热的器皿放在沙上，底部插入沙中，用煤气灯加热铁盘。另外，也可将细沙铺在电热板上形成沙浴。若要测量温度，可将温度计插入沙中。

(2)用油代替水浴中的水即是油浴。

（二）固液分离

溶液和沉淀的分离方法有三种：倾析法、过滤法和分离法。

1. 倾泻法　倾泻法适用于相对密度较大的沉淀或颗粒较大的晶体且生成沉淀静置后可较快沉降于容器的底部。具体操作是等溶液和沉淀分层，倾斜器皿，把上部慢慢倾入另一容器中，用玻璃棒把液体导入容器中，剩余的即为固体。如沉淀需要洗涤，则往沉淀中加入少量蒸馏水(或其他洗涤液)用玻璃棒充分搅拌、静置、沉淀，倾去蒸馏水。重复洗涤几次，既可洗净沉淀。

2. 过滤法　包括常压过滤、减压过滤和热过滤。常压过滤是常用的过滤方法，减压过滤可加速过滤，可把沉淀抽吸得比较干燥。现分述如下：

(1)常压过滤：取大小合适的滤纸，对折两次，然后张开滤纸使成圆锥形，一边三层，另一边一层，放入普通漏斗，使滤纸边缘比漏斗口稍低(图 2-8)。然后用少量蒸馏水润湿滤纸，使它与漏斗壁紧贴在一起，中间不要留有气泡，液体倾入滤器时要沿着玻璃棒倾注，玻璃棒应指在三层滤纸的一边，倾入液体的量应使液面低于滤纸边缘 2～3mm，以避免滤液溅出，应使漏斗颈的尖端靠着接收滤液的窗口容器壁(图 2-9)。

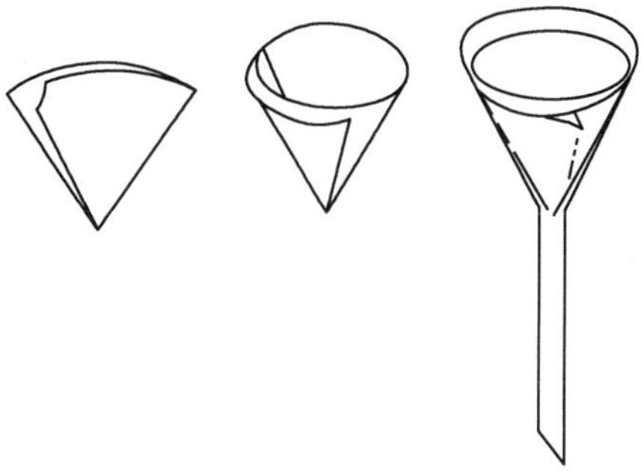

图 2-8　滤纸的折叠方法与安装

图 2-9　过滤

(2)减压过滤

1)装置：减压过滤装置包括水泵(或真空泵)，布氏漏斗，吸滤瓶，安全瓶，其连接方式如图 2-10(注意布氏漏斗下端斜口的朝向)所示。

2)操作方法如下

A. 将滤纸剪成比布氏漏斗内径略小，但又能把全部瓷孔都盖住那样大小。滤纸放入漏斗后，用少量溶剂湿润，微开水龙头或真空泵，使滤纸吸在漏斗上。

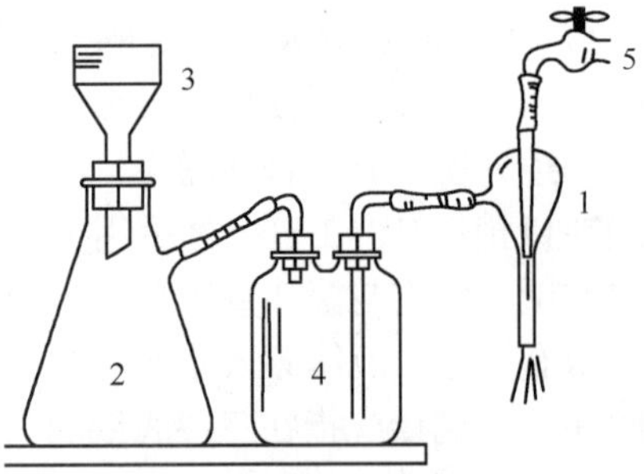

图 2-10　减压过滤装置

1. 水泵或油泵；2. 吸滤瓶；3. 布氏漏斗；4. 缓冲瓶；5. 水龙头

B. 过滤时将溶液沿玻璃棒流入漏斗，注入溶液量不应超过漏斗总容量的 2/3。然后开动水龙头或真空泵将滤液滤下，并用玻璃棒搅拌使沉淀平铺在漏斗中，并用少量溶剂洗涤沉淀 2～3 次。抽滤至沉淀比较干燥为止。在抽滤过程中，吸滤瓶中滤液高度要低于吸气嘴。

C. 过滤完毕，先拔掉吸气嘴上橡皮管，再关闭水龙头或真空泵，以防止倒吸。

如过滤的溶液有强酸性或氧化性，为了避免溶液和滤纸作用，应采用玻璃砂芯漏斗。由于碱易与玻璃作用，所以玻璃砂芯漏斗不宜过滤强碱性溶液。过滤时，不能引入杂质，不能用瓶盖挤压沉淀。

3. 热过滤　如果在室温下溶液中的溶质便能结晶析出，而在实验中又不希望发生此种现象，这时就要趁热过滤。

(1) 常压热过滤漏斗是由铜质夹套和普通玻璃漏斗组成的。铜质夹套里可装热水，用煤气灯或酒精灯可加热热水漏斗，等夹套内的水温升到所需温度便可过滤热溶液。过滤操作与常压过滤相同。

(2) 若采用减压过滤，过滤前应将布氏漏斗放在水浴中预热，这样在热溶液趁热过滤时，才不至于因冷却而在漏斗中析出固体。

（三）离心分离

当被分离的溶液和沉淀的量很少时，用一般方法过滤会使沉淀粘在滤纸上难以取下，此时可用离心分离法代替过滤，此法分离速度快，而且有利于迅速判断沉淀是否完全。

离心分离法是将待分离的沉淀和溶液装在离心试管中，然后放在离心机中高速旋转，使沉淀集中在试管底部，上层为清液，然后用滴管把清液和沉淀分开。先用手指捏紧橡皮头，排除空气后将滴管轻轻插入清液(切勿在插入溶液以后再捏橡皮头)，缓缓松手，溶液则慢慢进入滴管中，随试管中溶液的减少，将滴管逐渐下移至全部溶液吸入滴管为止。滴管末端接近沉淀时要特别小心，勿使滴管触及沉淀。

如果需要洗涤沉淀，可将洗涤液滴入试管，用搅拌棒充分搅拌后，再进行离心分离。如此反复洗涤 2～3 遍即可。如果要检验是否洗净，方法是将一滴洗涤液放在点滴板上，加入适当试剂，检查是否还存在应分离出去的离子，决定是否还要进行洗涤。

三、实 验 原 理

粗食盐中含有不溶性杂质(如泥沙等)和可溶性杂质(主要是 Ca^{2+}、Mg^{2+}、K^{+}、SO_4^{2-})。

不溶性杂质可用溶解过滤方法除去。

可溶性杂质可用下列方法除去：在粗食盐溶液中加入稍过量的 $BaCl_2$ 溶液时，可将 SO_4^{2-} 转化为难溶解的 $BaSO_4$ 沉淀而除去。

$$Ba^{2+} + SO_4^{2-} = BaSO_4\downarrow$$

溶液过滤，除去 $BaSO_4$ 沉淀。再加 NaOH 和 Na_2CO_3 溶液，由于发生了下列反应：

$$Mg^{2+} + 2OH^- = Mg(OH)_2\downarrow$$

$$Ca^{2+} + CO_3^{2-} = CaCO_3\downarrow$$

$$Ba^{2+} + CO_3^{2-} = BaCO_3\downarrow$$

食盐中的杂质 Mg^{2+}，Ca^{2+} 及沉淀 SO_4^{2-} 时加入的过量 Ba^{2+} 便相应地转化为难溶的 $Mg(OH)_2$、$CaCO_3$、$BaCO_3$ 沉淀而过滤除去。过量的 NaOH 和 Na_2CO_3 可用纯盐酸中和除去。少量可溶性杂质(如 KCl)由于含量很少，在蒸发浓缩和结晶过程中仍留在母液中。

四、实验仪器与药品

1. 仪器　台秤，烧杯，普通漏斗，漏斗架，吸滤瓶，蒸发皿，布氏漏斗，石棉网，pH 试纸，滤纸，酒精灯，玻璃棒，量筒，泵及安全瓶，洗瓶，试管。

2. 药品　粗食盐，$2mol \cdot L^{-1}$ HCl，$2mol \cdot L^{-1}$ NaOH，$1mol \cdot L^{-1}$ $BaCl_2$，$1mol \cdot L^{-1}$ Na_2CO_3，$0.5mol \cdot L^{-1}$ $(NH_4)_2C_2O_4$，镁试剂。

五、实验内容与方法

（一）粗食盐提纯

(1) 用台秤称取 8g 粗食盐，放入小烧杯中，称量方法见实验二，记录数据。

(2) 用量筒量取 30ml 蒸馏水加入盛粗盐的烧杯中，将烧杯放在石棉网上，用酒精灯加热，并用玻璃棒搅拌，促其溶解。至沸后，在搅拌下，一滴一滴加入 $1mol \cdot L^{-1}$ $BaCl_2$ 溶液至沉淀完全（$BaCl_2$ 溶液滴入时不再产生浑浊），继续加热，使 $BaSO_4$ 颗粒长大而易于沉淀和过滤。为了试验沉淀是否完全，可将烧杯从石棉网上取下，待沉淀沉降后于上清液中加入 1 滴 $BaCl_2$，至无浑浊产生为止。

(3) 在上述液体中加入 1ml $2mol \cdot L^{-1}$ NaOH 和 5ml $1mol \cdot L^{-1}$ Na_2CO_3 加热至沸，待沉淀沉降后于上清液中滴加 $1mol \cdot L^{-1}$ Na_2CO_3 溶液，至不再产生沉淀为止，用普通漏斗过滤。

(4) 向滤液中逐滴加入 $2mol \cdot L^{-1}$ HCl，并用玻璃棒蘸取滤液在 pH 试纸上试验，直至溶液呈微酸性为止（pH 控制到 2～3）。

(5) 将溶液倒入蒸发皿中，用小火加热蒸发，浓缩至稀粥状的稠液为止，但切不可将溶液蒸发至干。

(6) 冷却后，用布氏漏斗减压过滤，尽量将结晶抽干并移入表面皿中，放入烘箱在 100～105℃下干燥 20min。

(7) 干燥氯化钠放冷后，称量，计算产率。

（二）纯度检验

取少量（约 1g）提纯前和提纯后的食盐，分别用 5ml 蒸馏水溶解，然后各分盛在 3 支试管中，组成 3 组，对照检验它们的纯度。

1. SO_4^{2-} 的检验　在第一组溶液中分别加入 2 滴 $1mol \cdot L^{-1}$ $BaCl_2$，观察是否产生沉淀，在提纯的食盐溶液中应该无沉淀产生。

2. Ca^{2+} 的检验　在第二组溶液中各加入 2 滴 $0.5mol \cdot L^{-1}$ $(NH_4)_2C_2O_4$ 溶液，在提纯的食盐中应无白色的 CaC_2O_4 沉淀。

3. Mg^{2+} 的检验　在第三组溶液中各加入 2～3 滴 $1mol \cdot L^{-1}$ NaOH 溶液，使溶液呈碱性（用 pH 试纸检验），再加入 2～3 滴镁试剂，在提纯的食盐溶液中应无天蓝色沉淀产生。

（三）实验结果的记录与处理

1. 实验结果数据

粗食盐质量是______________ g。

提纯的 NaCl 质量是____________ g。

$$产率=\frac{提纯的NaCl质量}{粗食盐的质量}\times 100\%$$

2. 产品质量检验结果

	SO_4^{2-}	Mg^{2+}	Ca^{2+}	结论
粗食盐				
提纯的 NaCl				

六、注 意 事 项

(1) $BaCl_2$ 有毒，切勿入口！如不小心溅在手上必须马上用水清洗。

(2) 调节滤液 pH 必须为 2～3，否则，过量的碳酸根不能被除去。

(3) 浓缩蒸发时，要不时用玻璃棒搅拌，以免固体溅出影响产率或不小心烫伤自己或别人。

七、思 考 题

(1) 怎样除去粗食盐中的可溶性杂质 Mg^{2+}、Ca^{2+}、K^{+}、SO_4^{2-} 等离子。

(2) 本实验为什么用 Na_2CO_3 除去 Ca^{2+}、Mg^{2+} 等杂质，而不用其他的可溶性碳酸盐。为什么用盐酸而不用别的强酸除去 CO_3^{2-}（过量沉淀剂）？

(3) 为什么用毒性很大的 $BaCl_2$ 除去 SO_4^{2-} 而不用无毒的 $CaCl_2$？过量的 Ba^{2+} 应如何除去？

(4) 怎样检验提纯后的食盐的纯度？

(5) 如果产率过高，可能的原因是什么？

(6) 本实验应用了哪些基本操作？

（王登奎）

实验四　缓冲溶液的配制及 pH 计的用法

一、目标要求

(1) 了解缓冲溶液的配制方法。

(2) 熟悉缓冲溶液的性质。

(3) 初步掌握 pH 计的使用方法。

二、预习内容

（一）缓冲溶液

当加入少量的强酸、强酸或稍加稀释时，能保持其 pH 基本不变的溶液，称为缓冲溶液。从组成看，都是由浓度较大的弱酸及其共轭碱组成的溶液，其中抗碱成分是弱酸，抗酸成分是弱酸的共轭碱。

缓冲溶液的 pH 可由下式计算：

$$pH=pK_a + \lg\frac{[\text{共轭碱}]}{[\text{弱酸}]}$$

由公式可知：当加入少量强酸或强碱后，共轭碱或弱酸的浓度虽有变化，但 $\frac{[\text{共轭碱}]}{[\text{弱酸}]}$ 比值变化不大。所以其 pH 变化更小，基本保持不变。至于缓冲溶液稍加水稀释，因 $\frac{[\text{共轭碱}]}{[\text{弱酸}]}$ 比值不变，故其 pH 变化不大。但所有缓冲溶液的缓冲能力都有一定的限度，即都各具有一定的缓冲容量，如果加入的酸、碱的量超过缓冲能力或过度稀释，则将引起溶液的 pH 急剧变化，失去缓冲作用。

（二）试纸的使用

1. 试纸的种类

(1) 石蕊试纸和酚酞试纸：石蕊试纸有红色和蓝色两种。石蕊试纸和酚酞试纸用来定性检验溶液的酸碱性。

(2) pH 试纸：pH 试纸包括广泛 pH 试纸和精密 pH 试纸两类，用来检验溶液的 pH。广泛 pH 试纸的变色范围是 pH=1～14，它只能粗略地估计溶液的 pH。精密 pH 试纸可以较精确地估计溶液的 pH，根据其变色范围可分为多种。如变色范围为 pH=3.8～5.4，pH=8.2～10 等。根据待测溶液的酸碱性，可选用某一变色范围的试纸。

(3) 淀粉碘化钾试纸：用来定性检验氧化性气体，如 Cl_2、Br_2 等。原理是：

$$2I^- + Cl_2 = 2Cl^- + I_2$$

I_2 和淀粉作用呈蓝色。如气体氧化性强，而且浓度大时，还可以进一步将 I_2 氧化成无色的 IO_3^-，使蓝色褪去：

$$I_2 + 5Cl_2 + 6H_2O = 2HIO_3 + 10HCl$$

可见，使用时必须仔细观察试纸颜色的变化，否则会得出错误的结论。

(4) 乙酸铅试纸：用来定性检验硫化氢气体。当含有 S^{2-} 的溶液被酸化时，逸出的硫化氢气体遇到试纸后，即与纸上的乙酸铅反应，生成黑色的硫化铅沉淀，使试纸呈褐黑色，并有金属光泽。

$$Pb(Ac)_2 + H_2S = PbS\downarrow + 2HAc$$

当溶液中 S^{2-} 浓度较小时，则不易检验出。

2. 试纸的使用

(1) 石蕊试纸和酚酞试纸：用镊子取小块试纸放在表面皿边缘或点滴板上，用玻璃棒将待测溶液搅拌均匀，然后用玻璃棒末端沾少许溶液接触试纸，观察试纸颜色的变化，确定溶液的酸碱性。切勿将试纸浸入溶液中，以免弄脏溶液。

(2) pH 试纸：用法同石蕊试纸，待变色后，与色阶板比较，确定 pH 或 pH 的范围。

(3) 淀粉碘化钾试纸和乙酸铅试纸：将小块试纸用蒸馏水润湿后放在试管口，须注意不要使试纸直接接触溶液。

使用试纸时，要注意节约，除把试纸剪成小块外，用时不要多取。取用后，马上盖好瓶盖，以免试纸沾污。用后的试纸丢弃在垃圾桶内，不能丢在水槽内。

（三）pH 标准缓冲溶液

浓度、pH 及温度系数见表 2-4。

表 2-4　标准缓冲溶液

溶液	浓度/(mol · L^{-1})	pH(25℃)	温度系数(ΔpH · ℃$^{-1}$)
酒石酸氢钾	饱和	3.557	−0.001
邻苯二甲酸氢钾	0.05	4.008	+0.001
KH_2PO_4-Na_2HPO_4	0.025，0.025	6.865	−0.003
KH_2PO_4-Na_2HPO_4	0.008695，0.03043	7.413	−0.003
硼砂	0.01	9.180	−0.008

三、实验原理

（一）缓冲溶液的配制

配制具有一定 pH 的缓冲溶液，首先要选择合适的缓冲对，其次选择合适的总浓度，而后通过计算配制而成。

另外，前人已做了很多工作，在一般化学手册中，常有各种缓冲溶液的配方，本次实验需要用的配方见表 2-5。

表 2-5　0.1mol · L^{-1} NaH_2PO_4～0.1mol · L^{-1} Na_2HPO_4 缓冲溶液配合比及 pH

NaH_2PO_4 : Na_2HPO_4	9 : 1	8 : 2	7 : 3	6 : 4	5 : 5	4 : 6	3 : 7	2 : 8	1 : 9
pH	5.91	6.27	6.47	6.64	6.81	6.98	7.17	7.38	7.73

另外，本实验还应用邻苯二甲酸氢钾(结构式为：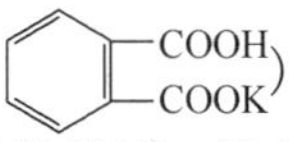

)缓冲溶液。它不像其他缓冲溶液的抗酸、抗碱成分分别是两种物质。它是一种物质兼具有缓冲对的两种成分。

（二）pH 计的构造原理

在待测 pH 的溶液中插入玻璃电极及甘汞电极构成原电池，此原电池电动势的大小与溶液的 pH 有关，故用电位计测定此原电池电动势就能从电位计上直接读出溶液的 pH。

1. 玻璃电极　玻璃电极的构造如图 2-11 所示。电极下端 1 为特种球形玻璃薄膜。球内装有一定 pH 的缓冲溶液，其余如图所示。玻璃电极的电极电位 $\varphi_{玻}$ 和膜外待测溶液 pH 有关，二者间呈直线关系。玻璃电极下端的玻璃薄膜极易损坏，使用时应特别小心。

2. 甘汞电极　饱和甘汞电极是最常用的参比电极。其构造如图 2-12 所示。电极的内管中有甘汞(Hg_2Cl_2)、汞和少量 KCl 的糊状物，其上部有少量汞并用铂丝连通外电极接头。内管外装饱和 KCl 液，其余如图所示。饱和 KCl 液一方面能提供恒定的 Cl^-浓度，维持电位不变；另一方面在与玻璃电极配对组成电池时，充当电极间的盐桥。饱和甘汞电极在 25℃时，其电极电位为 0.2415V。

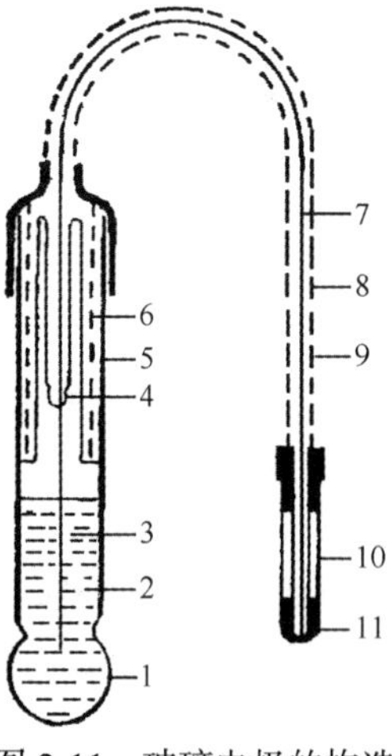

图 2-11　玻璃电极的构造

1. 玻璃膜球；2. 缓冲溶液；3. Ag-AgCl 电极；4. 电极导线；5. 玻璃管；6. 静电隔离层；7. 电极导线；8. 高绝缘塑料；9. 金属隔离罩；10. 高绝缘塑料；11. 电极接头

3. 甘汞-玻璃电极原电池的电动势及电动势的测量　将甘汞电极和玻璃电极插入待测 pH 的溶液中，就形成一原电池。由于甘汞电极(参比电极)的电极电位与溶液的

pH 无关，而玻璃电极(pH 指示电极)在温度一定时，其电极电位与溶液的 pH 呈直线关系，故此原电池电动势仅由溶液的 pH 决定。25℃时，溶液的 pH 每改变一个单位，电动势改变 60mV。另外，玻璃电极玻璃薄膜还存在一种不对称电位。此种不对称电位随玻璃电极而异。故在测定 pH 时，要采取一种称为“定位”的操作方法以消除它的影响。

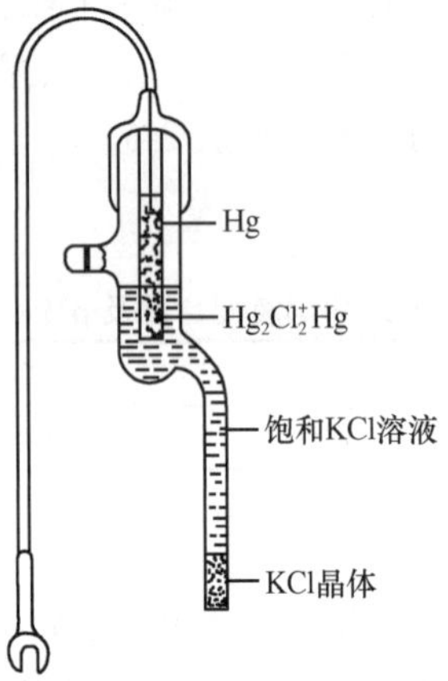

图 2-12 甘汞电极的构造

4. 复合电极 把玻璃电极和甘汞电极组合在一起就构成复合电极。

四、实验仪器与药品

1. 仪器 烧杯，量筒，移液管，洗瓶，pH 计，玻璃电池，饱和甘汞电极，广泛 pH 试纸，滤纸片，量筒。

2. 药品 0.1mol · L^{-1} NaH_2PO_4，0.1mol · L^{-1} Na_2HPO_4，0.1mol · L^{-1} NaOH，0.1mol · L^{-1} HCl，0.05mol · L^{-1} 邻苯二甲酸氢钾。

五、实验内容与方法

（一）缓冲溶液的配制及 pH 的用法

(1)将 0.1mol · L^{-1} NaH_2PO_4、0.1mol · L^{-1} Na_2HPO_4溶液，分别用两支干燥洁净的移液管，按前述有关配方，在五个 50ml 的小烧杯中，分别配制 pH 为 5.91、6.47、6.81、7.17、7.73 的缓冲溶液各 20ml。

(2)在另一小烧杯中倒入 pH 为 4.00 的 0.05mol · L^{-1} 的邻苯二甲酸氢钾标准缓冲溶液 20ml，装好玻璃电极及甘汞电极，在教师指导下用此溶液将 pH 计的 pH 挡校准。

(3)用上述已校准的 pH 计，测定已配制的五个缓冲溶液的 pH。记录测定结果并与配方标示的 pH 比较，观察二者是否一致。

（二）缓冲溶液的性质试验

(1)在上述装有 20ml pH 为 4.00 的邻苯二甲酸氢钾缓冲溶液的小烧杯中，滴入 0.1mol · L^{-1} HCl 5 滴，混匀，测量其 pH，记录测量结果。

(2)将上述小烧杯中溶液弃去，洗净，倒入 5ml pH 为 4.00 的邻苯二甲酸氢钾缓冲溶液，洗涤烧杯弃去，重新倒入 20ml pH 为 4.00 的缓冲溶液，滴 0.1mol · L^{-1} NaOH 溶液 5 滴，混匀，测量其 pH。记录测量结果。

(3)用小量筒量取 pH 为 4.00 的邻苯二甲酸氢钾缓冲溶液 5ml，在小烧杯中加水稀释至 20ml，测量稀释后溶液的 pH。记录测量结果。

(4)用洁净的50ml小烧杯加蒸馏水20ml，测量蒸馏水的 pH。然后加入 0.1mol·L^{-1} HCl 5 滴，混匀后用 pH 计测量 pH 或用广泛 pH 试纸检查，再加入 0.1mol · L^{-1} NaOH 10 滴，混匀后用 pH 计测量 pH 或用 pH 试纸检查。用蒸馏水代替缓冲溶液，加入少量强酸强碱后，溶液 pH 的改变和缓冲溶液相比有何不同?

（三）实验结果的记录与处理

1. 缓冲溶液的配制

0.1mol · L^{-1} NaH_2PO_4与 0.1mol · L^{-1} Na_2HPO_4体积比	9 : 1	7 : 3	5 : 5	3 : 7	1 : 9
配方标示的 pH					
实际测量 pH					
结论					

2. 缓冲溶液的性质

	原液 pH	加 0.1mol · L^{-1} HCl 5 滴后的 pH	加 0.1mol · L^{-1} NaOH 5 滴后的 pH	加 3 倍水稀释后的 pH
pH 为 4.00 的邻苯二甲酸氢钾缓冲溶液				
蒸馏水				
结论				

六、注 意 事 项

(1)玻璃电极极易破损，使用要十分小心，玻璃球薄膜不要和任何硬物接触。安装电极时，应使甘汞电极下端较玻璃电极下端低 2～3mm，以防玻璃电极碰触杯底而破损。

(2)玻璃电极使用前，应把玻璃球部位浸泡在蒸馏水中至少一昼夜，若在 50℃蒸馏水中保温 2h，冷却至室温后可当天使用。不用时也最好浸泡在蒸馏水中，供下次使用。

(3)玻璃电极测定碱性溶液时，应尽量快测，对于 pH＞9 的溶液测定，应使用高碱玻璃电极。在测定胶体溶液、蛋白质或染料溶液后，玻璃电极宜用棉花或软纸蘸乙醚小心地轻轻擦拭，然后用乙醇洗，最后用蒸馏水洗。电极若沾有油污，应先浸入乙醇中，其次移置于乙醚或四氯化碳中，然后再移至乙醇中，最后用蒸馏水洗。

(4)使用甘汞电极时，注意 KCl 溶液浸没内部的小玻璃管下口，且在弯管内不得有气泡将溶液隔断。甘汞电极不使用时，要用橡皮套把下端细管口套住，存放于电极盒内。甘汞电极内装饱和 KCl 溶液，并应有少许 KCl 结晶存在。注意不要使饱和 KCl 溶液放干，以防电极损坏。

(5)校准仪器时应尽量选择与被测溶液 pH 接近的标准缓冲溶液，pH 相差不应超过 3 个单位。校准仪器时应尽量选择与被测溶液的温度相差不大于 1℃。

(6)pH 计应置于干燥环境，并防止灰尘及腐蚀性气体浸入。

(7)使用复合电极时，注意别把防护罩弄坏，否则电极很容易损坏。使用完毕后，应放回原装溶液的瓶子，保护复合电极。

七、思 考 题

(1)缓冲溶液加入少量强酸强碱，其 pH 有何变化？

(2)玻璃电极在使用前为何要浸泡 24h 以上？

(3)本次实验须注意的问题是什么？

(4)缓冲溶液的 pH 由哪些因素决定？

(5)$NaHCO_3$ 溶液是否有缓冲能力？为什么？

(6)甘汞电极内装 KCl 溶液为什么一般都是饱和溶液？

附录：PHS-3c 型 pH 计的使用方法

（一）准备工作

将电极头上的浸泡瓶取下，仪器在电极插入之前输入端必须插入 Q9 短路扦，使输入端短路以保护仪器。

仪器供电电源为交流电，把仪器的三芯插头插在 220V 交流电源上，并把电极安装在电极架上然后将 Q9 短路插头拔去，把复合电极插头插在仪器的电极插座上，电极下端玻璃球泡较薄，以免碰坏。电极插头在使用前应保持清洁干燥，切忌与污物接触。

（二）预热

仪器选择开关置“pH”挡，开启电源，仪器预热几分钟。然后按下校正开关。

（三）仪器的校正(标定)

(1)仪器插上电极，选择开关置于 pH 挡。

(2)仪器斜率调节器调节在 100%位置。

(3)用蒸馏水清洗电极，电极用滤纸擦干后，把电极放入已知 pH 的标准缓冲溶液中，调节“温度”调节器，使所指定的温度同溶液的温度。

(4) 待读数稳定后，该读数应为该标准缓冲溶液的准确 pH，否则调节定位调节器。

(5) 清洗电极并吸干电极球泡表面的余水。

（四）pH 测量

(1) “定位”保持不变。

(2) 把电极插入被测液中，稍稍摇动烧杯使溶液均匀后读出该溶液的 pH。

注意：每次换测溶液前，必须用蒸馏水冲洗电极，并用滤纸吸去水珠，以免污染被测溶液，影响测定。

（五）结束

使用完毕后，关掉电源开关。把电极洗干净，放回瓶中浸入溶液保存，切勿将复合电极干放。

（张桂莲）

实验五　化学反应速率

一、目标要求

(1) 掌握化学反应速率表示方法及速率方程式。

(2) 试验浓度、温度和催化剂对化学反应速度的影响。

(3) 通过测定过二硫酸铵与碘化钾反应的反应速率，计算该反应的反应级数、一定温度下的反应速率常数和反应的活化能。

(4) 练习在水浴中保持恒温的操作。

二、预习内容

（一）化学反应速率的有关内容

(1) 化学反应速率表示方法，反应速率方程。

(2) 浓度对反应速率的影响，温度对反应速率的影响（阿伦尼乌斯经验式），催化剂对反应速率的影响。

(3) 活化能有关知识。

（二）实验数据的表示方法

1. 列表式　这是表达实验数据最常用的方法。把实验数据列入简明合理的表格中，使内容一目了然，便于进一步处理、运算与检查。一张完整的表格一般应包括表的顺序号、名称、项目、说明及数据来源五项内容。表内数据排列应尽量按自变量递增或递减的顺序。

2. 图解法　图解法在实验中的作用主要有：

(1) 表示变量间的定量依赖关系：将自变量作横轴，应变量作纵轴，所得曲线表示两变量间的定量关系。在曲线表示范围内，对应于任意自变量的应变量值均可方便地从曲线上读出。

(2) 求外推值：作图外推法就是将测量数据间的函数关系外推至测量范围以外，以求得在此条件下不能或不易测量的函数值。但必须指出只有在有充分理由确信外推所得数据是可靠时，外推法才有实际价值。外推范围不能太远且外推值不能与已得的正确结论相抵触。

(3) 求直线的斜率和截距：对 $y = ax + b$ 来说，y 对 x 作图的一直线，a 是直线的斜率，b 是截距。两个变量间的函数关系式如符合此式，均可用作图法求得 a 和 b。

3. 作图技术要点　利用图解法能否得到良好的结果，作图技术至关重要。

(1) 一般自变量为横轴，应变量为纵轴。

(2) 坐标比例选择的原则为：首先要使图上的最小分度与所使用的仪器的最小分度一致，以保证图与测量数据的准确度一致。其次是方便易读。还应考虑图形在坐标纸上的布局，坐标的原点不一定均从“0”开始，可根据所作图来确定。

(3) 在坐标纸上画好数据点后，根据这些点的分布情况，作出直线或曲线。这些点描述了实验中所设变量的函数变化情况，不必要求它们全部“踏”在线上，而是使它们均匀地分布在线的两边。描绘曲线时，需借助曲线板作出光滑的曲线。

(4) 图作好后，要写上图的名称，注明坐标轴代表的量的名称、单位、数值大小以及主要的测量条件。

三、实验原理

在水溶液中，过二硫酸铵与碘化钾发生以下反应：

$$S_2O_8^{2-} + 3I^- \xlongequal{} 2SO_4^{2-} + I_3^- \qquad (1)$$

该反应的平均速率可用下式表示：

$$\overline{V} = -\frac{\Delta[S_2O_8^{2-}]}{\Delta t} = kc_{S_2O_8^{2-}}^m \cdot c_{I^-}^n$$

式中：$\overline{V}$ 为平均反应速率；$\Delta[S_2O_8^{2-}]$为 Δt 时间内过二硫酸根的浓度变化值；$c_{S_2O_8^{2-}}$ 和 c_{I^-} 分别为过二硫酸根和I^-的初始浓度；k 为反应速率常数；m 和 n 为反应级数。

为了测定出Δt时间内$S_2O_8^{2-}$的浓度变化值，在将$(NH_4)_2S_2O_8$溶液和 KI 溶液混合的同时，加入一定体积的已知浓度的 $Na_2S_2O_3$ 溶液和淀粉溶液。这样在反应(1)进行的同时，还发生以下反应：

$$2S_2O_3^{2-} + I_3^- = S_4O_6^{2-} + 3I^- \qquad (2)$$

反应(2)比反应(1)速率快得多，由反应(1)生成的I_3^-立即与$S_2O_3^{2-}$作用，生成无色的$S_4O_6^{2-}$和I_3^-。一旦$S_2O_3^{2-}$耗尽，由反应(1)生成的I_3^-立即与淀粉作用，产生明显的蓝色。

从反应式(1)和反应(2)可以看出，要消耗掉 1mol 的$S_2O_3^{2-}$就必然需要 1/2mol 的$S_2O_8^{2-}$，即

$$\Delta\left[S_2O_8^{2-}\right] = \frac{\Delta\left[S_2O_3^{2-}\right]}{2}$$

由于 Δt 时间内$S_2O_3^{2-}$全部耗尽，所以$\Delta\left[S_2O_3^{2-}\right]$即是$Na_2S_2O_3$的初始浓度。记录反应从开始到溶液出现蓝色所需的时间 Δt，即可算出反应速率$-\frac{\Delta\left[S_2O_8^{2-}\right]}{\Delta t}$，进而可算出速率常数和反应级数 m 和 n。

测出不同温度时的 k 值，根据 k 与反应热力学温度 T 的关系

$\ln k = -E_a/RT + \ln A$ 或 $\lg k = -E_a/2.303RT + \lg A$

可求得反应活化能 E_a，式中：A 为本反应特有常数。

四、实验仪器与药品

1. 仪器　烧杯，水浴锅，量筒，温度计，秒表，玻璃棒。

2. 药品　$0.20mol \cdot L^{-1} (NH_4)_2S_2O_8$，$0.20mol \cdot L^{-1}$ KI，$0.010mol \cdot L^{-1}$ $Na_2S_2O_3$，$0.20mol \cdot L^{-1} KNO_3$，2%淀粉溶液，$0.20mol \cdot L^{-1} (NH_4)_2SO_4$，$0.02mol \cdot L^{-1} Cu(NO_3)_2$，冰。

五、实验内容与方法

（一）浓度对化学反应速率的影响

在室温下用三个量筒分别量取 20ml $0.20mol \cdot L^{-1}$ KI 和 8.0ml $0.010mol \cdot L^{-1}$ $Na_2S_2O_3$ 和 2.0ml 0.2%淀粉溶液，都加到150ml 烧杯中，混匀。再用另一个量筒取 20ml $0.20mol \cdot L^{-1}$ $(NH_4)_2S_2O_8$，快速加到烧杯中，同时按动秒表，并不断搅拌。当溶液刚出现蓝色时，立即停表。记录所耗时间及反应温度。

根据以上实验结果，计算反应级数、该温度时反应速率常数 k 值。

用同样的方法按表 2-6 中的用量进行另外四次实验，为使各次实验溶液中离子强度不变，不足的量分别用 $0.20mol \cdot L^{-1}$ KNO_3 和 $0.20mol \cdot L^{-1} (NH_4)_2SO_4$ 补充。

表 2-6　浓度对化学反应速率影响配制溶液表

实验序号	1	2	3	4	5
$0.20mol \cdot L^{-1} (NH_4)_2S_2O_8^*$ 体积/ml	20	20	20	10	5
$0.20mol \cdot L^{-1}$KI 体积/ml	20	10	5	20	20
$0.010mol \cdot L^{-1}$ $Na_2S_2O_3$ 体积/ml	8	8	8	8	8

续表

实验序号	1	2	3	4	5
0.2%淀粉 体积/ml	2	2	2	2	2
0.20mol · L^{-1} KNO_3体积/ml	0	10	15	0	0
0.20mol · L^{-1} $(NH_4)_2SO_4$体积/ml	0	0	0	10	15

* $(NH_4)_2S_2O_8$溶液一定要最后加，且一经加入应立即开动秒表。

（二）温度对化学反应速率的影响

按表2-6中实验2的用量，把KI、$Na_2S_2O_3$、淀粉和KNO_3溶液都加到150ml烧杯中，把$(NH_4)_2S_2O_8$溶液加到50ml烧杯中，并把它们同时放在冰水浴中冷却。待烧杯中溶液都冷却到比室温低10℃时，把$(NH_4)_2S_2O_8$快速加到KI等混合溶液中，同时开动秒表，并不断搅拌。当溶液刚出现蓝色时，立即停表，记录所耗时间及反应温度。

在温水浴中调至比室温高10℃的条件下，重复以上实验。根据以上3次实验数据，求出不同温度下的k，进而算出反应的活化能E_a。

（三）催化剂对化学反应速率的影响

$Cu(NO_3)_2$能使$(NH_4)_2S_2O_8$与KI的反应加快。按表2-6中实验2的用量，把KI、$Na_2S_2O_3$、淀粉和KNO_3溶液都加到150ml烧杯中，再加入0.02mol · $L^{-1}$$Cu(NO_3)_2$ 2滴，混匀。然后迅速加入$(NH_4)_2S_2O_8$溶液立即搅拌、计时。比较在其他条件均相同情况下，加$Cu(NO_3)_2$液和不加$Cu(NO_3)_2$液对反应有何影响。

（四）计算提示

1. 本试验的反应速率方程式为

$$V=k\,c^m_{S_2O_8^{2-}}\times c^n_{I^-}$$

现$c_{S_2O_8^{2-}}$、c_{I^-}已知，V可根据实验结果算出，k、m、n为待定值。故此方程为一指数函数。为此可将上式取对数，得

$$\lg V=\lg k+m\lg c_{S_2O_8^{2-}}+n\lg c_{I^-}$$

根据三组实验数据，即可解出k、m、n。但应注意本实验安排的浓度数据是很特殊的。合理地选择三组数据，可使k、m、n求解变得十分容易。至于另外两组数据则用于核对上述解出结果是否正确。

2. 根据 $\lg k=-E_a/2.303RT+\lg A$求活化能E_a时，可用作图法和解方程法。

（1）作图法：由于$\lg k$和$1/T$是直线函数，故可在坐标纸上作出此直线。但应注意，图上能读出的有效数字应与实验数据一致。据图测出直线斜率$\mathrm{tg}\alpha$。由于$-E_a/2.303R=\mathrm{tg}\alpha$，故$E_a=-2.303R\mathrm{tg}\alpha$。

（2）解方程法：根据三组不同温度时的k值，可将其代入前述方程得到三个方程式。再将其组合成三个二元联立方程组，解之可得三个活化能E_a值，取其平均值作为实验结果。

（五）实验结果的记录与处理

1. 浓度对反应速率的影响

（温度，℃）

实验序号		1	2	3	4	5
反应物的初始浓度/(mol · L^{-1})	$(NH_4)_2S_2O_8$					
	KI					
	$Na_2S_2O_3$					
Δt/s						
$\Delta[S_2O_3^{2-}]$						
$\bar{V}=-\frac{\Delta[S_2O_8^{2-}]}{\Delta t}$						

2. 温度对化学反应速率的影响

实验序号	2	2	2
反应温度/℃			
反应时间 Δt/s			
$\bar{V}=-\dfrac{\Delta[S_2O_8^{2-}]}{\Delta t}$			

3. 催化剂对化学反应速率的影响

（温度，℃）

实验序号	2	2
加入 $Cu(NO_3)_2$ 的滴数		
反应时间 Δt/s		
$\bar{V}=-\dfrac{\Delta[S_2O_8^{2-}]}{\Delta t}$		

六、注 意 事 项

(1) $(NH_4)_2S_2O_8$ 本身具有强氧化性而不稳定，其 $\varphi^{\ominus}(S_2O_8^{2-}/SO_4^{2-})=2.01V$，在受热或有还原剂存在条件下易分解或被还原。因此，$(NH_4)_2S_2O_8(s)$ 须在低温条件下保存，且不能长期存放。当使用过期的 $(NH_4)_2S_2O_8(s)$ 时，由于 $(NH_4)_2S_2O_8$ 的实际含量低于试剂标明的含量，则实验可能出现反常情况。如配制的 $c((NH_4)_2S_2O_8)$ 低于 $1/2c(Na_2S_2O_3)$ 时，可能发生 $\Delta t\to\infty$ 的现象。配制好的 $(NH_4)_2S_2O_8$ 溶液也不稳定，随存放时间延长，浓度不断下降，因此该实验使用的 $(NH_4)_2S_2O_8(s)$ 应使用新购置的且在有效期内的试剂。配制好的 $(NH_4)_2S_2O_8$ 也不宜放置过长时间，最好是现配现用，以保证良好的实验效果。

(2) 由于 $Na_2S_2O_3$ 水溶液也不太稳定，常发生下列反应：

$$Na_2S_2O_3+O_2(\text{空气中})\longrightarrow Na_2SO_4+S\downarrow$$

$$Na_2S_2O_3\ (\text{细菌})\longrightarrow Na_2SO_3+S\downarrow$$

如果 $Na_2S_2O_3$ 溶液中 $Na_2S_2O_3$ 全部分解，此时加入 $(NH_4)_2S_2O_8$ 溶液，则可能立即显出蓝色，$\Delta t\to 0$。

所以本实验的准确性主要依赖于 $Na_2S_2O_3$、$(NH_4)_2S_2O_8$ 溶液浓度的准确性。

七、思 考 题

(1) 为什么溶液出现蓝色的时间与加入的 $Na_2S_2O_3$ 溶液的量有直接关系？如果加入过多或过少，对本实验有何影响？

(2) 反应溶液出现蓝色时，反应是否已经终止了？

(3) 为什么操作时要在混合液中先加 KI，后加 $(NH_4)_2S_2O_8$，而且要动作迅速并搅拌？

(4) 若不用 $S_2O_8^{2-}$ 而用 I^- 的浓度变化来表示反应速率，反应速率常数 k 是否一样？

(5) 下列哪种情况对实验结果有影响？

1) 温度对化学反应速率影响试验中，没有恒温，或恒温了，但温度偏高或偏低。

2) 先加 $(NH_4)_2S_2O_8$ 溶液，后加 KI 溶液。

3) 量取六种溶液的量筒未分开专用。

(6) 为什么计算得到的 m、n 值取整数？

(7) 如何应用作图法求 E_a，应采集哪些数据？

(8) 如何表示反应速率？本实验测得的是平均速率还是瞬时速率？

（张桂莲）

实验六　溶胶的制备及电泳

一、目 标 要 求

(1) 掌握溶胶概念及分类。

(2) 学会制备典型溶胶及溶胶净化的方法。

(3) 通过实验观察并熟悉胶体的电泳现象。

(4) 判断 $Fe(OH)_3$ 溶胶所带的电荷。

二、预 习 内 容

溶胶是物质(1～100nm 颗粒)分散在介质中形成的不均匀、高度分散的体系。分散系的分类见表 2-7。

表 2-7 分散系的分类

分散相粒子大小	分散系统类型		分散相粒子组成	实例
＜1nm	真溶液		低分子或离子	NaCl、NaOH 等水溶液
1～100nm		溶胶	胶粒(分子、离子、原子的聚集体)	氢氧化铁，金、银、硫单质等
	胶体溶液	高分子溶液	高分子	蛋白质、核酸等
		缔合胶体	胶束	表面活性剂溶液
＞100nm	粗分散系		粗粒子	乳汁、泥浆等

它介于分子分散系真溶液与粗分散系悬浊液之间，因此可以利用下面不同方法来制备溶胶。

1. 分散法 借机械分散(粉碎)、超声波振荡分散等方法，可以把大颗粒物质在介质中分散到大小为 1～100nm 而制成胶体，也可利用胶溶法，于新形成的疏松沉淀中加入胶溶剂，使沉淀物重新分散成溶胶。

2. 凝聚法 将分子或离子在介质中凝聚而形成溶胶，其具体方法可通过改换介质，进行化学反应，凝结汽化物质的分子等。

由于溶胶并不稳定，制备时常需引入稳定剂，在某些情况下，制备物本身的某一离子就是稳定剂，这时就不必再外加稳定剂。真溶液的丁达尔现象并不明显，而溶胶的丁达尔现象则很显著。这是区分真溶液和溶胶方法之一。

判别胶体质点带电符号，最简单的方法是毛细管分析法。因为湿润滤纸带负电，若溶胶带正电，则被吸附在滤纸的一点不易向四周扩散，若溶胶带负电，则胶体质点随介质向四周扩散。

新制备的溶胶中，往往含有离子或小分子物质，如果这些物质过多，会影响溶胶的稳定性。故实验室常用渗析法来除去一部分或大部分杂质。这个工作称为净化。渗析是把溶胶放入具有半透膜的容器中，膜外经常更换溶剂，使杂质从内部渗析出来，为了提高渗析效率，对热稳定的溶胶可采用热渗析。为迅速除去电解质杂质，也可采用电渗析。

三、实 验 原 理

在外电场作用下，胶粒向异号电极定向泳动，这种现象称为电泳。

测定 $Fe(OH)_3$ 溶胶的电泳，是在 U 形管的电泳测定管中先放入红棕色的 $Fe(OH)_3$ 溶胶，然后在溶胶的液面上小心地放入无色的稀盐酸溶液，使溶胶与溶液之间有明显的界面。在 U 形管的两端各放一根电极，通电到一定时间后，即可见到 $Fe(OH)_3$ 溶胶的红棕色界面向负极上升，而在正极则界面下降。这说明 $Fe(OH)_3$ 溶胶带正电荷。

四、实验仪器与药品

1. 仪器 电泳仪，电泳管，电键，电导仪，丁达尔效应装置，250ml 锥形瓶，250ml 烧杯，20ml 试管，1ml 移液管，玻璃纸，滤纸条，洗耳球，碳电极。

2. 药品 稀 HCl(约 $0.0004mol \cdot L^{-1}$)，$FeCl_3$，$0.002mol \cdot L^{-1}$ $KMnO_4$，1% H_2O_2，$0.05mol \cdot L^{-1}$ $AgNO_3$，1%KSCN，2%松香乙醇溶液，$0.05mol \cdot L^{-1}$ KI。

五、实验内容与方法

(一) 化学反应法制溶胶

1. 改变介质法制备松香溶胶 将 2%松香乙醇溶液 1～2 滴于 10ml 蒸馏水中，边滴边振摇，即得松香水溶液。

取松香水溶液一半，继续滴入 2%松香乙醇溶液，可制得松香在水中的悬浊液(即松香溶胶)，分别检查松香溶液和悬浊液的丁达尔现象。

2. $Fe(OH)_3$ 溶胶的制备 把 100ml 蒸馏水加热煮沸，慢慢滴入三氯化铁溶液 10ml，使沸腾几分钟，得棕红色 $Fe(OH)_3$ 溶胶，取少量观察丁达尔现象，其余留下待用。

3. MnO_2溶胶的制备　在 10ml 0.002mol · L^{-1} $KMnO_4$溶液中加入 1～2 滴 1%H_2O_2，边加边摇，即得红棕色 MnO_2溶胶，观察丁达尔现象后留下待用。

分别取 $Fe(OH)_3$溶胶和 MnO_2溶胶少许于小烧杯中，各悬一质地疏松的滤纸条于烧杯中，稍待片刻，比较两溶胶沿纸条上升的高度，确定溶胶带电符号。

4. AgI 溶胶的制备　在 10ml 蒸馏水中加入 4 滴 0.05mol · L^{-1} KI 溶液和 3 滴 0.05mol · L^{-1} $AgNO_3$溶液，并振摇，得淡黄色 AgI 溶胶，然后观察丁达尔现象。

（二）溶胶的净化

用玻璃纸代替半透膜，先将纸润湿后，装入 $Fe(OH)_3$溶胶。悬于 200ml 烧杯中，杯中加入 60～80℃热水，隔半小时换一次水，用 $AgNO_3$ 和 KSCN 溶液检查烧杯中是否含有 Cl^-和 Fe^{3+}以确定渗析是否完全，直至在烧杯中检查不出 Cl^-和 Fe^{3+}为止。

（三）$Fe(OH)_3$溶胶的电泳

(1) 实验前先测定 $Fe(OH)_3$溶胶的电导率，然后再测稀盐酸溶液的电导率，若不相等，须把盐酸浓度加以调整，使其电导率与 $Fe(OH)_3$溶胶的电导率相等。

(2) 将待测 $Fe(OH)_3$溶胶由小漏斗中注入电泳仪的 U 形管底部适当高度(如有气泡，注意赶掉)。然后两人同时沿 U 形管左右两壁内壁徐徐加入等量的稀盐酸溶液(小心切勿使溶胶溶液与稀盐酸溶液液面混合，为此，两人加盐酸的速度要保持相同，可用 1ml 吸量管同时加入溶液)，加入 3ml 盐酸后，轻轻将碳电极插入稀盐酸溶液层中，注意不要搅动液面，碳面应平放勿斜。并使两极浸入液面下的深度相等。接两电极于电泳仪上，按上电键 K，等一段时间后观察电泳现象并判断 $Fe(OH)_3$溶胶所带电荷。

六、思　考　题

(1) 制备溶胶可用哪些方法？

(2) 如何净化溶胶？

(3) 本实验所用稀盐酸的电导为什么必须和所测溶胶的电导十分相近？

(4) 在外加电场中的胶体为什么会发生定向移动？

(5) 为什么电解质会使胶体聚沉？

附录：DOC-11C 型电导率仪的结构和使用方法

（一）DOC-11C 型电导率仪的结构

电导率仪结构如图 2-13 所示。

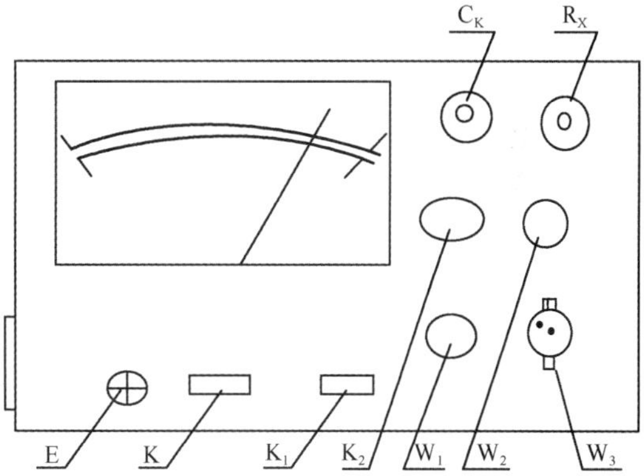

图 2-13　DOC-11C 型电导率仪的面板部件

E. 电源指示灯；K. 电源开关；K_1. 量程选择开关；K_2. 校正测量开关；W_1. “调正”调节器；W_2. 电极常数调节器；W_3. 温度补偿调节器；R_x. 电极插座；C_K. 0～10mV 输出插座

（二）DOC-11C 型电导率仪的使用方法

(1) 开机前先观察表针是否恰好指零，否则可调整表头上针孔位置，使表针正好指零。

(2) 将校正测量开关 K_2 扳在“校正”位置。

(3) 插接电源线并打开电源开关，并预热 10min，待指针完全稳定下来为止，调节“校正”调节器使表针作满刻度指示。

(4) 将量程选择开关 K_1 扳到所需要的测量范围大一些的位置，将校正测量开关 K_2 扳在“测量”位置，如预先不知被测溶液电导率的大小，应先将其置于$\times 10^4$ 最高电导率测量挡，然后逐挡下降，以防止表针因冲击过猛而被打弯。

(5) 电极的使用：用电极夹夹紧电极的

胶木帽，并固定在电极杆上，选用电极要与测量范围匹配。

1) 当被测液电导率在 $1.0 \sim 10\mu s \cdot cm^{-1}$ 范围内时，可选用 DJS-1 型光亮电极，把 W_2 调节在与之配套的电极常数相对应的位置上。

2) 当被测液电导率在 $1.0 \sim 10^4\mu s \cdot cm^{-1}$ 的范围时，可选用 DJS-1 型铂黑电极，同样 W_2 也应调节在与之配套的电极常数相对应的位置上。

3) 当被测液的电导率在 $10^4\mu s \cdot cm^{-1}$ 时，可选用 JS-10 型铂黑电极，这时 W_2 应调节在与之相对应的电极常数的 1/10 位置上。例如若电极常数是 9.8，则应使 W_2 指在 0.98 的位置上，此外还必须将测得的读数乘以 10，才是被测溶液的正确电导率值。

(6) 将电极插头插入电极插口内，然后再将电极浸入待测溶液中。

(7) 将 K_2 扳在“测量”位置。这时的电表指示数乘以量程开关的倍率后即为被测液的实际电导率。

例 1 K_1 置于“×1B”（$0 \sim 1\mu s \cdot cm^{-1}$）挡，指针读数为 0.8，所使用的电极常数为 0.1，则被测液的电导率就为

$$0.8 \times 1 \times 0.1\mu s \cdot cm^{-1} = 0.08\mu s \cdot cm^{-1}$$

例 2 K_1 置于“$\times 10^2$B”（$0 \sim 100\mu s \cdot cm^{-1}$）挡，指针读数为 0.9，所使用的电极常数为 1，则被测液的电导率就为

$$0.9 \times 1 \times 100\mu s \cdot cm^{-1} = 90\mu s \cdot cm^{-1}$$

(8) 凡使用各挡量程中的黑色圆点挡(B)时以表盘刻度的上面一条弧线刻度为准；若使用红色圆点挡(R)则以下面一条弧线刻度为准。

(9) 校正工作：将 K_2 扳在“校正”挡，调节 W_1，使电表指针恰好指向满刻度。为提高测量精度，当使用“$\times 10^3\mu s \cdot cm^{-1}$ 和 $\times 10^4\mu s \cdot cm^{-1}$”这两个测量挡时，校正工作必须在电导池接妥后，即电极浸入待测溶液，电极插头插入 R_x 的情况下进行。

（周红兵）

实验七 酸碱滴定法

Ⅰ. 盐酸溶液浓度的标定

一、目 标 要 求

(1) 掌握以 Na_2CO_3 基准物质标定盐酸溶液浓度的原理和方法。

(2) 初步掌握容量瓶、移液管的使用方法，掌握滴定管的使用及滴定操作。

(3) 进一步掌握差减称量法。

二、预 习 内 容

(1) 标准溶液、基准物质、滴定等概念。

(2) 强酸滴定弱碱原理。

(3) 数据误差来源以及分析化学如何处理数据。

三、实 验 原 理

标定 HCl 溶液常用分析纯无水碳酸钠作为基准物质。Na_2CO_3 与 HCl 溶液的反应如下：

$$Na_2CO_3 + 2HCl \Longrightarrow 2NaCl + CO_2\uparrow$$

由反应式可以看出 1mol Na_2CO_3 可与 2mol HCl 完全反应。反应达计量点时，pH=3.9，滴定突跃为 pH=3.5～5.0，可选用甲基橙(变色范围 3.1～4.4)作指示剂。

根据 Na_2CO_3 的质量和所用溶液的体积，可计算出 HCl 溶液的准确浓度：

$$c_{HCl} = \frac{2 \times W_{Na_2CO_3} \times \dfrac{20.00}{200.00}}{V_{HCl} \times M_{Na_2CO_3}} \times 1000$$

式中：$M_{Na_2CO_3}$ 为 Na_2CO_3 的摩尔质量，$g \cdot mol^{-1}$；V_{HCl} 为消耗的 HCl 体积，ml；$W_{Na_2CO_3}$ 为称量的 Na_2CO_3 的质量，g；c_{HCl} 为 HCl 的准确浓度，$mol \cdot L^{-1}$。

四、实验仪器与药品

1. 仪器 酸式滴定管，移液管，锥形瓶，称量瓶，容量瓶，洗瓶，烧杯，白瓷板，分析天平，铁架台，滴定管夹，玻璃棒。

2. 药品　无水 Na_2CO_3，0.05% 甲基橙指示剂，约 0.1mol · L^{-1} HCl。

五、实验内容与方法

1. Na_2CO_3 基准溶液的配制　用分析天平准确称取干燥过的分析纯无水 Na_2CO_3 0.96 ～ 1.12g（用差减称量法，称准至 0.0001g），置于洁净烧杯中，加入 20～30ml 蒸馏水，用玻璃棒搅拌使 Na_2CO_3 完全溶解，然后将溶液小心转移至 200ml 容量瓶中，并用少量蒸馏水洗涤烧杯 2～3 次，每次洗涤液也全部转移至容量瓶中，加蒸馏水至标线，将溶液充分摇匀。

2. HCl 溶液的标定　取洁净滴定管一支，用待标定的 HCl 溶液润洗 2～3 次（每次 5～10ml），然后装 HCl 溶液至零刻度以上，排除气泡，调整液面恰在零刻度或零刻度稍下某一刻度处。记录滴定管读数。

取 20.00ml 洁净移液管一支，用上面配制的 Na_2CO_3 溶液少许润洗 2～3 次，然后吸取 Na_2CO_3 溶液 20.00ml 放入锥形瓶中，并用洗瓶吹入少许蒸馏水将黏附在瓶壁的 Na_2CO_3 溶液冲下，滴入甲基橙指示剂 1～2 滴，溶液即成黄色。

从滴定管中将 HCl 溶液逐滴加入锥形瓶中，边滴边旋摇锥形瓶。接近终点时，用洗瓶吹入少许蒸馏水将溅在瓶壁上的液滴冲下，继续滴加 HCl 溶液，直至半滴或一滴 HCl 溶液的加入使溶液由黄色恰变为橙红色即为滴定终点，记录滴定管读数，前后两次读数之差，即为中和 Na_2CO_3 溶液 20.00ml 所消耗 HCl 溶液的体积（ml）。

按上述方法再重复滴定两次。计算 HCl 溶液的物质的量浓度。三次测定结果相对平均偏差不应大于 0.2%。

3. 实验结果的记录与处理

Na_2CO_3 基准溶液的配制			
Na_2CO_3 基准溶液的体积			
称取 Na_2CO_3 质量/g			
Na_2CO_3 摩尔质量/（g · mol^{-1}）			
HCl 溶液的标定			
次数	一	二	三
取 Na_2CO_3 溶液的体积/ml			
甲基橙指示剂/d			
HCl 溶液最后读数/ml			
HCl 溶液最初读数/ml			
消耗 HCl 溶液的体积/ml			
HCl 溶液的浓度/（mol · L^{-1}）			
HCl 溶液的平均浓度/（mol · L^{-1}）			
HCl 溶液浓度的相对平均偏差			

六、注 意 事 项

Na_2CO_3 易从空气中吸收水分及 CO_2，所以使用前应将其放在烘箱中于 180℃烘 2～3h，装在称量瓶中，保存于干燥器中备用。

七、思　考　题

（1）本试验配制 Na_2CO_3 溶液时为什么要用容量瓶？

（2）移液管和量筒都是量取液体的量器，它们能否互相替用？为什么？

（3）为什么移液管和滴定管在使用前要用待装溶液润洗？锥形瓶是否需用待装溶液润洗？为什么？

（4）“指示剂加入量越多，终点的变化越为明显。”这样的看法是否正确？

(5) 用 Na_2CO_3 作基准物质标定 HCl 时，是否可用酚酞作指示剂？说明原因。

(6) 为什么盐酸标准溶液不能直接配制？

(7) 常用于标定 HCl 溶液的一级基准物质是无水 Na_2CO_3 或硼砂，说出各自优缺点。

八、附　　录

常用酸碱指示剂见表 2-8。

表 2-8　常用酸碱指示剂

指示剂	变色点	变色范围	酸色	过渡色	碱色
百里酚蓝(第一次变色)	1.7	1.2～2.8	红色	橙色	黄色
甲基橙	3.7	3.1～4.4	红色	橙色	黄色
溴酚蓝	4.1	3.1～4.6	黄色	蓝紫	紫色
溴甲酚绿	4.9	3.8～5.4	黄色	绿色	蓝色
甲基红	5.0	4.4～6.2	红色	橙色	黄色
溴百里酚蓝	7.3	6.0～7.6	黄色	绿色	蓝色
中性红	7.4	6.8～8.0	红色	橙色	黄色
酚酞	9.1	8.0～9.6	无色	粉红	红色
百里酚蓝(第二次变色)	8.9	8.0～9.6	黄色	绿色	蓝色
百里酚酞	10.0	9.4～10.6	无色	淡蓝	蓝色

Ⅱ. 硼砂含量的测定——酸碱滴定法应用

一、目 标 要 求

(1) 测定硼砂的含量，了解酸碱滴定法的实际应用。

(2) 进一掌握滴定分析基本操作。

二、预 习 内 容

(1) 指示剂、滴定等概念。

(2) 强酸滴定弱碱内容。

(3) 数据误差来源以及分析化学如何处理数据。

三、实 验 原 理

硼砂 ($Na_2B_4O_7 \cdot 10H_2O$) 是弱酸 (H_3BO_3) 与强碱 (NaOH) 所组成的盐。它在水溶液中离解为 Na^+ 和 $B_4O_7^{2-}$，Na^+ 和 H_2O 不起酸碱反应，但 $B_4O_7^{2-}$ 对 H_2O 来说是质子接受体，它和水发生质子转移反应，使溶液呈碱性，故可利用酸碱滴定法测定，用 HCl 滴定时发生如下反应：

$$Na_2B_4O_7 \cdot 10H_2O + 2HCl = 2NaCl + 4H_3BO_3 + 5H_2O$$

由反应式可以看出，1mol 硼砂与 2mol HCl 反应，滴定达计量点时 pH=5.1，突跃范围 pH 为 5.6～4.3，因此可选用甲基红(变色范围 4.4～6.2) 作指示剂。

四、实验仪器与药品

1. 仪器　滴定管，移液管，锥形瓶，称量瓶，容量瓶，洗瓶，烧杯，白瓷板，分析天平，铁架台，滴定管夹，玻璃棒，酒精灯，石棉网。

2. 药品　硼砂 ($Na_2B_4O_7 \cdot 10H_2O$) 样品，0.1%甲基红，已标定好的 HCl 标准溶液。

五、实验内容与方法

(1) 在分析天平上准确称取硼砂样品约 40g，置于烧杯中，加蒸馏水约 500ml，加热并搅拌至完全溶解。冷却后，移入 2000.00ml 容量瓶中，洗涤烧杯 2～3 次，洗液全部并入容量瓶中，加水至标线，混匀。

(2) 用洁净移液管一支，润洗后吸取上述硼砂样品溶液 20.00ml，置于 250ml 锥形瓶中，加甲基红指示剂 2 滴，溶液呈黄色。用 HCl 标准溶液滴定至溶液由黄色变为橙红色即为终点。记录滴定结果。

照上法再重复滴定两次，按下式计算硼

砂的含量。

$$Na_2B_4O_7 \cdot 10H_2O\ 含量(\%)=\frac{c_{HCl}\times V_{HCl}\times\dfrac{M_{Na_2B_4O_7\cdot 10H_2O}}{1000}}{2\times W_{Na_2B_4O_7\cdot 10H_2O}\times\dfrac{20.00}{2000.00}}\times 100\%$$

式中：c_{HCl}为HCl标准溶液浓度，$mol\cdot L^{-1}$；V_{HCl}为消耗的HCl体积，ml；$W_{Na_2B_4O_7\cdot 10H_2O}$为称量硼砂的质量，g；$M_{Na_2B_4O_7\cdot 10H_2O}$为硼砂的摩尔质量，$g\cdot mol^{-1}$。

(3)实验结果的记录与处理

样品溶液的配制			
称取样品质量/g			
配制样品溶液的体积/ml			
硼砂摩尔质量/$(g\cdot mol^{-1})$			
样品溶液的测定			
次数	一	二	三
取样品溶液的体积/ml			
甲基红指示剂/d			
HCl标准溶液最后读数/ml			
HCl标准溶液最初读数/ml			
消耗HCl标准溶液的体积/ml			
硼砂质量分数/%			
硼砂平均质量分数/%			
实验结果的相对平均偏差			

六、注意事项

硼砂的摩尔质量大，易制得纯品，不吸水，定量组成含有结晶水，须保存在相对湿度为60%的恒湿器中，空气湿度小于39%失去结晶水。

七、思考题

(1)通过酸碱滴定法的两个实验，总结滴定分析的操作程序可分为哪三个部分。在实验操作中，应注意些什么问题？

(2)每次滴定时，酸碱标准溶液耗20～25ml，为什么要控制在这个范围内？少用(3～5ml)或多用(50～60ml)不好吗？为什么？

(3)用HCl滴定硼砂时，能否改用酚酞或甲基橙作指示剂？为什么？

(4)当有少量硼砂样品失去结晶水时，对测定结果会有什么影响？

(5)选择指示剂的原则是什么？

(6)什么是滴定终点？

(周红兵)

实验八　泻盐中硫酸镁含量的测定

一、目标要求

(1)了解螯合滴定法的基本原理和方法。

(2)掌握用EDTA标准溶液测定硫酸镁含量的方法。

(3)熟悉铬黑T指示剂终点颜色的变化。

二、预习内容

(1)螯合滴定法的原理。

(2)EDTA标准溶液的配制及标定。

(3)指示剂的变色原理及变色范围。

三、实验原理

利用多齿配体对金属离子的强烈螯合作

用进行滴定的方法称为螯合滴定法，常用的螯合剂是乙二胺四乙酸二钠盐，它与乙二胺四乙酸一起，称为 EDTA，故又称 EDTA 滴定法。

EDTA 滴定反应的特点是：①形成的螯合物十分稳定；②不论金属原子的价数多少总是以 1∶1 螯合，即 $M+Y = MY$（略去电荷）；③形成的螯合物易溶于水。

乙二胺四乙酸（H_4Y）有 2 个氨基和 4 个羧基，为四元酸。氨基具有碱性，故在溶液中以兼性离子的形式存在。在 pH<2 的溶液中，可以接受两个质子形成 H_6Y^{2+}，这样 EDTA 就相当于六元酸，在水溶液中存在六级解离平衡。因此 EDTA 在水溶液中可以有 H_6Y^{2+}、H_5Y^{+}、H_4Y、H_3Y^{-}、HY^{3-}、Y^{4-}等七种存在形式。当溶液的 pH 不同时，各种形式的摩尔分数也不同。

溶液中 MY 的稳定性除取决于 K_s(MY) 的大小外，还与溶液的酸度有关。MY 也和其他配离子一样，溶液 pH 低，Y^{4-}与 H^+结合成难解离的 HY^{3-}、H_2Y^{2-}、H_3Y^{-}，致使滴定过程中生成的 MY 发生解离。pH 增大时，虽生成弱酸的能力减弱，但金属离子与 OH^- 结合成氢氧化物沉淀倾向增强，MY 也不稳定。所以，在 EDTA 测定金属离子的浓度时，选择合适的 pH 是十分重要的。为了保持滴定过程中 pH 基本稳定，在滴定前必须加入合适的缓冲溶液，控制溶液的 pH。

结晶硫酸镁（$MgSO_4 \cdot 7H_2O$）俗称泻盐。

Mg^{2+}与 EDTA 形成的螯合物稳定性较差，用 EDTA 滴定法测定 Mg^{2+}时，需要用 NH_3-NH_4Cl 缓冲溶液调节 pH=10，以铬黑 T 为指示剂，当滴入 EDTA 标准溶液时发生如下反应：

滴定前：$Mg^{2+} + HIn^{2-}$（蓝色）$\longrightarrow$ $MgIn^-$（酒红色）$+ H^+$

终点前：$Mg^{2+} + H_2Y^{2-} \longrightarrow MgY^{2-} + 2H^+$

终点时：$MgIn^-$（酒红色）$+ H_2Y^{2-} \longrightarrow$ $MgY^{2-} + HIn^{2-}$（蓝色）$+ H^+$

所以溶液由酒红色变为纯蓝色时即为滴定终点。

四、实验仪器与药品

1. 仪器 锥形瓶，移液管，滴定管，容量瓶，称量瓶，洗瓶，烧杯，分析天平，铁架台。

2. 药品 泻盐，NH_3-NH_4Cl 缓冲溶液（pH = 10），EDTA 标准溶液，铬黑 T 指示剂。

五、实验内容与方法

（1）在分析天平上准确称取泻盐约 25g 称准至 0.0001g）于烧杯中，加蒸馏水约 200ml，溶解后转移入 2000ml 容量瓶中，洗涤烧杯 2～3 次，洗液全部并入容量瓶中，加水至标线，摇匀。

（2）用洁净移液管一支，润洗后吸取上述泻盐溶液 20.00ml，置于 250ml 锥形瓶中，加 NH_3-NH_4Cl 缓冲溶液 7ml，铬黑 T 指示剂少许（火柴头大小），用 $0.05mol \cdot L^{-1}$ EDTA 标准溶液滴定至溶液由酒红色变为纯蓝色时即达终点。记录滴定结果。按上法再重复滴定两次，用下式计算硫酸镁的含量。

$$MgSO_4 \cdot 7H_2O\ 含量(\%) = \frac{c_{EDTA} \cdot V_{EDTA} \cdot \dfrac{M_{MgSO_4 \cdot 2H_2O}}{1000}}{W_{泻盐} \times \dfrac{20.00}{2000.00}} \times 100$$

式中：c_{EDTA} 为 EDTA 标准溶液浓度（$mol \cdot L^{-1}$）；V_{EDTA} 为消耗的 EDTA 的体积（ml）；$M_{MgSO_4 \cdot 7H_2O}$ 为硫酸镁的摩尔质量（$g \cdot mol^{-1}$）；$W_{泻盐}$为称量泻盐的质量（g）。

（3）实验结果的记录与处理。

样品溶液的配制	
称取样品量/g	
配制样品溶液的体积/ml	
硫酸镁摩尔质量/（$g \cdot mol^{-1}$）	

续表

样品溶液的测定			
次数	一	二	三
取样品溶液的体积/ml			
NH_3-NH_4Cl 缓冲溶液体积/ml			
铬黑 T 指示剂			
EDTA 标准溶液最后读数/ml			
EDTA 标准溶液最初读数/ml			
消耗 EDTA 标准溶液的体积/ml			
硫酸镁的含量/%			
硫酸镁平均含量/%			
实验结果的平均相对偏差			

六、注 意 事 项

1. NH_3-NH_4Cl 缓冲溶液（pH=10）的配制 取 67.5g NH_4Cl 溶于 200ml 水中，加入 570ml 15mol·L^{-1} 氨水，用水稀释到 10000ml。

2. 铬黑 T 指示剂的配制 取铬黑 T 1.0g 与磨细的干燥 NaCl 100g 研匀配成固体合剂。

七、思 考 题

（1）为什么用 EDTA 标准溶液测定金属离子时，要控制溶液的酸度？

（2）滴定达终点时指示剂由酒红色变为纯蓝色，若继续滴加标准溶液指示剂颜色是否加深？

（3）指示剂加的量过多对滴定结果有何影响？

（4）EDTA 标准溶液能否直接配制？

（5）螯合滴定中使用的金属指示剂必须具备的条件是什么？

附 录

一些金属离子能被 EDTA 滴定的最低 pH 见表 2-9。

表 2-9 一些金属离子能被 EDTA 滴定的最低 pH

金属离子	$\lg K_s$(MN)	最低 pH
Mg^{2+}	8.64	9.7
Ca^{2+}	11.0	7.5

续表

金属离子	$\lg K_s$(MN)	最低 pH
Mn^{2+}	13.8	5.2
Fe^{2+}	14.3	5.0
Al^{3+}	16.1	4.2
Co^{2+}	16.3	4.0
Cd^{2+}	16.4	3.9
Zn^{2+}	16.4	3.9
Pb^{2+}	18.3	3.2
Ni^{2+}	18.5	3.0
Cu^{2+}	18.7	2.9
Hg^{2+}	21.8	1.9
Sn^{2+}	22.1	1.7
Fe^{3+}	24.2	1.0

常见的金属指示剂见表 2-10。

表 2-10 常见的金属指示剂

名称	pH 范围	颜色		可直接测定的离子
		In	Min	
铬黑 T	7～10	蓝	红	Mg_{2+}、Zn^{2+}、Ca^{2+}、Pb^{2}
钙指示剂	10～13	纯蓝	酒红	Ca^{2+}
二甲酚橙	pH<6	亮黄	红紫	Zn^{2+}、Ca^{2+}、Pb^{2+}、Hg^{2+}
PNA	2～12	黄	红	Cu^{2+}、Pb^{2+}、Hg^{2+}、Cd^{2+}

（周红兵）

实验九　硫酸亚铁样品中 $FeSO_4$ 含量的测定

一、目 标 要 求

(1) 学会用高锰酸钾滴定法测定硫酸亚铁样品中 $FeSO_4$ 的含量。

(2) 掌握高锰酸钾滴定法的原理。

(3) 熟练滴定操作。

二、预 习 内 容

(1) 高锰酸钾滴定法的原理。

(2) 高锰酸钾标准溶液的配制方法及标定。

(3) 指示剂及颜色变化。

三、实 验 原 理

高锰酸钾在酸性溶液中可将亚铁盐氧化成高铁盐，反应式如下：

$$MnO_4^- + 5Fe^{2+} + 8H^+ = Mn^{2+} + 5Fe^{3+} + 4H_2O$$

达计量点时：$n_{KMnO_4} = \frac{1}{5} n_{FeSO_4}$。

Fe^{2+}容易被空气氧化，故滴定速度要快。由于高锰酸钾溶液本身具有颜色，溶液中有稍微过量的 MnO_4^- 即显粉红色，故不需另加指示剂。

四、实验仪器与药品

1. 仪器　锥形瓶，量筒，酸式滴定管，分析天平，玻璃棒，容量瓶，滴定管夹，铁架台，洗瓶。

2. 药品　3mol · L^{-1} H_2SO_4，$KMnO_4$ 标准溶液，$FeSO_4$ 样品。

五、实验内容与方法

(1) 在分析天平上准确称取硫酸亚铁样品约 5g 于烧杯中，加蒸馏水约 500ml 使之溶解。然后将溶液转移入 2000ml 容量瓶中，洗涤烧杯 2～3 次，洗液全部并入容量瓶中，加水至标线，充分摇匀。

(2) 用洁净移液管一支，润洗后吸取上述硫酸亚铁样品溶液 20.00ml，置于 250ml 锥形瓶中，加 3mol · L^{-1} $H_2SO_4$10ml，立即用 $KMnO_4$ 标准溶液滴定至溶液显粉红色，经过 30s 不消褪即达终点。再重复测定两次，按下式计算硫酸亚铁样品中 $FeSO_4$ 的含量。

$$FeSO_4 \cdot 7H_2O\% = \frac{5c_{KMnO_4} \cdot V_{KMnO_4} \cdot \frac{M_{FeSO_4 \cdot 7H_2O}}{1000}}{W_{样品}} \times 100$$

式中：$M_{FeSO_4 \cdot 7H_2O}$ 为 $FeSO_4 \cdot 7H_2O$ 的摩尔质量（g · mol^{-1}）；c_{KMnO_4} 为 $KMnO_4$ 标准溶液的准确浓度（mol · L^{-1}）；V_{KMnO_4} 为消耗 $KMnO_4$ 溶液的体积（ml）；$W_{样品}$为称取的硫酸亚铁样品的质量（g）。

(3) 实验结果的记录与处理。

样品溶液的配制			
称取硫酸亚铁量/g			
配制样品溶液的体积/ml			
硫酸亚铁摩尔质量/（g · mol^{-1}）			
样品溶液的测定			
次数	一	二	三
取样品溶液的体积/ml			
3mol · L^{-1} H_2SO_4 体积/ml			
$KMnO_4$ 标准溶液最后读数/ml			
$KMnO_4$ 标准溶液最初读数/ml			
消耗 $KMnO_4$ 标准溶液的体积/ml			
$FeSO_4$ 含量/%			
$FeSO_4$ 平均含量/%			
实验结果的平均相对偏差			

六、注 意 事 项

1. $KMnO_4$ 溶液的配制　用表面皿在台秤上称取 0.7g 固体 $KMnO_4$，置于 1000ml 烧杯中，用蒸馏水 500ml 溶解，加热煮沸 20min，放冷后用新煮沸放冷的蒸馏水稀释至 1000ml，放入洁净的棕色试剂瓶中摇匀、塞紧。在冷暗处放置 2～3 天，然后用砂芯漏斗或玻璃棉过滤，滤液移入另一洁净的棕色瓶中在暗处保存备用。

2. 终点认定　$KMnO_4$ 滴定的终点是不太稳定的，由于空气中含有还原性气体及尘埃等杂质，落入溶液中能使 $KMnO_4$ 慢慢分解，而使粉红色消失，所以经过 30s 不褪色，即可认为已达终点。

七、思 考 题

(1) 用 $KMnO_4$ 滴定 $FeSO_4$ 样品时，溶液为什么不能加热？

(2) 滴定达终点 30s 后颜色褪去，可能的原因是什么？

(3) 高锰酸钾标准溶液最好用什么滴定管？

(4) 为什么滴定在 H_2SO_4 溶液中进行，而不能选用 HNO_3 和 HCl 作为酸化试剂？

(5) 滴定过程中，H_2SO_4 的浓度要适宜，酸度过高或过低对实验有什么影响？

(6) 标定 $KMnO_4$ 溶液最常用的一级基准物质是什么？

附　　录

一些常见的氧化还原半反应和标准电极电位见表 2-11。

表 2-11　一些常见的氧化还原半反应和标准电极电位(298.15K)

半反应	标准电极电位/V
$Li^+ + e \rightleftharpoons Li$	−3.0401
$Na^+ + e \rightleftharpoons Na$	−2.71
$Mg^{2+} + 2e \rightleftharpoons Mg$	−2.70
$Mn^{2+} + 2e \rightleftharpoons Mn$	−1.185
$Zn^{2+} + 2e \rightleftharpoons Zn$	−0.7618
$Cr^{3+} + 3e \rightleftharpoons Cr$	−0.744
$Fe^{2+} + 2e \rightleftharpoons Fe$	−0.447
$Cd^{2+} + 2e \rightleftharpoons Cd$	−0.4030
$Pb^{2+} + 2e \rightleftharpoons Pb$	−0.1262
$Fe^{3+} + 3e \rightleftharpoons Fe$	−0.037
$2H^+ + 2e \rightleftharpoons H_2$	0.0000
$AgCl + e \rightleftharpoons Ag + Cl^-$	0.2223
$Cu^{2+} + 2e \rightleftharpoons Cu$	0.3419
$I_2 + 2e \rightleftharpoons 2I^-$	0.5355
$O_2 + 2H^+ + 2e \rightleftharpoons H_2O_2$	0.695
$Fe^{3+} + e \rightleftharpoons Fe^{2+}$	0.771
$Ag^+ + e \rightleftharpoons Ag$	0.7996
$Hg^{2+} + 2e \rightleftharpoons Hg$	0.851
$Br_2(l) + 2e \rightleftharpoons 2Br^-$	1.066
$Cr_2O_7^{2-} + 14H^+ + 6e \rightleftharpoons 2Cr^{3+} + 7H_2O$	1.232
$Cl_2 + 2e \rightleftharpoons 2Cl^-$	1.358
$MnO_4^- + 8H^+ + 5e \rightleftharpoons Mn^{2+} + 4H_2O$	1.507

（周红兵）

实验十　氯化物中氯含量的测定

一、目 标 要 求

(1) 掌握沉淀滴定法的原理及基本操作。

(2) 掌握 Volhards 法测氯化物中氯含量的方法。

二、预 习 内 容

(1) 沉淀滴定法的原理及方法。

(2) 沉淀滴定法的用途。

(3) 三种沉淀滴定法的优缺点及使用范围。

(4) 指示剂及颜色变化。

三、实 验 原 理

Volnards 法是用铁铵矾 ($NH_4Fe(SO_4)_2 \cdot 12H_2O$) 作指示剂的银量法。在酸性溶液中以铁铵矾作指示剂，用 NH_4SCN 或 KSCN 标准

溶液直接滴定 Ag^+，生成 AgSCN 沉淀，化学计量点后稍过量的 SCN^-与指示剂中 Fe^{3+} 产生淡红色 $Fe(SCN)^{2+}$，指示滴定终点。

终点前：$Ag^+ + SCN^- \longrightarrow AgSCN\downarrow$

终点时：$SCN^- + Fe^{3+} \longrightarrow Fe(SCN)^{2+}$（淡红色）

有些氯化物（如食盐）对人体是不可缺少的物质。对氯化物中氯的含量测定可用 Volnards 法。

四、实验仪器与药品

1. 仪器 滴定管，移液管，锥形瓶，称量瓶，容量瓶，试剂瓶，烧杯，洗瓶，铁架台，滴定管夹，玻璃棒，分析天平。

2. 药品 $0.05mol \cdot L^{-1}$ $AgNO_3$ 标准溶液（配制及标定见 A），KSCN 固体，40% $NH_4Fe(SO_4)_2$ 水溶液，$6\ mol \cdot L^{-1}$ HNO_3 溶液（新煮沸，放冷后待用），石油醚，食盐样品。

五、实验内容与方法

（一）KSCN 标准溶液的配制与标定

1. KSCN 标准溶液的配制 称取 KSCN 约 4.85g（用 NH_4SCN 则约 3.8g）溶于水并稀释至 1000ml 储于玻璃试剂瓶中。

2. 标定 用移液管准确移取 20.00ml 已标定的 $AgNO_3$ 标准溶液 3 份于 250ml 锥形瓶中，加蒸馏水 20ml，$6mol \cdot L^{-1}$ HNO_3 溶液 5ml。再加 40%铁铵矾指示剂 1ml，用 KSCN 溶液滴定至出现微红色，剧烈振荡后仍不消失即达终点。根据下式计算

$$c_{KSCN} = \frac{c_{AgNO_3} \times V_{AgNO_3}}{V_{KSCN}}$$

式中：c_{AgNO_3} 为 $AgNO_3$ 标准溶液的浓度（$mol \cdot L^{-1}$）；V_{AgNo_3} 为消耗 $AgNO_3$ 的体积（ml）；V_{KSCN} 为消耗 KSCN 的体积（ml）；c_{KSCN} 为 KSCN 的浓度（$mol \cdot L^{-1}$）。

再重复测 2 次，3 次结果的相对偏差不应大于 0.2%。

（二）食盐中氯含量的测定

1. 食盐样品溶液的配制 准确称取约 0.75g 食盐样品于烧杯中，加少量水溶解后转移至 200ml 容量瓶中稀释至刻度线摇匀。

2. 食盐样品中氯含量的测定 用移液管移取 20.00ml 样品溶液三份于三个锥形瓶，各加 20.00ml 蒸馏水，再加 $6mol \cdot L^{-1}$ HNO_3 溶液 5ml，在不断振荡情况下从滴定管逐滴加入 $AgNO_3$ 标准溶液 30.00ml（准确读数），然后加 2ml 石油醚，用橡皮塞塞住瓶口，剧烈振荡半分钟，再加铁铵矾指示剂 1ml，用 KSCN 标准溶液滴定，直至溶液出现淡红色，轻轻摇动也不消失即达滴定终点。根据下式计算

$$Cl^-\% = \frac{(c_{AgNO_3} \times V_{AgNO_3} - c_{KSCN} \times V_{KSCN}) \times \frac{M_{Cl^-}}{1000}}{W_{样品} \times \frac{20.00}{200.00}} \times 100\%$$

式中：c_{AgNO_3} 为 $AgNO_3$ 标准溶液的浓度（$mol \cdot L^{-1}$）；V_{AgNo_3} 为消耗 $AgNO_3$ 的体积（ml）；V_{KSCN} 为消耗 KSCN 的体积（ml）；c_{KSCN} 为 KSCN 的浓度（$mol \cdot L^{-1}$）；M_{Cl^-}为 Cl^-的摩尔质量（$g \cdot mol^{-1}$），$W_{样品}$为称取的食盐样品的质量（g）。

再重复测定 2 次，三次实验结果的相对偏差不应大于 0.2%。

（三）实验结果的记录与处理

1. KSCN 标准溶液的配制与标定

样品溶液的配制	
称取 KSCN 量/g	
配制 KSCN 溶液的体积/ml	

续表

KSCN 溶液的浓度的测定			
次数	一	二	三
$AgNO_3$ 标准溶液的体积/ml			
蒸馏水体积/ml			
6 mol · L^{-1} HNO_3 溶液体积/ml			
40%铁铵矾指示剂体积/ml			
KSCN 溶液最后读数/ml			
KSCN 溶液最初读数/ml			
消耗 KSCN 溶液的体积/ml			
KSCN 溶液的浓度/(mol · L^{-1})			
KSCN 溶液的平均浓度/(mol · L^{-1})			
实验结果的平均相对偏差			

2. 食盐中氯含量的测定

食盐样品溶液的配制			
称取食盐样品量/g			
配制食盐样品溶液的体积/ml			
食盐样品溶液浓度的测定			
次数	一	二	三
食盐样品溶液的体积/ml			
加蒸馏水体积/ml			
6 mol · L^{-1} HNO_3 体积/ml			
$AgNO_3$ 标准溶液体积/ml			
石油醚体积/ml			
铁铵矾指示剂体积/ml			
KSCN 溶液最后读数/ml			
KSCN 溶液最初读数/ml			
消耗 KSCN 溶液的体积/ml			
食盐中氯含量/%			
食盐中氯的平均含量/%			
实验结果的平均相对偏差			

六、注意事项

(1) 本实验中因 AgSCN 溶度积小于 AgCl 的溶度积，故 SCN^-会使生成的 AgCl 沉淀而使 Cl^-重新释放而消耗较多的 KSCN，造成较大的滴定误差。所以加入石油醚使其包在 AgCl 沉淀表面，减少 AgCl 沉淀与溶液的接触，防止转化。

(2) 本实验加 HNO_3 是为了防止 Fe^{3+}的水解，另一方面又可避免能与 Ag^+生成沉淀的 PO_4^{3-}、CO_3^{2-}、S^{2-}等对测定的干扰，得到较高的选择性。但硝酸中不应含有氮的低价氧化物，以免与 Fe^{3+}及 SCN^-形成红色化合物，影响终点观察。新煮后放冷的 HNO_3 可除低价氮氧化物。

(3) KSCN 溶液滴定 Ag^+时必须强烈振荡，否则将由于 AgSCN 吸附 Ag^+而使终点过早出现。

七、思考题

(1) 本实验中为什么需加石油醚?

(2) 本实验为什么要用 HNO_3 酸化？能

否用 HCl 或 H_2SO_4 代替?

(3) 为什么 KSCN 溶液滴定 Ag^+ 时必须强烈振荡?

(周红兵)

实验十一 可见分光光度法测定 Fe 的含量

一、目 标 要 求

(1) 了解 721 型分光光度计的构造原理和使用方法。

(2) 通过 Fe 含量的测定，加深理解 Lambert-Beer 定律。

(3) 掌握可见分光光度法的原理与测定方法。

(4) 学会测绘标准工作曲线。

二、预 习 内 容

(1) 吸光度、透光率等概念，吸收曲线。

(2) Lambert-Beer 定律，分光光度测定方法。

(3) 分光光度测定误差及提高准确度的方法。

(4) 可见分光光度计的构造原理及使用。

三、实 验 原 理

分光光度法的基本原理——Lambert-Beer 定律

$$A=\varepsilon bc$$

式中：c 为有色溶液浓度；A 为吸光度；b 为液层厚度(cm)；ε 为吸光系数，浓度、厚度一定时，随溶液性质及入射光波长而变，是各种有色物质在一定波长的特性常数。

当液厚度一定时，由 $A=a'\cdot c$，吸光度与浓度成正比，因此可用两种方法测定样品含量。标准工作曲线法中，A 与 c 呈直线关系，a' 即为曲线斜率；在直接比较法中：$A/c=a'$，因此 $A_{标}/c_{标}=A_{样}/c_{样}$，所以 $c_{样}=c_{标}\cdot A_{样}/A_{标}$。

因有色溶液对光的吸收具有选择性，故 Lambert-Beer 定律仅适用于一定波长的单色光。获得单色光的方法有三种：①滤光片：得到一定波长范围的单色光(波带宽度 40～120nm)，灵敏度、选择性均低；②棱镜和狭缝：能得到较纯单色光(波带宽度＜1～10nm)；③光栅和狭缝。

入射光波长的选择：固定有色溶液的浓度和厚度，在不同波长下测定吸光度值，以吸光度为纵坐标，波长为横坐标绘制吸收曲线，找出最大吸收波长 λ_{max}，作为最适入射光波长。

对无色或颜色较浅物质可加入显色剂后进行测定。例如：利用 Fe^{3+} 与 SCN^- 反应生成血红色 $[Fe(SCN)_6]^{3-}$

$$Fe^{3+}+6SCN^- \rightleftharpoons [Fe(SCN)_6]^{3-}$$

对 Fe 含量进行测定。

因 Fe^{3+} 易水解，故显色反应必须在过量无机酸(H_2SO_4 或 HNO_3)存在下进行。如溶液中存在 Fe^{2+}，必须先使其氧化成 Fe^{3+}，故调节酸性用 HNO_3 为宜，它同时起氧化剂作用。但酸性不能太强，一般应在 0.05～0.5mol · L^{-1} 之间，否则 SCN^- 也将被氧化。

Fe^{3+} 与 SCN^- 的反应是分级进行的，产物随 SCN^- 浓度而不同，故必须加入极为过量的显色剂 SCN^-。$[Fe(SCN)_6]^{3-}$ 不够稳定，见光易分解，测定操作要迅速，避免强光长时间照射。

四、实验仪器与药品

1. 仪器 721 型分光光度计，容量瓶，移液管，量筒，滤纸片，擦镜纸。

2. 药品 Fe^{3+} 标准溶液(0.0502mg · ml^{-1})，3mol · L^{-1} KSCN，3mol · L^{-1} HNO_3，样品液(含 Fe^{3+} 0.02～0.03 mg · ml^{-1})。

五、实验内容与方法

(1) 按 721 型分光光度计使用方法准备好仪器(见附录)。

(2) 取 50ml 容量瓶 6 只，按表 2-12 配制空白溶液及一系列不同浓度溶液，充分混匀，记录显色时间。

表 2-12　配制工作曲线表

容量瓶号	0	1	2	3	4	5
0.0502mg · ml^{-1} Fe^{3+}标准液体积/ml	—	1.00	2.00	3.00	4.00	5.00
3mol · L^{-1} HNO_3体积/ml	3.0	3.0	3.0	3.0	3.0	3.0
3mol · L^{-1} KSCN 体积/ml	2.5	2.5	2.5	2.5	2.5	2.5
稀释后体积/ml	50.00	50.00	50.00	50.00	50.00	50.00
Fe^{3+}浓度/(mg · $100ml^{-1}$)						

(3) 取 1cm 吸收池 4 只，一只盛空白溶液，另外三只由低浓度到高浓度依次盛放标准溶液，在波长为 480nm 处，依次测定各标准溶液的吸光度，读数 3 次取平均值。以 Fe^{3+}浓度为横坐标，吸光度为纵坐标，绘制工作曲线。

(4) 另取一只 50ml 容量瓶，与标准溶液同时，加入样品溶液 5.00ml，3mol · L^{-1} HNO_3、3mol · L^{-1} KSCN 2.5ml，用蒸馏水稀释至标线，摇匀。测其吸光度值，从标准工作曲线上查出其深度，再乘以 10 即为原样品溶液中 Fe 的含量。

(5) 实验结果的记录与处理

1) 标准溶液的配制

序号	0	1	2	3	4	5
0.050mg · ml Fe 溶液体积/ml						
3mol · L^{-1} HNO_3 体积/ml						
3mol · L^{-1} KSCN 体积/ml						
稀释后体积/ml						
Fe 含量/(mg · $100ml^{-1}$)						
吸光度 (*A*)						

波长______________。

2) 标准工作曲线 (10×10 坐标纸)。

3) 样品测定

样品/ml	3mol · L^{-1} HNO_3体积/ml	3mol · L^{-1} KSCN 体积/ml	稀释后体积/ml

波长________。吸光度 (*A*)________。

从曲线查出的 Fe 的浓度________mg · $100ml^{-1}$。

4) 结果运算。

Fe 样品浓度 (mg · $100ml^{-1}$) =

六、注 意 事 项

(1) Fe^{3+}标准溶液 (0.0502mg · ml^{-1}) 的配制方法：准确称取 $NH_4 \cdot Fe(SO_4)_2 \cdot 12H_2O$ 0.432g，于烧杯中溶解，再加 3mol · L^{-1} H_2SO_4 25ml 移入 1000ml 容量瓶中，加水至标线，混匀。

(2) 显色时间应为加入显色剂进行测定的时间，各标准溶液加显色的时间应间隔 1～2min，依次测吸光度，以保证显色时间相同。

(3) 分光光度计配有液层厚度为 0.5cm、1cm、2cm、3cm 吸收池，可根据有色溶液浓度选用不同厚度吸收池。一般常用 1cm。吸收池为光学玻璃制造，其透光面不能与硬物接触，也不得用手触摸，拿时只能用两指捏其两侧毛玻璃面。不得用刷子刷洗，只能用水冲洗或用适当溶剂浸洗。若有污物冲洗不掉时，可用柳木棒缠棉花球轻轻擦洗。使用前应用大量自来水冲洗，再用少量蒸馏水冲洗 3 次，然后再用少量待盛溶液冲洗 3 次，再盛溶液。池外溶液只能用擦镜纸将毛面摺里面，沾去溶液或顺一个方向轻拭，不允许用力来回擦拭，以免有灰尘磨损透光面。测定时透光面上不得留有水珠或纤维。

(4) $c_{标}$为稀释后的标准溶液浓度。因样品溶液 5.00ml，稀释为 50.00ml，故公式中乘以 50.00/5.00=10，才是原样品的浓度。

七、思 考 题

(1) 分光光度法的基本原理是什么？

(2) 测定 Fe^{3+}时，显色剂 KSCN 用量不足，对结果有何影响？为什么？

(3) 如何把复合光变成单色光？

(4) 什么是物质的吸收光谱?

(5) 分光光度法的误差来源是什么?

(6) 为使显色反应完全，是不是显色剂加得越多越好? 为什么?

附录：721 型分光光度计

(一) 构造及原理

721 型分光光度计是 72 型分光光度计的改进型，将稳压器、检流计及主机组装成一整件。用白炽灯作光源，采用半导体电子稳压器用利特罗 30°直角玻璃棱镜及准直镜(凹面反射镜)作单色器，光电管作接收器，将产生的光电流经半导体放大器放大后，直接推动指针式微安计读数。其能测定 360～800nm 可见光区的吸收光谱。分辨能力≤3nm。其外形图如图 2-14 所示。

如图 2-15 所示，由光源灯(12V、25V) 1 发出的光线经透镜 2 聚焦成平行光，再经反射镜 3 反射后，通过入射狭缝 4 射向准直镜 5，反射后射向利特罗棱镜 6，经折射投向金属膜 7，反射后再次折射投向准直镜。色散后的光线经准直镜反射后，投向出射狭缝 8，再经透镜 9 聚焦成平行光，经光量调节器 10 通过吸收池 11，经吸收后，投向光电管 13，产生的光电流经半导体放大器 14 推动微安表 15，在微安表上可读出吸光度或透光率。利特罗棱镜装在一个可转动的台上，通过波长选择旋钮可将棱镜旋转一定角度，使所选波长光线投向出射狭缝。

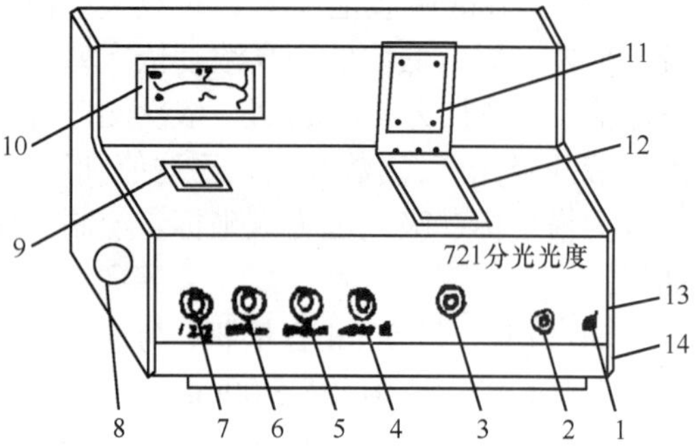

图 2-14　721 型分光光度计外形图

1. 电源开关；2. 指示灯；3. 吸收池定位拉杆；4. 光量调节旋钮；5. 零点调节旋钮；6. 波长调节旋钮；7. 灵敏度选择开关；8. 波长校准孔；9. 波长读数窗口；10. 微安表；11. 吸收室盖；12. 光闸自动开关；13. 灯开关；14. 电源插座(在背面)

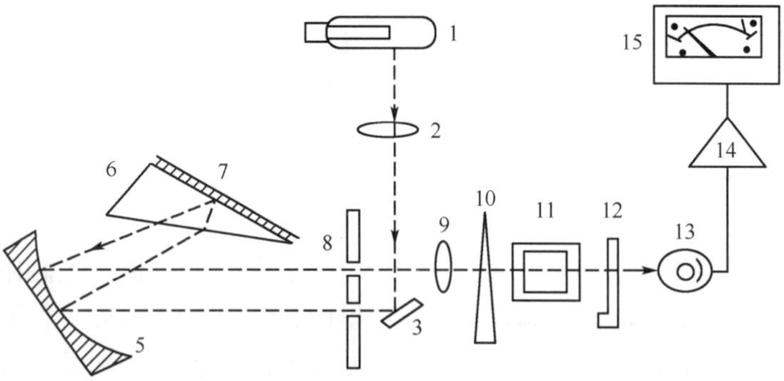

图 2-15　721 型分光光度计光学系统示意图

(二) 使用方法

1. 检查仪器的各开关及旋钮是否都在指定位置　光量调节旋钮应逆时针旋到底。灵敏度选择钮应指“1”位置，此旋钮有 1、2、3、4、5 挡，一般用“1”挡灵敏度最低，但也最稳定。挡次越高，灵敏度越高，但稳定性越差。只有在用光量调节旋钮调节时微安计指针达不到 T=100%刻度时，才提高灵敏度。

2. 检查微安计是否指零　如果指针不指“T=0”刻度，需取下外壳专用工具调节机械零点。然后接通电源，打开电源开关则指示灯亮。在仪器背面散热孔可看到光源灯亮。旋钮波长选择旋钮，使需要的波长对准波长读数窗口玻璃面上的标线。

3. 调节仪器零点　打开吸收室盖，则光闸自动关闭。调节零点调节旋钮，使微安计指“0”刻度。将吸收池放入空白溶液及标准溶液或样品溶液，依次放入吸收池架格中靠近光源一侧，用弹簧片卡紧。将吸收池架按原方向放回吸收室的定位托板上，使吸收池架底部的孔对准托板上的销钉放平，盖上吸收室盖则光闸自动打开。拉动吸收池定位拉杆，使空白溶液进入光路。调节光量调节旋钮使微安计指针到“T=100%”（A=0）处，预热 20min。

4. 重新调节零点　预热后，打开吸收室盖，用零点调节旋钮重新调节“T=0”（$A=\infty$），关上吸收盖室，用光量调节旋钮重新调节“T=100%”（A=0），再检查一遍。关上吸收室盖。

5. 读数　用吸收池定位拉杆依次将标准溶液或样品溶液推入光路，在微安计上读出吸光度。

6. 结束　测毕，关上电源开关，取下电源插头。打开吸收室盖，取出吸收池冲洗干净，放回盒中。将干燥剂及吸收池架放回吸收室盖好，然后将仪器各旋钮及开关回复至准备位置，罩好仪器。

（石松利）

实验十二　紫外分光光度法测定血清中 SOD 活力

一、目标要求

(1) 了解紫外分光光度计的构造、原理和使用方法。

(2) 通过血清中 SOD 的测定加深理解 Lambert-Beer 定律，并掌握紫外分光光度法的原理和测定方法。

(3) 学会用直接比较法测定样品含量。

二、预习内容

(1) 吸光度、透光率等概念，吸收曲线。

(2) Lambert-Beer 定律，分光光度测定方法。

(3) 分光光度测定误差及提高准确度的方法。

(4) 紫外分光光度计的构造原理及使用。

三、实验原理

紫外分光光度法的基本原理与可见分光光度法相同，即 Lambert-Beer 定律：$A=\varepsilon bc$。

当液层厚度一定时：$A=a'\cdot c$。吸光度与浓度成正比，可用标准工作曲线法；也可用直接比较法。

直接比较法中，$A/c=a'$，则 $A_{标}/c_{标}=A_{样}/c_{样}$，所以 $c_{样}=c_{标}\cdot A_{样}/A_{标}$。直接比较法中 $c_{标}$ 与 $c_{样}$应接近，否则误差较大。

超氧化物歧化酶（SOD）可催化氧自由基（O_2^-）的歧化反应，是机体清除氧自由基的重要酶。血清中 SOD 的测定方法很多。其中黄嘌呤氧化酶法较经典，但测定时间长，配制试剂较繁，现已少用。国内常用邻苯三酚法、四氮唑蓝法和联大茴香胺法。

邻苯三酚在碱性条件下能发生自氧化，生成中间物和 O_2^-，O_2^- 对自氧化起催化作用，SOD 能清除 O_2^-，从而抑制邻苯三酚自氧化。因邻苯三酚自氧化中间产物在紫外光区（325nm）附近有一吸收峰，所以可用紫外分光光度法来测定邻苯三酚自氧化速率及 SOD 对自氧化速率的改变从而推算出 SOD 活力。

四、实验仪器与药品

1. 仪器　752c 型可见紫外分光光度计，移液管，加样器，离心管，恒温水浴，离心机，电动混匀器。

2. 药品　pH=8.2 Tris-HCl 缓冲液，10mmol · L^{-1} HCl，7mmol · L^{-1} 邻苯三酚，10mol · L^{-1} HCl，新鲜血，0.1mol · L^{-1} HCl。

五、实验内容与方法

1. 血清的制备　取新鲜血 2～5ml，放入离心管中在 4000r · min^{-1} 离心机中离心 20min，取出后上层清液即为血清，放入冰箱 4℃保存备用。

2. 自氧化速率的测定 取 10ml 离心管 2 只，分别加入 pH=8.2 Tris-HCl 缓冲液 4.5ml，4.1ml 蒸馏水，混匀器上混匀后，在 25℃水浴保温 20min，取出后立即加入在 25℃恒温过的 7mmol · L^{-1} 邻苯三酚 0.5ml，且同时按动秒表计时，混匀后放入水浴保温，4min 时取出立即加入 10mmol · L^{-1} HCl 1 滴终止反应，用 1cm 石英吸收池，在波长 325nm 处，以试剂空白为空白溶液，测其吸光度值。再重复测定 2 次。计算每分钟的自氧化速率。

3. SOD 活力的测定 取 10ml 离心管 2 只，分别加入 pH=8.2 的 Tris-HCl 缓冲液 4.5ml，蒸馏水 4.0ml，混匀后放入 25℃水浴中保温 20min，取出后加入血清 0.1ml，混匀后，其中一支加入 10mmol · L^{-1} HCl 0.5ml 及一滴 10mol · L^{-1} HCl 作为样品空白，另一支加入 0.5ml 邻苯三酚，且同时按动秒表计时。放入水浴保温 4min 时，取出加入 10mol · L^{-1} HCl 1 滴终止反应，与自氧化速率测定相同条件下分别测样品及样品空白吸光度，再重复测定 2 次。按下式计算 SOD 活力。

$$\text{SOD 活力}(U \cdot ml^{-1}) = \frac{A_{自} - (A_{样} - A_{自})}{A_{自} \times 0.5} \times 9.1 \times 10$$

4. 实验结果的记录与处理

(1) 自氧化速率的测定

序号	1	2	3	4	5	6
Tris-HCl 缓冲液体积/ml						
蒸馏水体积/ml						
邻苯三酚体积/ml						
10mmol · L^{-1} HCl						
吸光度 (*A*)						
每分钟的自氧化速率						

波长____________，__________cm 石英吸收池。

(2) SOD 活力的测定

序号	1		2		3	
	样品	样品空白	样品	样品空白	样品	样品空白
Tris-HCl 缓冲液体积/ml						
蒸馏水体积/ml						
血清体积/ml						
10mmol · L^{-1} HCl						
10mol · L^{-1} HCl						
邻苯三酚体积/ml						
10mmol · L^{-1} HCl (d)						
吸光度 (*A*)						
SOD 活力/(U · ml^{-1})						

波长____________，__________cm 石英吸收池。

六、注 意 事 项

1. Tris-HCl(pH=8.2) 缓冲液配制 准确称取 Tris 6.062g，加入 0.1mol · L^{-1} HCl 229ml，用去离子水稀释至 1000ml，用 pH 计调节至 pH 刚好为 8.2。

2. 7mol · L-1 邻苯三酚配制 准确称取邻苯三酚 0.2207g，用 10mmol · L^{-1} HCl 溶解并稀释至 250ml，混匀后放入棕色瓶中，冰箱 4℃保存。

3. 试剂空白　除邻苯三酚用 0.5ml 10mmol · L^{-1} HCl 代替外，其余均相同。

4. 时间　时间应严格控制在 4min，否则将产生较大误差。

七、思　考　题

(1)邻苯三酚法怎样测定 SOD 活力？

(2)时间对 SOD 活力测定有何影响？为什么？

(3)试剂空白有何用途？

(4)紫外分光光度计和可见分光光度计有什么不同点？

附录：752C 型可见紫外分光光度计

1. 构造和原理　752 型可见紫外分光光度计由光源室、单色器、试样室、光电管、微电流放大器、计算机及稳压电源部件组成(图 2-16)。

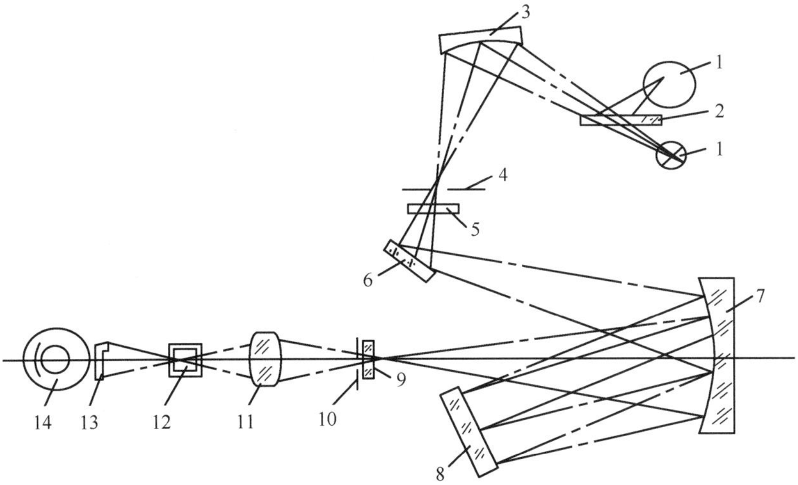

图 2-16　752 型可见紫外分光光度计光学系统图

1. 氢灯和钨灯；2. 滤光片；3. 聚光镜；4. 入射狭缝；5. 保护玻璃；6. 反射镜；7. 准直镜；8. 光栅；9. 保护玻璃；10. 出射狭缝；11. 聚光镜；12. 样品；13. 光门；14. 光电管

2. 仪器的使用方法

(1)将灵敏度旋钮调置“1”挡(放大倍率最小)。接通电源。按“电源”开关，开关内 2 只指示灯亮，钨灯点亮，按“氢灯”开关，开关内左侧指示灯亮，氢灯电源接通，再按“氢灯触发”按钮，开关内右侧指示灯亮，氢灯点亮，仪器预热 30min。如不需要用钨灯时可将“钨灯开关”关闭。

(2)选择开关置“*T*%”挡。打开试样室盖(光门自动关闭)调节“0%”(*T*)旋钮，使数字显示为“000.0”(*T*)，零点调节正确方法应是显示负号一息一亮，将波长置于所需要的波长。

(3)将装有溶液的吸收池放置吸收池架中，波长在 360mm 以下时，必须用石英吸收池。盖上试样室盖(光门自动打开)，将空白溶液吸收池置于光路，选择开关置于“–0.3～3A”挡，调节透光率“100%”旋钮，使数字显示为“0.000”(*A*)。若显示不到“0.000”(*A*)，则可适当增加灵敏度挡数，同时应重新调整仪器的“000.0”(*T*)及“0.000”(*A*)。

(4)将被测溶液置于光路中，数字显示器上直接读出被测溶液的吸光度(*A*)值。

(5)测毕，关闭“氢灯触发”、“氢灯”开关。再关闭电源开关，取出吸收池洗净放回原盒，切断电源线，最后罩好仪器。

(石松利)

实验十三　磺基水杨酸合铁稳定常数的测定

一、目 标 要 求

(1) 测定磺基水杨酸合铁的稳定常数。

(2) 练习分光光度计的使用。

(3) 熟悉影响稳定常数的因素。

二、预 习 内 容

(1) 稳定常数的概念、用途。影响稳定常数的因素。

(2) 连续变化法(又称等摩尔法)。

(3) 当溶液的 pH 不同时，磺基水杨酸(简写成 H_3R)与 Fe^{3+}形成三种不同的配合物。当溶液 pH<4 时，形成紫红色配合物[FeR]；pH 在 4～10 之间形成红色配离子$[FeR_2]^{3-}$；pH 在 10 左右，形成黄色配离子$[FeR_3]^{6-}$。

(4) 可见分光光度计的使用方法。

(5) 实验数据的作图法处理。

三、实 验 原 理

当一束有一定波长的单色光通过一定厚度的有色溶液时，有色物质对光的吸收程度(用吸光度 A 表示)与有色物质的浓度、液层厚度成正比，这就是朗伯-比耳定律，

$$A = \varepsilon cb$$

式中：c 为有色物质的浓度；b 为液层厚度；ε 为摩尔吸光系数，当入射光波长一定时，它是有色物质的一个特征常数。测定时，ε、b 都为定值，故 $A \propto c$。

磺基水杨酸($HOOC—C_6H_5(OH)—SO_3H$)与 Fe^{3+}形成的配合物的组成和颜色因溶液的 pH 不同而异。当溶液 pH<4 时，形成紫红色配合物；pH 在 4～10 之间形成红色配合物；pH 在 10 左右形成黄色配合物。

分光光度计是测定配合物组成和稳定常数的仪器之一。其前提是溶液的形成体(中心离子)和配位体均无色，只有它们所形成的配位单元(配离子)有颜色。在本实验所测溶液中，磺基水杨酸无色，Fe^{3+}浓度很稀，近似无色。

用分光光度法测定配合物组成及稳定常数，常用的方法有等物质的量系列法(连续变化法)、摩尔比法、平衡移动法等。本实验采用的是等物质的量系列法，具体地说，就是保持每份溶液中金属离子浓度(c_M)与配位体的浓度(c_R)之和不变(即总的物质的量不变)的前提下，改变这两种溶液的相对量，配制一系列溶液并测定每份溶液的吸光度。以不同的物质的量比 $n_M/(n_M+n_R)$ 与对应的吸光度 A 作图得到物质的量比-吸光度曲线，曲线上吸光度极大值对应的物质的量的比就是该配合物中形成体与配位体的组成之比。

图 2-17 表示一个典型的低配位稳定性的配合物 MR_n 的物质的量比-吸光度曲线，将两边直线部分延长相交于 B，B 点横坐标垂线与横坐标交点位于 50%处，即形成体与配位体的物质的量比为 1∶1。由此确定配合物 MR_n 中的 n 值为 1。

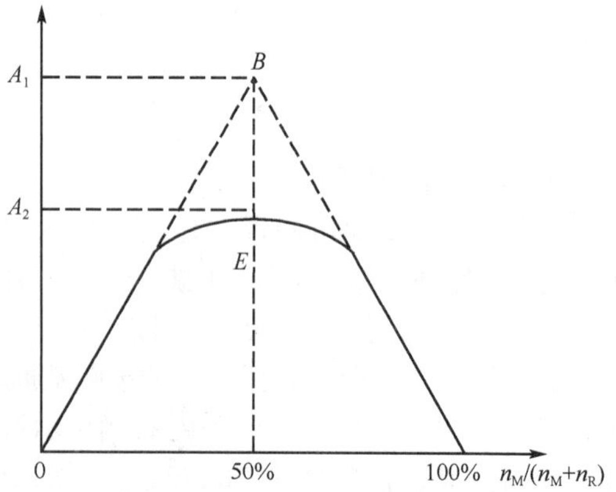

图 2-17　物质的量比-吸光度曲线

从图中可见，当完全以 MR 形式存在时，在 B 点 MR 的浓度最大，对应的吸光度为 A_1，但由于配合物一部分离解，所以实验测得的最大吸光度对应于 E 点的 A_2。

若配合物的离解度为 α，则

$$\alpha = (A_1 - A_2)/A_1$$

可以导出 1∶1 型配合物 MR 稳定常数 $K_s^{\ominus}$的平衡关系式：

$$MR \rightleftharpoons M + R$$

设 $c(B)_0/(mol \cdot L^{-1})$　　c　　0　　0

$c(B)_{平}/(mol \cdot L^{-1})$　　$c(1-\alpha)$　$c\alpha$　$c\alpha$

则 $K_s^{\ominus} = [c(MR)/c^{\ominus}]/[c(M)/c^{\ominus}]+[c(R)/c^{\ominus}] = c(1-\alpha)/(c\alpha^2 \cdot c^{\ominus})$

式中：$c^{\ominus}= 1mol \cdot L^{-1}$。

以上方法计算得到的稳定常数是表观稳定常数，如要测定热力学稳定常数，还要考虑弱酸的解离平衡，对酸效应进行校正。

四、实验仪器与药品

1. 仪器　可见分光光度计，容量瓶(100ml 2 只)，烧杯(25ml 11 只)，移液管(10ml 2 只)，广泛 pH 试纸。

2. 药品　$NH_4Fe(SO_4)_2$(0.0100mol · L^{-1}，在 pH=2 的硫酸中)，磺基水杨酸(0.0100mol · L^{-1})，H_2SO_4(浓)，NaOH(6mol · L^{-1})。

五、实验内容与方法

(一)配制 0.00100mol · L^{-1} $NH_4Fe(SO_4)_2$ 和 0.00100mol · L^{-1} 磺基水杨酸溶液各 100.00ml

用移液管吸取实验室提供的 $NH_4Fe(SO_4)_2$ 和磺基水杨酸溶液各 10.00ml，分别置于两只 100.00ml 容量瓶中稀释至刻度，并使其 pH 均为 2(在稀释接近刻度线时，查其 pH，若 pH 偏离 2，可滴加 1 滴浓 H_2SO_4 或 6mol · L^{-1} NaOH 溶液于该容量瓶中)。

(二)配制系列溶液

依表 2-13 所示溶液的体积，依次在 11 只 25ml 烧杯中配制好等物质的量系列溶液。

表 2-13　等物质的量系列溶液的配制表

实验编号	1	2	3	4	5	6	7	8	9	10	11
$V(NH_4Fe(SO_4)_2)$/ml	0.00	1.00	2.00	3.00	4.00	5.00	6.00	7.00	8.00	9.00	10.00
V(磺基水杨酸)/ml	10.00	9.00	8.00	7.00	6.00	5.00	4.00	3.00	2.00	1.00	0.00

(三)测定等物质的量系列溶液的吸光度值

用可见分光光度计，在 λ=500nm，b=1cm 的条件下，以蒸馏水为空白，测定一系列混合溶液的吸光度 A，并记录。

(四)实验数据的记录与处理

1. 实验数据的记录

实验编号	1	2	3	4	5	6	7	8	9	10	11
$V(NH_4Fe(SO_4)_2)$/ml	0.00	1.00	2.00	3.00	4.00	5.00	6.00	7.00	8.00	9.00	10.00
V(磺基水杨酸)/ml	10.00	9.00	8.00	7.00	6.00	5.00	4.00	3.00	2.00	1.00	0.00
$V(Fe^{3+})/[V(Fe^{3+})+V(R)]$											
吸光度											

2. 实验数据的处理

(1) 以体积比 $V(Fe^{3+})/[V(Fe^{3+})+V(R)]$ 为横坐标，对应的吸光度 A 为纵坐标作图。

(2) 从图上的有关数据，确定在本实验条件下 Fe^{3+}与磺基水杨酸形成的配合物的组成，即 n 值。

(3) 据图上所示数据求出 α，根据 α 求出标准稳定常数 $K_s^{\ominus}$。

六、注意事项

(1) 实验用 $NH_4Fe(SO_4)_2$ 和磺基水杨酸溶液 pH 必须在 2 左右，否则会产生不同组成的配合物。调节 pH 若偏酸加 NaOH，若偏碱加 H_2SO_4，直到正好为止。

(2) 配制系列溶液的烧杯必须是洗净、烘干并编号，否则会引起误差或测定错误。

七、思考题

(1) 有哪些因素影响实验结果？

(2) 如何从物质的量比-吸光度曲线上求得配合物的组成和稳定常数？

(3) 为什么溶液的酸度对配合物的生成

会有影响？

(4) 用分光光度计法测定配合物组成与稳定常数的前提是什么？

(5) 本实验中，为何能用体积比代替物质的量比为横坐标作图？

（石松利）

实验十四　阿伏伽德罗常量的测定

一、目 标 要 求

(1) 掌握测定阿伏伽德罗常量的原理及方法。

(2) 了解电解的基本原理。

(3) 巩固分析天平的使用方法。

二、预 习 内 容

(1) 电解的基本原理。

(2) 分析天平的使用方法。

(3) 测定阿伏伽德罗常量的方法。

三、实 验 原 理

单位物质的量的任何物质均含有相同数目的基本单元，此数据称为阿伏伽德罗常量。测定该常数的方法有多种，本实验采用的是电解法。

如用两块已知质量的铜片作电极，进行 $CuSO_4$ 溶液的电解实验，测定生成 1mol Cu(s) 所需的电量 Q，再已知 1 个 Cu^{2+} 所带的电量 ($2\times1.6\times10^{-19}$C)，则可求出 1mol Cu(s) 中所含的原子个数 N_A

$$N_A = Q/(2\times1.6\times10^{-19})$$

此数值为阿伏伽德罗常量。

在电解过程中，作为阴极的铜片周围的 Cu^{2+} 从电极上获得电子沉淀在铜片上，阴极铜片在不断增重；而阳极铜片不断溶解，形成 Cu^{2+} 进入溶液，铜片质量不断减少。其电极反应分别是：

阴极反应：$Cu^{2+} + 2e \rightleftharpoons Cu$

阳极反应：$Cu - 2e \rightleftharpoons Cu^{2+}$

若电解时，电流强度为 I(A)，通电时间为 t(s)，阴极铜片增加的质量为 m(kg)，则电解得到 1mol Cu(s) 所需的电量 Q 为

$$Q = I\cdot t\cdot M(Cu)/m$$

那么 1mol Cu(s) 中所含的原子个数 N_A 为

$$N_A = I\cdot t\cdot M(Cu)/(m\cdot Z\cdot e)$$

式中：Z 为电极反应的得失电子数；e 为电子电荷(e=1.6×10^{-19}C)；M(Cu) 为铜单质的摩尔质量。

同理，阳极铜片减少的质量为 m'(kg)，则耗去 1mol Cu(s) 所需的电量 Q' 为

$$Q' = I\cdot t\cdot M(Cu)/m'$$

同理，$N_A = I\cdot t\cdot M(Cu)/(m'\cdot Z\cdot e)$

从理论上讲，$m = m'$，但由于铜片往往不纯，使 $m < m'$，因此，按阴极铜片增加的质量计算阿伏伽德罗常量 N_A 值较为准确。

四、实验仪器与药品

1. 仪器　分析天平(精确到 0.0001g)，直流电源，变阻箱，毫安表，烧杯(100ml)，砂纸，棉花，导线。

2. 药品　$CuSO_4$($0.5mol\cdot L^{-1}$，pH=3.0，加 H_2SO_4 酸化)，无水乙醇，纯紫铜片 (3cm×5cm)。

五、实验内容与方法

(一) 阿伏伽德罗常量 N_A 的测定

取 3cm×5cm 薄的纯紫铜片两片，分别用 0 号、000 号砂纸擦去表面氧化物，然后用水洗，再用蘸有无水乙醇的棉花擦净。待完全干后，精确称量(准确至 0.0001g)。一块作阴极，另一块作阳极(千万不要弄错，最好在电极上做记号)。

在 100ml 烧杯中加入约 80ml 酸化的 $CuSO_4$ 溶液。将每块铜片高度的 2/3 左右浸在 $CuSO_4$ 溶液中，两个电极的距离保持在 1.5cm，按图 2-18 连接电路。

直流电压控制为 10V，实验开始后，变阻箱值控制在 60～70Ω。接通电源，迅速调节电阻使毫安表指针在 100mA 处，同时准确记下时间。通电 60min，断开电源，停止电解。在

整个电解期间，电流尽可能保持不变，如有变动，可调节电阻以维持恒定。

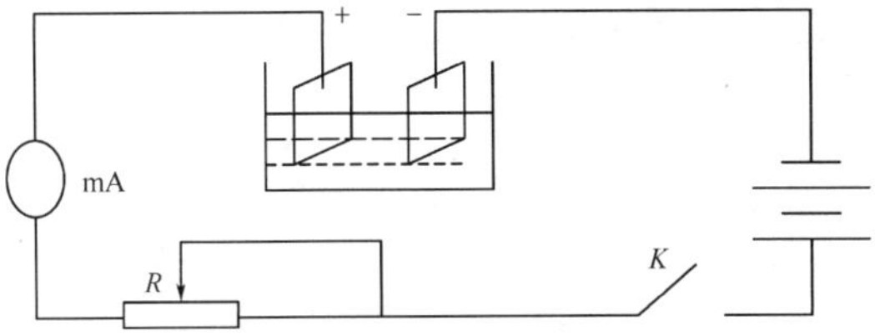

图 2-18　硫酸铜溶液电解示意图(组合)

(二)实验数据记录与处理

	阴极铜片增重(m)/g	阳极铜片失重(m')/g
电极铜片称量	电解后：	电解后：
	电解前：	电解前：
	$m=$	$m'=$
电解时间(t)/s		
电解强度(I)/A		
N_A	$I \cdot t \cdot M(Cu)/m \cdot Z \cdot e=$	$I \cdot t \cdot M(Cu)/(m' \cdot Z \cdot e)=$

六、注 意 事 项

(1)铜片必须清除干净表面的氧化物，否则测定结果误差大。

(2)严格控制电流在 100mA。

七、思　考　题

(1)本实验中，$CuSO_4$ 溶液的浓度对实验结果有无影响?

(2)根据本实验所用的参数方程，还可以测量哪些物理量？能否设计测量方案?

(3)如果在电解过程中，电流不能维持恒定，对实验结果会有何影响?

(4)由阴、阳极板质量的变化量获得两个 N_A 值,误差大的是哪一个极板？为什么?

(5)由一个 Cu^{2+}所带的电量，以及得到或失去 1mol 铜所需的电量，能否求出阿伏伽德罗常量？试写出计算式。

(石松利)

第三章　无机化学实验

实验一　凝固点降低法测定尿素的相对分子质量

一、目 标 要 求

(1)巩固稀溶液依数性的基本概念。

(2)了解凝固点降低法测定尿素相对分子质量的方法。

(3)练习精密温度计(0.1℃刻度)、移液管的使用。

二、预 习 内 容

(一)稀溶液的依数性

(1)稀溶液中溶剂的蒸气压下降、凝固点降低、沸点升高和渗透压的数值仅与一定量溶液中溶质的质点数有关而与溶质本性无关，故称这些性质为稀溶液的依数性。

(2)依数性的数学表达式及其应用。

(二)冷却方法

(1)流水冷却：将需冷却的物品直接用流动的自来水冷却。需冷却到室温的溶液可用此法，灼热的固体不可立即用流水冷却，以防容器炸裂。

(2)冰水冷却：将需冷却的物品直接放入冰水中。

(3)冰盐浴冷却：冰盐浴由容器和冷却剂(冰盐或水盐混合物)组成，可冷至 273K 以下。所能达到的温度由冰盐的比例和盐的品种决定，干冰和有机溶剂混合时，其温度更低。为了保持冰盐浴的效率，要选择绝热较好的容器。表 3-1 是常用致冷剂及其达到的温度。

表 3-1　致冷剂及其达到的温度

致冷剂	T/K	致冷剂	T/K
30 份 NH_4Cl+100 份水	270	125 份 $CaCl_2 \cdot 6H_2O$+100 份碎冰	233
4 份 $CaCl_2 \cdot 6H_2O$+100 份碎冰	264	150 份 $CaCl_2 \cdot 6H_2O$+100 份碎冰	224
29g NH_4Cl+18g KNO_3+冰水	263	5 份 $CaCl_2 \cdot 6H_2O$+4 份冰块	218
100 份 NH_4NO_3+100 份水	261	干冰+二氯乙烯	213
75g NH_4SCN+15g KNO_3+冰水	253	干冰+乙醇	201
1 份 NaCl(细)+3 份冰水	252	干冰+乙醚	196
100 份 NH_4NO_3+100$NaNO_3$+份水	238	干冰+丙酮	195

三、实 验 原 理

难挥发非电解质稀溶液的凝固点降低(ΔT_f)与溶液的质量摩尔浓度(m)成正比，即

$$\Delta T_f = K_f \cdot b_B \qquad (1)$$

式中：K_f为溶剂的摩尔凝固点降低常数。对于水，其值为 $1.86K \cdot kg \cdot mol^{-1}$。

如将 m(g)尿素(相对分子质量为 M)溶解在 m_A(g)水中,则溶液的质量摩尔浓度为：

$$b_B = \frac{m/M}{m_A} \times 1000 \qquad (2)$$

两式合并得

$$M = \frac{K_f \times m}{\Delta T_f \times m_A} \times 1000 \qquad (3)$$

可见，若能测出一定浓度的难挥发非电解质稀溶液的凝固点降低，由式(3)就可算出溶质(如尿素)的相对分子质量。

本实验所用的溶剂是水，而水的密度约为 $1g \cdot cm^{-3}$，故水的质量 m_A 近似为所取水

的体积(ml)。

四、实验仪器与药品

1. 仪器　凝固点降低测定器1套，25ml移液管1支，温度计(最小刻度0.1℃)1支，500ml量筒1支，烧杯1只。

2. 药品　尿素溶液，粗盐，冰块。

五、实验内容与方法

（一）纯水的凝固点测定

(1)用洁净的仪器按图3-1进行装配，图中凝固点测定管用双孔塞塞住，一孔插0.1℃刻度的精密温度计(不能与管底接触，以防止损坏)，另一孔插末端弯成圆圈形的搅拌器。

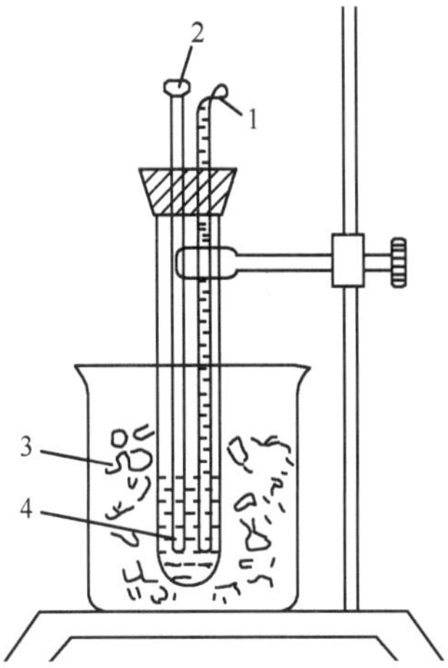

图3-1　测定凝固点装置

1. 搅拌器；2. 精密温度计；3. 盐加冰；4. 水或水加尿素

(2)用量筒量取25ml蒸馏水，置于凝固点测定管中，塞紧双孔塞，并使温度计水银球全部浸入液体中。然后将测定管浸放在冰-盐混合物的容器内(冰和盐的混合物称为冷冻混合物，其温度最好维持在−3～5℃之间，可用普通温度计测量，因为温度过低易造成误差)。调节测定管的水面位置，使之低于冰-盐混合物的液面。用夹子固定好测定管。

(3)上下移动搅拌器(注意：搅拌器不能撞击温度计和管壁)，此时温度计水银面不断下降，可能是由于出现过冷现象，温度下降到0℃以下仍不结冰。继续搅拌，一旦有晶体析出，温度计读数回升，回升至最高点时，温度保持短时间(30s左右)稳定，此温度即为水的凝固点，记下读数。

(4)取出测定管，用手微热结晶部位，使冰全部融化，再重复测定水的凝固点(2次凝固点之差不应超过0.1℃)。记下读数，并取其平均值。

（二）尿素溶液的凝固点测定

将凝固点测定管中的水倒掉，用少量尿素溶液洗涤测定管、温度计和搅棒各2次，然后用25ml移液管取尿素溶液25.00ml倒入测定管。测定凝固点的方法与测定纯溶剂凝固点的方法相同，按操作(一)进行，重复测定2次。2次测定值之差不应超过0.1℃，记下读数，并取平均值。计算尿素的相对分子质量。

（三）实验结果的记录与处理

1. 纯水的凝固点

第一次________。

平均值________。

第二次________。

2. 尿素溶液的凝固点

第一次________。

平均值________。

第二次________。

3. 尿素相对分子质量的计算

$M=$

六、注 意 事 项

(1)装置仪器时，应露出测定管一侧壁，以便观察是否结冰。

(2)冷却时必须用食盐加冰块，不能有水，否则不能降到所需温度。

七、思 考 题

(1)凝固点降低法测定物质相对分子质量的基本原理是什么？

(2) 把你所测得的尿素相对分子质量数值与理论值比较，分析本实验中产生误差的可能因素有哪些？

(3) 为什么溶液会出现过冷现象？如何打破此现象？

(4) 溶质的量太多或太少对实验结果有什么影响？

(5) 搅拌溶液有何作用？

附　　录

常见溶剂的 $T_b^\ominus$ 、K_b 和 $T_f^\ominus$ 、K_f 值见表 3-2。

表 3-2　常见溶剂的 $T_b^\ominus$ 、K_b 和 $T_f^\ominus$ 、K_f 值

溶剂	$T_b^\ominus$ /℃	K_b/(K · kg · mol^{-1})	$T_f^\ominus$ /℃	K_f/(K · kg · mol^{-1})
水	100	0.512	0.0	1.86
乙酸	118	2.93	17.0	3.90
苯	80	2.53	5.5	5.10
乙醇	78.4	1.22	−117.3	1.99
四氯化碳	76.7	5.03	−22.9	32.0
乙醚	34.7	2.02	−116.2	1.8
萘	218	5.80	80.0	6.9

（白迎春）

实验二　蔗糖水解反应速率常数的测定

一、目 标 要 求

(1) 测定在酸催化作用下蔗糖转化反应的速率常数。

(2) 了解旋光仪的基本原理、构造和使用方法。

二、预 习 内 容

(1) 化学反应速率的表示方法，化学反应速率方程式。

(2) 一级反应的特征。

三、实 验 原 理

（一）一级反应速率常数 *k* 的测定

在氢离子存在的情况下，蔗糖的水解反应是一个表观一级反应。这个实验是要验证蔗糖水解反应的级数，求出一定温度时这个一级反应的速率常数 k,并且学会使用旋光仪。

一般来说，研究化学反应动力学需要知道参与化学反应的某物质的浓度随时间的变化。测定不同时刻某物质的浓度，如 t_0，t_1，t_2，t_3，…，t_∞时的 C_0，C_1，C_2，C_3，…，C_∞，等等。把它们代入相应的方程式，或者利用作图法等就可以验证反应的级数，并求出 k。

一级反应动力学方程式是

$$k = \frac{2.303}{t}\lg\frac{C_0}{C_t} \tag{1}$$

如果我们能测定几个不同时刻时蔗糖的浓度就可以验证蔗糖水解反应。

蔗糖和皂化的水解反应产物……葡萄糖、果糖都是旋光性物质，蔗糖是右旋，葡萄糖和果糖的混合物是左旋的，随着水解反应的进行，这个体系的旋光角不断改变，从本来是右旋的，变到最后是左旋的。

测定这个体系在不同时刻时的旋光角，分别是 α_0，α_1，α_2，α_3，α_t，α_∞。α 与蔗糖的浓度成正比。可以证明动力学方程式里对数项内的 (C_0/C_t) 等于 $(\alpha_0-\alpha_\infty)/(\alpha_t-\alpha_\infty)$，这样就得到的方程式

$$K=\frac{2.303}{t}\lg\frac{\alpha_0-\alpha_\infty}{\alpha_t-\alpha_\infty} \qquad (2)$$

如果用 $\lg(\alpha_t-\alpha_\infty)$ 对 t 作图得到一条直线，则证实这个反应是一级反应，从直线斜率可以计算 k 值。

（二）旋光仪测量旋光度

旋光仪的光源是钠光灯，使用前打开变压器的开关，预热钠光灯。把一支装有蒸馏水的旋光管放在旋光仪的管槽内，盖上槽盖，旋光仪自动显数，即为此时的旋光度。

四、实验仪器与药品

1. 仪器 恒温水浴，旋光仪，水解装置，秒表，锥形瓶，碘量瓶。

2. 药品 蔗糖，4.0 mol·L^{-1}HCl 溶液。

五、实验内容与方法

1. 蔗糖转化及反应过程旋光度的测定 将超级恒温水浴温度调至 20℃。在锥形瓶内称取 5g 蔗糖，加蒸馏水 25ml，使蔗糖溶解（若溶液浑浊则需过滤）。另一个锥形瓶中移入 25ml 4.0mol·L^{-1}HCl 溶液。将这两只锥形瓶一起浸入恒温水浴 5～10min，使之均匀混合。（或者在室温用移液管移取 4.0 mol·L^{-1}HCl 溶液 25ml 直接滴入上述蔗糖溶液内混匀。）

注意：HCl 溶液流出一半时开始计时，余下一半继续流出后混匀。迅速用少量反应液洗样品管两次，然后灌满样品管，放进旋光仪测量各时间的旋光度。剩余溶液留用。第一个数据要求开始反应 1～2min 内测量，先记录时间，后读旋光度。为了多读数据，反应开始 15min 内每 2min 测一次，以后每 5min 测一次，直到负值停止。

2. α_∞测量 反应完毕后，将样品管内的溶液和锥形瓶内剩余溶液合并于碘量瓶内，置于 60℃水浴内恒温 30min，然后冷却至实验温度测其旋光度，即 α_∞。但注意水温不要过高，否则会产生副反应使颜色变黄，同时加热时要塞严瓶塞以免溶液蒸发影响实验准确度。

3. 实验结果的记录与处理 对所测的旋光度 α 进行零点校正后，记录如下：

（1）将反应所测旋光度 α_t 和时间 t 列表如下，并作出 α_t–t 的曲线图。

t/min	
α_t	

（2）取 8 个 α_t 值并算出相应的 $(\alpha_t-\alpha_\infty)$ 和 $\lg(\alpha_t-\alpha_\infty)$ 的值，记入下表。

t/min	
α_t	
$\alpha_t-\alpha_\infty$	
$\lg(\alpha_t-\alpha_\infty)$	

（3）以 $\lg(\alpha_t-\alpha_\infty)$ 对 t 作图，由直线斜率求出反应速率常数 k，并计算出反应速率常数和半衰期 $t_{1/2}$。

六、注 意 事 项

（1）将旋光仪调至 0。

（2）将 HCl 溶液快速倒入糖液中，切勿搞错。

（3）每次测定时动作要快。

（4）测旋光度时要把气泡放入旋光管中间大肚子的地方。

（5）钠光灯需提前预热，中途不要关闭。

（6）旋光管两头的小玻片上的水珠要擦干净。

七、思 考 题

（1）在混合蔗糖溶液和 HCl 溶液时，我们将 HCl 溶液加到蔗糖溶液里去，可否把蔗糖加到 HCl 溶液中去呢？为什么？

（2）配制 HCl 用量筒，配制蔗糖用台秤称量，为什么？

（3）旋光管里有气泡可以吗？

(4) 温度对旋光度有没有影响？

(白迎春)

实验三　乙酸乙酯皂化反应测二级反应速率常数

一、目 标 要 求

(1) 用电导率仪测定乙酸乙酯皂化反应进程中的电导率。

(2) 学会用图解法求二级反应的速率常数，会计算反应的活化能。

(3) 学会使用电导率仪和恒温水浴。

二、预 习 内 容

(1) 化学速率的表示方法，化学反应速率方程式。

(2) 二级反应的特征。

三、实 验 原 理

乙酸乙酯皂化反应是二级反应，其反应方程式为

$$CH_3COOC_2H_5 + Na^+ + OH^- \longrightarrow CH_3COO^- + Na^+ + C_2H_5OH$$

当乙酸乙酯与氢氧化钠溶液的起始浓度相同时，如均为 a，则反应速率表示为

$$\frac{dx}{dt} = k(a-x)^2 \qquad (1)$$

式中：x 为时间 t 时反应物消耗掉的浓度；k 为反应速率常数。将上式积分得：

$$\frac{x}{a(a-x)} = kt \qquad (2)$$

起始浓度 a 为已知，因此只要由实验测得不同时间 t 时的 x 值，以 $x/(a-x)$ 对 t 作图，若所得为一直线，则证明该反应是二级反应，并可以从直线的斜率求出 k 值。

乙酸乙酯皂化反应中，参加导电的离子有 OH^-、Na^+ 和 CH_3COO^-，由于反应体系是很稀的水溶液，可认为 CH_3COONa 是全部电离的，因此，反应前后 Na^+ 的浓度不变，随着反应的进行，仅仅是导电能力很强的 OH^- 逐渐被导电能力弱的 CH_3COO^- 所取代，致使溶液的电导逐渐减小，因此可用电导率仪测量皂化反应进程中电导率随时间的变化，从而达到跟踪反应物浓度随时间变化的目的。

令 L_0 为 $t=0$ 时溶液的电导，L_t 为时间 t 时混合溶液的电导，L_∞ 为 $t=\infty$ (反应完毕) 时溶液的电导。则稀溶液中，电导值的减少量与 CH_3COO^- 浓度成正比，设 K 为比例常数，则

$T=t$ 时，　$x=x$，$x=K(L_0-L_t)$

$t=\infty$ 时，　$x \to a$，$a=K(L_0-L_\infty)$

由此可得　　$a-x=K(L_t-L_\infty)$

所以 a-x 和 x 可以用溶液相应的电导表示，将其代入式 (2) 得

$$\frac{1}{\alpha}\frac{L_0-L_t}{L_t-L_\infty} = \mathrm{k}t$$

重新排列得

$$L_t = \frac{1}{ak}\cdot\frac{L_0-L_t}{t} + L_\infty \qquad (3)$$

因此，只要测不同时间溶液的电导值 L_t 和起始溶液的电导值 L_0，然后以 L_t 对 $\frac{L_0-L_t}{t}$ 作图应得一直线，直线的斜率为 $\frac{1}{ak}$，由此便求出某温度下的反应速率常数 k 值。将电导与电导率 κ 的关系式 $L=\kappa\frac{A}{l}$ 代入式 (3) 得

$$\kappa_t = \frac{1}{ak}\cdot\frac{\kappa_0-\kappa_t}{t} + \kappa_\infty \qquad (4)$$

通过实验测定不同时间溶液的电导率 κ_t 和起始溶液的电导率 κ_0，以 κ_t 对 $\frac{\kappa_0-\kappa_t}{t}$ 作图，也得一直线，从直线的斜率也可求出反应速率常数 k 值。

如果知道不同温度下的反应速率常数 $k(T_2)$ 和 $k(T_1)$，根据 Arrhenius 公式，可计算出该反应的活化能 E

$$\ln\frac{k(T_2)}{k(T_1)} = \frac{E}{R}\left(\frac{1}{T_1}-\frac{1}{T_2}\right) \qquad (5)$$

四、实验仪器与药品

1. 仪器 电导率仪1台，电导池1只，恒温水浴1套，停表1支，移液管(20ml)1支，移液管(10ml)2支，移液管(1ml)1支，容量瓶(250ml)1个。

2. 药品 NaOH 水溶液(0.0200 mol·L^{-1})；NaOH 水溶液(0.0100mol·L^{-1})；乙酸乙酯(A.R.)；电导水。

五、实验内容与方法

(一)乙酸乙酯皂化反应的测定

1. 配制乙酸乙酯溶液 准确配制与NaOH浓度(约0.0200 mol·L^{-1})相等的乙酸乙酯溶液。其方法是：

(1)根据室温下乙酸乙酯的密度，计算出配制250ml 0.0200 mol·L^{-1}的乙酸乙酯水溶液所需的乙酸乙酯的体积V(ml)。

(2)用lml移液管吸取Vml乙酸乙酯注入250ml容量瓶中，稀释至刻度。

2. 调节恒温槽

(1)将恒温槽的温度调至(25.0 ± 0.1)℃[或(30.0 ± 0.1)℃]。

(2)加热并搅拌。

3. 调节电导率仪

(1)按“校准/测量”使仪器处于校准工作状态(校准指示灯亮)。

(2)将“温度补偿”旋钮的标线置于被测液的实际温度相应位置。

(3)调节常数旋钮，使仪器所显示值为所用电极的常数标称值。

4. 溶液起始电导率 κ_0 的测定 用移液管加入20ml 0.0100 mol·L^{-1}的NaOH溶液入叉型电导池，将电极插入溶液，恒温5min，测定溶液电导率，直至不变为止，此数值即为κ_0。

5. 反应时电导率 κ_t 的测定

(1)用移液管移取10ml 0.0200 mol·L^{-1}的乙酸乙酯溶液，加入叉型电导池的直支管，用另一只移液管取10ml 0.0200 mol·L^{-1}的NaOH溶液，加入叉型电导池的侧支管；

(2)置于恒温槽中恒温15min，混合两溶液，并摇动数次；

(3)按下“计时”键计时开始，作为反应的开始时间，在电导池中将溶液混合均匀，测定溶液的电导率κ_t，在4min、6min、9min、12min、15min、20min、25min、30min、35min、40min各测电导率一次，记下κ_t和对应的时间t。实验结束时按下“计时”键，计时停止。

6. 另一温度下 κ_0 和 κ_t 的测定 调节恒温槽温度为(35.0 ± 0.1)℃[或(40.0 ± 0.1)℃]。重复上述4、5步骤，测定另一温度下的κ_0和κ_t。

(二)实验结果的记录与处理

(1)将t，κ_t，$\dfrac{\kappa_0-\kappa_t}{t}$数据列表。

t/min	κ_t	$\kappa_0-\kappa_t$	$\dfrac{\kappa_0-\kappa_t}{t}$

k = ________________

(2)以某个温度下的κ_t对$(\kappa_0-\kappa_t)/t$作图，得一直线。

(3)由直线的斜率计算该温度下的速率常数k。

(4)如测两温度下的速率常数，根据Arrhenius公式可计算该反应的活化能。

六、注 意 事 项

(1)配好的NaOH溶液要防止空气中的CO_2气体进入。

(2)乙酸乙酯溶液和NaOH溶液浓度必须相同。

(3)乙酸乙酯溶液需临时配制，配制时动作要迅速，以减少挥发损失。

七、思 考 题

(1) 为什么由 $0.0100mol \cdot L^{-1}$ 的 NaOH 溶液和 $0.0100mol \cdot L^{-1}$ 的 CH_3COONa 溶液测得的电导率可以认为是 κ_0、κ_∞?

(2) 如果和起始浓度不相等，试问应怎样计算 k 值?

(3) 如果 NaOH 和乙酸乙酯溶液为浓溶液时，能否用此法求 k 值，为什么?

(4) 为什么乙酸乙酯溶液需临时配制?

(5) 乙酸乙酯溶液和 NaOH 溶液浓度不同可以吗? 为什么?

（白迎春）

实验四 质子转移平衡和沉淀平衡

一、目 标 要 求

(1) 验证同离子效应对质子转移平衡的影响。

(2) 验证盐类的水解作用及影响水解的主要因素。

(3) 验证沉淀平衡、同离子效应对沉淀平衡的影响；溶度积规则的应用；分步沉淀；沉淀的溶解和转化。

(4) 学习离心分离操作和电动离心机的使用。

二、预 习 内 容

(1) 熟悉溶度积常数的概念及其意义。

(2) 熟悉溶度积规则。

(3) 熟悉沉淀的生成及分步沉淀。

三、实验仪器与药品

1. 仪器 试管，离心试管，试管夹，酒精灯，滴管，离心机，烧杯，pH 试纸，甲基橙溶液，酚酞溶液。

2. 药品 $6mol \cdot L^{-1}HCl$，$0.2mol \cdot L^{-1}$ HAc，$2mol \cdot L^{-1}NaOH$，$0.1mol \cdot L^{-1}$ NH_4Ac，$0.1mol \cdot L^{-1}$ NaCl，$6mol \cdot L^{-1}$ $NH_3 \cdot H_2O$，$0.2mol \cdot L^{-1}$ $NH_3 \cdot H_2O$，$0.2mol \cdot L^{-1}$ NaAc，$0.2mol \cdot L^{-1}$ NH_4Cl，$0.1mol \cdot L^{-1}$ NH_4Cl，$0.1mol \cdot L^{-1}$ Na_2S，$0.1mol \cdot L^{-1}$ NaH_2PO_4，饱和 Na_2CO_3，$0.1mol \cdot L^{-1}$ Na_2HPO_4，饱和 $Al_2(SO_4)_3$，$6mol \cdot L^{-1}$ HNO_3，$0.1mol \cdot L^{-1}$ $Pb(NO_3)_2$，$0.001mol \cdot L^{-1}$ $Pb(NO_3)_2$，$0.1mol \cdot L^{-1}KI$，$0.001 mol \cdot L^{-1}$ KI，$0.5mol \cdot L^{-1}K_2CrO_4$，$0.05mol \cdot L^{-1}$ K_2CrO_4，$0.1mol \cdot L^{-1}K_2CrO_4$，饱和 PbI_2，$0.1mol \cdot L^{-1}$ $AgNO_3$，$0.5mol \cdot L^{-1}$ $BaCl_2$，饱和 $(NH_4)_2C_2O_4$，饱和 Na_2SO_4，固体 NH_4Cl，固体 NaAc，固体 $SbCl_3$。

四、实验内容与方法

（一）同离子效应对质子转移平衡的影响

(1) 取 1ml $0.2mol \cdot L^{-1}$HAc 溶液，滴加 1 滴甲基橙，再加入 1ml $0.2mol \cdot L^{-1}$

NaAc 溶液，观察指示剂颜色的变化，计算溶液的 pH，并解释现象。

(2) 取 1ml $0.2mol \cdot L^{-1}NH_3 \cdot H_2O$ 溶液，滴加 1 滴酚酞溶液，再加入 1ml 0.2 $mol \cdot L^{-1}$ NH_4Cl 溶液，观察指示剂的颜色，再加入少量固体 NH_4Cl，观察指示剂颜色变化。计算溶液的 pH，解释现象。

(3) 综合上述 2 个实验，讨论质子转移平衡的移动。

（二）盐类的水解和影响水解的因素

(1) 用 pH 试纸测定浓度为 $0.1mol \cdot L^{-1}$ 下列各溶液的 pH。

NaCl　NH_4Cl　Na_2S　NH_4Ac
NaH_2PO_4　Na_2HPO_4

(2) 取少量固体 NaAc 溶于少量水中，滴 1 滴酚酞溶液，观察溶液的颜色，在小火上将此溶液加热，观察酚酞颜色有何变化，为什么?

(3) 取绿豆大小 1 颗 $SbCl_3$ 固体放入试管中，用水溶解，有何现象? 测一下 pH 是多少，滴加 $6mol \cdot L^{-1}HCl$，使溶液澄清，再注入水稀释，又有何现象? 用平衡原理解释这一系列现象。

(4)在一装有饱和 $Al_2(SO_4)_3$ 溶液的试管中，加入饱和 Na_2CO_3 溶液，有何现象？设法证明产生的沉淀是 $Al(OH)_3$ 而不是 $Al_3(CO_3)_2$(如何试验？沉淀是否洗净？)，写出反应方程式。

(三)沉淀平衡和同离子效应

1. 沉淀平衡　在离心试管中加入 10 滴 $0.1mol \cdot L^{-1}Pb(NO_3)_2$，然后加 5 滴 $1mol \cdot L^{-1}$ NaCl，振荡试管，待沉淀完全后，离心分离。在分离开的溶液中，滴几滴 $0.05mol \cdot L^{-1}$ K_2CrO_4，有何现象？解释此现象。

2. 同离子效应　在试管中加入 1ml 饱和 PbI_2 溶液，然后加 5 滴 $0.1mol \cdot L^{-1}KI$，振荡试管，观察有何现象，说明为什么。

(四)溶度积规则的应用

(1)在试管中加入 1ml $0.1mol \cdot L^{-1}$ $Pb(NO_3)_2$ 溶液，再加入 1ml $1mol \cdot L^{-1}KI$ 溶液，观察有无沉淀生成。试用溶度积规则解释。

(2)用 $0.001mol \cdot L^{-1}Pb(NO_3)_2$ 溶液和 $0.001mol \cdot L^{-1}KI$ 溶液进行试验，观察现象。试用溶度积规则解释。

(3)在试管中加入 1ml $0.1mol \cdot L^{-1}NaCl$ 溶液和 1ml　$0.05mol \cdot L^{-1}K_2CrO_4$ 溶液，然后边摇动试管，边逐滴加入 $0.1mol \cdot L^{-1}AgNO_3$ 溶液，观察沉淀颜色的变化，试用溶度积规则解释。

(五)分步沉淀

(1)在试管中滴入 2 滴 $0.1mol \cdot L^{-1}Na_2S$ 溶液和 5 滴 $0.1mol \cdot L^{-1}K_2CrO_4$ 溶液，用水稀释至 5ml，然后逐滴加入 $0.1mol \cdot L^{-1}$ $Pb(NO_3)_2$ 溶液，观察首先生成沉淀的颜色。

(2)待沉淀沉降后，继续向上清液中滴加 $Pb(NO_3)_2$ 溶液，根据有关溶度积的数据加以说明。

(六)沉淀的溶解

(1)在 5 滴 $0.5mol \cdot L^{-1}BaCl_2$ 溶液中，滴加 3 滴饱和 $(NH_4)_2C_2O_4$ 溶液，观察沉淀生成，离心分离，弃去溶液，在沉淀物上滴加 $6mol \cdot L^{-1}HCl$ 溶液，有何现象？写出反应式，说明为什么？出现的沉淀是什么颜色？

(2)在 10 滴 $0.1mol \cdot L^{-1}AgNO_3$ 溶液中，滴加 3～4 滴 $0.1mol \cdot L^{-1}Na_2S$ 溶液，观察现象。离心分离，弃去溶液，在沉淀物上滴加 $6mol \cdot L^{-1}LHNO_3$ 溶液数滴，加热，有何现象？写出反应式，说明为什么。

(3)在 10 滴 $0.1mol \cdot L^{-1}AgNO_3$ 溶液中，滴加 3～4 滴 $1mol \cdot L^{-1}NaCl$ 溶液，观察现象。再逐滴加入 $6mol \cdot L^{-1}NH_3 \cdot H_2O$，有何现象？写出反应式，说明为什么。

(七)沉淀的转化

(1)在离心试管中，滴 10 滴 $0.1mol \cdot L^{-1}Pb(NO_3)_2$ 溶液，再加 6 滴 $1mol \cdot L^{-1}NaCl$ 溶液，振荡离心试管，待沉淀完全后，离心分离。用 0.5ml 蒸馏水洗涤沉淀 1 次。

(2)在 $PbCl_2$ 沉淀中滴 6 滴 $0.1mol \cdot L^{-1}KI$ 溶液，观察沉淀的转化及颜色的变化。离心分离。用 0.5ml 蒸馏水洗涤沉淀 1 次。

(3)按上述操作依次在 PbI_2 沉淀中滴入 5 滴饱和 Na_2SO_4 溶液、在 $PbSO_4$ 沉淀中滴入 5 滴 $0.5mol \cdot L^{-1}K_2CrO_4$ 溶液、在 $PbCrO_4$ 沉淀中滴入 5 滴 $0.1mol \cdot L^{-1}Na_2S$ 溶液，每加 1 种新的溶液后，都要观察沉淀的转化及颜色的变化。

(4)试用上述生成物溶解度的数据解释本实验中出现的各种现象，小结沉淀的转化条件。

(八)实验结果的记录与处理

1. 同离子效应对质子转移平衡的影响

(1)HAc 溶液的 pH 变化

溶液	甲基橙	pH(计算值)	解释现象
$0.2mol \cdot L^{-1}HAc$			
$0.2mol \cdot L^{-1}HAc$ 和 $0.2mol \cdot L^{-1}$ NaAc 等体积混合			

(2) $NH_3 \cdot H_2O$ 溶液的 pH 变化

溶液	酚酞	pH(计算值)	解释现象
0.2mol · L^{-1} 氨水			
0.2mol · L^{-1} 氨水和 0.2mol · L^{-1} NH_4Cl 等体积混合			

(3) 解释质子转移平衡的移动

2. 盐类的水解和影响水解的因素

(1) pH 的粗测

溶液(0.1mol · L^{-1})	NaCl	NH_4Cl	Na_2S	NaH_2PO_4	Na_2HPO_4
pH					

(2) NaAc 的水解

	1 滴酚酞	加热	解释现象
NaAc 溶液			

(3) $SbCl_3$ 的水解

	加水溶解	pH	滴 6mol · L^{-1} HCl 再加水	解释现象
$SbCl_3$ 固体				

(4) $Al_2(SO_4)_3$ 的水解

	加 Na_2CO_3	沉淀是什么	反应方程式
$Al_2(SO_4)_3$ 溶液			

3. 沉淀平衡和同离子效应

(1) 沉淀平衡

	加 NaCl	分离液加 K_2CrO_4	解释现象
0.1mol · L^{-1} $Pb(NO_3)_2$			

(2) 同离子效应

	加 KI	解释现象
饱和 PbI_2 溶液		

4. 溶度积规则的应用

(1) 0.1mol · L^{-1} $Pb(NO_3)_2$ 加 KI(0.1mol · L^{-1})

	加 KI(0.1mol · L^{-1})	解释现象
0.1mol · L^{-1} $Pb(NO_3)_2$		

(2) 0.1mol · L^{-1} $Pb(NO_3)_2$ 加 KI(0.01mol · L^{-1})

	加 KI(0.01mol · L^{-1})	解释现象
0.1mol · L^{-1} $Pb(NO_3)_2$		

(3) AgCl 和 Ag_2CrO_4 沉淀的生成

	加 $AgNO_3$		解释现象
	第一个沉淀	第二个沉淀	
NaCl 和 K_2CrO_4 混合液			

5. 分步沉淀

	加 $Pb(NO_3)_2$		解释现象
	第一个沉淀	第二个沉淀	
Na_2S 和 $K_2C_2O_4$ 混合液			

6. 沉淀的溶解

(1) BaC_2O_4 沉淀的溶解

	加 $(NH_4)_2C_2O_4$	分离后沉淀加 $6mol \cdot L^{-1}$ HCl	说明
$BaCl_2$ 溶液			
反应方程式			

(2) Ag_2S 沉淀的溶解

	加 Na_2S 溶液	分离后沉淀加 $6mol \cdot L^{-1}$ HNO_3 并加热	说明
$AgNO_3$ 溶液			
反应方程式			

(3) AgCl 沉淀的溶解

	加 NaCl 溶液	再加 $6mol \cdot L^{-1}$ 氨水	说明
$AgNO_3$ 溶液			
反应方程式		反应方程式	

(4) 小结沉淀溶液的条件。

五、注 意 事 项

使用离心机时应注意：

(1) 试管应放在金属或塑料套管中，位置要对称，质量要平衡，否则易损坏离心机的轴。如果只有一支试管中的沉淀需要分离，则可取一支空的试管盛以相应质量的水，以维持平衡。

(2) 打开旋钮，逐渐旋转变阻器，速度由小到大。1min 后慢慢恢复变阻器到原来的位置，令其自行停止。

(3) 离心时间与转速应根据沉淀的性质决定。结晶型的紧密沉淀，转速大约 $1000r \cdot min^{-1}$，用 1～2min；无定形疏松沉淀，沉淀时间稍长些，转速一般为 $2000\ r \cdot min^{-1}$。如经 3～4min 仍不能分离，则应通过加入电解质或者加热的方法促使沉淀沉降，然后离心分离。

与离心机配套使用的是离心试管，其下端为锥形，便于少量沉淀的辨认和分离。在实验中也常用小试管代替离心试管。

六、思 考 题

(1) 为什么 $NaHCO_3$ 水溶液呈碱性，而 $NaHPO_4$ 水溶液呈酸性？

(2) 为什么溶液 H_3PO_4 呈酸性，NaH_2PO_4 溶液呈微酸性，Na_2HPO_4 溶液呈微碱性，

Na_3PO_4溶液呈碱性？

(3)在Ag_2CrO_4沉淀中加入NaCl溶液，将会产生什么现象？与实验内容(四)3的实验现象能否得一致的结论？

(4)溶度积规则是什么？

(5)同离子对沉淀有何影响？

附　　录

一些难溶化合物的溶度积见表3-3。

表3-3　一些难溶化合物的溶度积(25℃)

化合物	K_{sp}	化合物	K_{sp}	化合物	K_{sp}
AgAc	1.94×10^{-3}	CaC_2O_4	2.32×10^{-9}	$PbCO_3$	7.40×10^{-14}
AgBr	5.38×10^{-13}	$CaCO_3$	3.36×10^{-9}	$PbCl_2$	1.70×10^{-5}
AgCl	1.77×10^{-10}	$Ca(OH)_2$	5.02×10^{-6}	PbS	9.04×10^{-29}
AgI	8.52×10^{-17}	$CaSO_4$	4.93×10^{-5}	$Pb(OH)_2$	1.43×10^{-20}
AgSCN	1.03×10^{-12}	CaF_2	3.45×10^{-10}	PbI_2	9.8×10^{-9}
Ag_2CO_3	8.46×10^{-12}	$Ca_3(PO_4)_2$	2.53×10^{-33}	$BaCO_3$	2.58×10^{-9}
Ag_2CrO_4	1.12×10^{-12}	CuS	1.27×10^{-36}	$BaSO_4$	1.08×10^{-10}
Ag_2S	6.69×10^{-50}	CuI	1.27×10^{-12}	$BaCrO_4$	1.17×10^{-10}
Ag_3PO_4	8.89×10^{-17}	CuSCN	1.77×10^{-13}	$Sn(OH)_2$	5.45×10^{-27}
$AI(OH)_3$	1.1×10^{-33}	Cu_2S	2.26×10^{-48}	$MgCO_3$	6.82×10^{-6}

(白迎春)

实验五　化学反应摩尔焓变的测定

一、目标要求

(1)熟悉量热计热容的测定方法。

(2)掌握化学反应焓变的测定方法。

(3)测定硫酸铜与锌粉反应的摩尔焓变。

(4)了解本次实验中所测的ΔT值，作图外推法的原理。

二、预习内容

(1)熟悉Hess定律。

(2)熟悉摩尔焓变的概念，摩尔焓变的表示方法。

(3)热容：体系温度升高或降低1℃所需的热量称为热容；单位物质的量的热容称为摩尔热容。在恒压条件下是恒压摩尔热容，用$C_{p.m}$表示，单位物质质量的热容称为比热容，质量单位常以g表示，所以1g物质的热容又称比热容。

对于封闭体系内的平均热容

$$\bar{C}=\frac{Q}{T_2-T_1}\qquad (T_2>T_1)$$

三、实验原理

化学反应通常是在恒压条件下进行的，反应的热效应一般就是指恒压热效应Q_p；化学热力学中反应的摩尔焓变数值上等于Q_p，因此，通常可以用量热的方法测定反应的摩尔焓变。对于一般的溶液反应，可用简易量热计测定。

本实验测定硫酸铜溶液与锌粉反应的摩尔焓变，反应式为

$$Cu^{2+}(aq)+Zn(s)\longrightarrow Cu(s)+Zn^{2+}(aq)$$

$$\Delta_r H_m^{\ominus}=-218.6kJ\cdot mol^{-1}(25℃)$$

经热力学计算，该反应的$K^{\ominus}=1.8\times10^{37}$，又由于是溶液中简单离子的反应，且锌粉表面积很大，所以反应速率很快，因此大大降低了反应过程中的热损失。同时使用过量锌粉，加强了上述的倾向，即加快了反应速率，

又使反应更完全。

反应在符合绝热体系条件的量热器中进行，反应所产生的热全部用于体系温度的升高，这样测得体系的ΔT(反应前后)及有关物质的热容就可以计算该反应进行完全时产生的热量。

但由于量热计并非绝热体系，在实验期间不可避免地产生体系与环境的热交换，为了得到更准确的ΔT，一般采用作图外推法，适当消除这一误差。

若不考虑量热计在反应过程中吸收的热量，则反应放出的热量等于体系中溶液吸收的热量：

$$Q_{吸} = -Q_{放}$$

$$Q'_{p} = \Delta_r H_m = -V_s \cdot \rho_s \cdot C_s \cdot \Delta T \cdot \frac{1}{n(CuSO_4)}$$

式中：$\Delta_r H_m$ 为恒压反应体系中放出的热量($kJ \cdot mol^{-1}$)；V_s为反应后溶液的体积(L)；ρ_s为反应后溶液的密度($kg \cdot L^{-1}$)；C_s为反应后溶液的热容($kJ \cdot kg^{-1} \cdot K^{-1}$)；$\Delta T$为反应前后溶液的温差，由作图外推法求得；$n(CuSO_4)$为$V_s$溶液中硫酸铜物质的量(mol)。

若考虑量热计的热容C_b，则反应放出的热量Q_p等于体系中溶液吸收的热量Q_{p1}与量热计吸收的热量Q_{p2}之和：

$$Q_p = (Q_{p1} + Q_{p2}) = \Delta_r H_m$$
$$= (-V_s \cdot \rho_s \cdot C_s + C_b)\Delta T / n(CuSO_4)$$

四、实验仪器与药品

1. 仪器　台秤，分析天平，烧杯(100ml)，量筒(100ml)，温度计(−5～50℃，1℃/10℃)，容量瓶(250ml)，移液管(100.00ml)，保温瓶(500ml)，放大镜，秒表。

2. 药品　$CuSO_4 \cdot 5H_2O$，锌粉。

五、实验内容与方法

（一）精确浓度的硫酸铜溶液的配制

(1)计算配制 250.00ml 0.2000mol · L^{-1}硫酸铜溶液所需五水硫酸铜的质量。

(2)用减量法在分析天平上称取所需的五水硫酸铜于烧杯中。加入少量水，用玻璃棒搅拌，待硫酸铜完全溶解后，全部转移至 250.00ml 容量瓶中，再加水至刻度，摇匀备用。

（二）量热计热容 C_b的测定

(1)洗净作为量热计的保温瓶、控干，用量筒量取 50ml 蒸馏水于保温瓶中，盖上带有温度计的塞子(要调好塞子上温度计的位置，使水银球能浸入溶液中，但不能触及底部)。然后开始记录温度，每隔 0.5min 一次，直至水的温度保持恒定(一般需要 3～5min)。

(2)用量筒取热水(一般比室温高 15～20℃)100ml，将另一支温度计(具有 1℃分度)插入量筒，每隔 0.5min 记录一次，连续测定3min 后，将量筒中的热水尽快全部倒入保温瓶中，立即盖好塞子，准确、及时地记录倒入时间，并轻轻摇动保温瓶，使冷热水混匀并每隔 0.5min 记录一次温度读数，连续测定8～9min。

(3)上述实验结束后，小心打开保温瓶的塞子，动作不要过猛，要边旋转边慢慢打开，否则容易打破保温瓶，折断温度计。

对于冷水温度T_c取测定恒定值，对于热水温度T_b和混合后水的温度T_m可由作图外推法得出。

（三）$\Delta_r H_m$的测定

(1)用台秤称取锌粒 3g。

(2)用 100.00ml 移液管准确量取 0.2000 mol · L^{-1}硫酸铜溶液 100.00ml 于洗净、控干的保温瓶中，盖上插有温度计的塞子，用手扶稳温度计不断、轻轻地摇动保温瓶，并每隔 1min 记录一次温度。直至溶液与保温瓶达到热平衡，温度保持恒定(一般需要 3～4min)。

为了较准确地读到温度测定值，本步实验中温度计读数应读到 0.01℃，小数点后第二位是估计值。为了便于观察，可用放大镜。

(3)迅速加入锌粉，盖上插有温度计的塞子，扶住温度计，用力摇几下(动作不要太缓，以免锌粉结块或粘在保温瓶内壁上端而使反应不完全，造成温度上升缓慢。如果是这样则实验失败，在征得教师同意后迅速重做)，加入锌粉后每隔 0.5min 记录一次温度，在温度上升至最高点后，再持续记录 5min。

(4) 实验结束后，小心打开保温瓶的塞子，将溶液倒入指定容器中(不要倒入下水道，以免管道堵塞)。将实验所用仪器洗净，放回原处。

（四）实验结果的记录与处理

1. 数据记录

室温 T=__________K。称 $CuSO_4·5H_2O(s)$ 的质量 $m(CuSO_4·5H_2O)$=__________g。

$c(CuSO_4)$=__________moL · L^{-1}。

t/min	0.5	1.0	1.5	2.0	2.5	3.0…
冷水 T_c/K						
冷水 T_b/K						
混合水 T_m/K						

t/min	1.0	2.0	3.0	4.0	4.5	5.0	5.5	6.0	6.5…
T/K									

2. 作图 外推法。

六、注意事项

(1) 实验至少两人一组。在反应开始时，温度波动较大，不容易读准确，给作图带来困难。为了准确读取数据，两人应配合好，一个人不断摇动量热计，同时不断读取温度变化数据，另一个人计时，根据所听到合作同学读的数据，到规定的时间记录一次，以此类推，直至温度升到最高点。然后再读取温度数据时，可提前 5～10s，开始读取，到规定时间记录即可。

(2) $|(\Delta_r H_m)_{实测}| \leqslant |(\Delta_r H_m)_{理论}|$，为了确保实验结果的可靠性，温度上升到最高点后的实验点应足够多。

(3) 当反应开始 2～4min 内 $\Delta T \leqslant 6～7K$ 说明实验失败，在征得教师同意后，应立即重做，否则实验时间不够。

(4) 量热计热容 C_b 的计算

1) 用本实验 2 测定的温度对时间作图，得时间-温度曲线。外推得到 T_h、T_m。T_c 为冷水温度，取恒定值。

2) 根据能量守恒原理，即热水放出的热量等于冷水所吸收的热量与量热计吸收热量之和：

$$(T_h - T_m)V_h \cdot \rho_{H_2O} \cdot C_{H_2O} = (T_m - T_c) \cdot [V_c \cdot \rho_{H_2O} \cdot C_{H_2O} + C_b]$$

式中：T_h、T_m、T_c 为热水、混合后水和冷水的温度(K)；V_b、V_c 为分别表示热水、冷水的体积(L)；ρ_{H_2O} 为水的密度，可取 $1.00kg \cdot L^{-1}$；C_{H_2O} 为水的比热，可取 $4.184kJ \cdot kg^{-1} \cdot K^{-1}$；$C_b$ 为量热计热容 $(kJ \cdot K^{-1})$。

(5) $\Delta_r H_m$ 的计算

1) 由本实验内容 3 所测定的温度对时间作图，得到 T-t 曲线，用外推法得到 T_2、T_1，即 $\Delta T = T_2 - T_1$。

2) 用原理中公式计算未经量热计热容校正的 $\Delta_r H_{m1}$ 和经过量热计校正的 $\Delta_r H_{m2}$。其中反应后溶液的比热容 C_s 可近似用水的比热容代替，反应后溶液的密度 ρ_s 也可以近似用水的密度代替。

七、思考题

(1) 锌粉过量对实验有哪些影响？

(2) 为什么要测定量热计的热容？

(3) 在加入锌粉之前，量热计的温度不稳定或变化不规律，对测定反应有无影响？如有影响如何消除？

(4) 如果加入锌粉后，体系温度在 2～5min 之内未达到最高，说明实验失败，原因可能是什么？

附录

298.15k 的标准摩尔生成焓见表 3-4。

表 3-4　298.15k 的标准摩尔生成焓

物质	$\frac{\Delta_f H_m^\ominus}{kJ \cdot mol^{-1}}$	物质	$\frac{\Delta_f H_m^\ominus}{kJ \cdot mol^{-1}}$
AgCl(s)	−127.0	HCl(g)	−92.3
AgBr(s)	−100.4	HCl(aq)	−167.2
AgI(s)	−61.8	HF(g)	−273.3
$BaCl_2$(s)	−855.0	HBr(g)	−36.29
$BaSO_4$(s)	−1473.2	HI(g)	26.55
CO_2(g)	−393.5	H_2O(l)	−285.8
CO(g)	−110.5	I_2(s)	0
$CaCO_3$(s)	−1206.9	N_2(g)	0
$Ca(OH)_2$(s)	−985.2	NH_3(g)	−45.9
Cu(s)	0	NO(g)	91.3
Cu^{2+}(aq)	64.8	NO_2(g)	33.2

（白迎春）

实验六　硫酸亚铁铵的制备

一、目标要求

(1)了解复盐如硫酸亚铁铵的制备方法。

(2)制备硫酸亚铁铵。

(3)熟悉无机制备中的基本操作。

二、预习内容

1. 溶解度　溶解度概念及计算。

2. 过滤　过滤操作方法。

3. 加热板　加热板的使用方法。

4. 无机物的制备方法　无机化合物的种类繁多，不同类型的无机物其制备方法有所不同，差别也很大。同一无机物也可以有多种制备方法。无机化合物常规经典的制备方法主要有：

(1)利用水溶液中的化学反应制备。

(2)由矿石制备无机化合物。

(3)分子间化合物的制备。

(4)非水溶剂制备化合物。

5. 制备无机化合物的过程

(1)原料分解和造液：选择分解方法时首先要考虑的问题是使原料分解完全。为了达到这个目的，原料的化学组成、结构及有关性质是应该考虑的一个重要方面。一般原料总是一个多组分的物质，若为酸性原料(如酸性氧化物)，则用碱溶(熔)法；若为碱性原料，则用酸溶(熔)法；而对还原性原料，则用氧化性的溶(熔)剂分解。

常用的分解方法有两种：溶解和熔融。溶解是将原料溶解在水、酸或其他溶剂中。熔融是将原料和固体熔剂混合，在高温下加热，使有用组分转变为可溶于水的化合物。

1)溶解法：溶解法比较简单、快速，所以分解原料时尽可能采用溶解的方法。溶解原料常用的溶剂有：盐酸、硝酸、硫酸、混合溶剂(如王水)等，一般常用硫酸作为溶剂。如制备摩尔盐时就是用硫酸将废铁屑溶解。

2)熔融法：当原料不能溶解或溶解不完全时，才采用熔融法。根据所用熔剂的性质可分为酸熔法和碱熔法两种。酸熔法常用的熔剂有焦硫酸钾和硫酸氢钾。碱熔法常用的熔剂有碳酸钠、氢氧化钠、氢氧化钾、过氧化钠或它们的混合熔剂等。

熔融时为了使反应完全，通常加入过量6～10倍的熔剂。由于熔融是在高温下进行，而熔剂又具有极大的化学活性，所以选择熔融时所用的坩埚是很重要的。一般选择的原则是熔融时不使坩埚受到侵蚀。例如，用苛性钾作熔剂时一般选用铁或镍坩埚。

原料通过上述酸熔或碱熔过程后，有用组分还是与原料中其他杂质混在一起，要把有用组分提取出来，可用水浸取，使之成为溶液，然后进行过滤，把含有有用组分的溶液和不溶性残渣分离开。

(2) 粗制液除杂精制：原料经过溶（熔）剂处理后制成的粗制液中含有杂质，必须进一步除去，除杂质的方法很多，通常是在溶液中添加某些试剂，使杂质生成难溶化合物而沉淀，最常用的有以下几种方法。

1) 调节溶液 pH，利用水解沉淀：为了使杂质沉淀完全（$<10^{-5}mol\cdot L^{-1}$），调节溶液在一定的 pH 范围内，使杂质离子水解生成氢氧化物沉淀而除去。控制溶液 pH 范围的目的是使杂质离子沉淀完全，而有用组分不产生沉淀。控制溶液 pH 范围可以根据氢氧化物的溶度积求得。例如，粗制 $CuSO_4$ 溶液中含有可溶性杂质 Fe^{3+} 时，为了使 Fe^{3+} 沉淀完全，而 Cu^{2+} 不致沉淀出来，根据计算，溶液的 pH 范围为 $3.2\leqslant pH\leqslant 4.17$（设溶液中 $c(Cu^{2+})\approx 0.1mol\cdot L^{-1}$），一般控制在 pH≈4，使 Fe^{3+} 水解为 $Fe(OH)_3$ 沉淀而除去。

调节溶液 pH 的方法，除加入酸或碱外，还常用加碳酸盐、氧化物或通入二氧化碳等方法。

2) 利用氧化还原反应除去杂质：有些杂质离子必须在调节 pH 的同时，加入氧化剂，使之氧化水解形成氢氧化物沉淀而除去。例如，粗制 $CuSO_4$ 溶液中含有可溶性杂质 Fe^{2+} 时，需用氧化剂将 Fe^{2+} 氧化成 Fe^{3+}，然后调节溶液的 pH 使之水解为 $Fe(OH)_3$ 沉淀而除去。

氧化剂选择的原则是能氧化杂质离子，同时不引进其他杂质离子，即使引进也容易除去。常用的氧化剂有 H_2O_2、$KMnO_4$、NaClO 等。

除上述两种方法外，还可利用金属置换、利用硫化物沉淀、溶剂萃取、配合掩蔽等多种方法除去杂质离子。

(3) 蒸发、结晶、分离：精制后的溶液中除了有用组分以外，还含有少量其他杂质离子，可通过蒸发结晶操作，利用温度与溶解度的关系，达到取出有用组分，与杂质分离的目的。

1) 结晶：在一定条件下，物质从溶液中析出的过程称结晶。结晶过程分为两个阶段，第一阶段是晶核的形成，第二阶段是晶核的成长。溶液的过饱和程度和温度都能影响结晶的速度，从而影响晶体颗粒的大小，其中温度的影响更大一些。过饱和现象，即当温度降低后仍不析出晶体。此时可慢慢摇动结晶容器，或用玻璃棒轻轻摩擦器壁，也可以加入小粒晶种，促使晶体析出。由于精制后的溶液中有用组分与杂质的溶解度不同，当加热蒸发到一定程度后，有用组分达到饱和，冷却后结晶，而杂质离子由于含量低，仍留在母液中。

2) 分离：结晶后必须进行分离，分离的目的是将所得无机盐结晶与母液分离开，由于湿晶体挟带母液中含有的杂质，会影响产品的纯度，故通常将湿晶体洗涤若干次。湿晶体经干燥后就是成品。含有结晶水的产品干燥时，要注意操作条件，使结晶水不致失去，以获得完好晶形和特有色泽的产品。

(4) 重结晶：先将晶体溶解，再使它重新析出的过程称为重结晶。当得到的晶体不纯时，可以用重结晶法进一步提纯物质。

杂质一般有不溶物和可溶物两类，都可以利用溶解度差别来除去。实际操作时，在待提纯的物质中加入适量的水（或其他适合的溶剂），加热使之成为饱和溶液。趁热除去不溶性杂质，然后将滤液冷却，待提纯物质从溶液中结晶出来，而少量可溶性杂质则留在母液中，用过滤法将晶体和母液分开。此法可用来提纯溶解度随温度变化显著的物质。

三、实验原理

铁与稀硫酸作用，生成硫酸亚铁：

$$Fe + H_2SO_4 \xlongequal{\quad} FeSO_4 + H_2\uparrow$$

在硫酸亚铁溶液中加入等物质的量的硫酸铵后，即得硫酸亚铁铵溶液。将此溶液经过蒸发、浓缩等步骤后，就能制得浅绿色硫酸亚铁铵晶体。

$$FeSO_4 + (NH_4)_2SO_4 + 6\,H_2O \xlongequal{\quad} (NH_4)_2SO_4 \cdot FeSO_4 \cdot 6H_2O$$

一般亚铁盐在空气中易被氧化，但硫酸亚铁铵却比较稳定，在定量分析中常用来配制亚铁离子的标准溶液，测定样品中某些氧化剂的含量。

四、实验仪器与药品

1. 仪器　台秤 1 台，蒸发皿 1 个，50ml 量筒 1 个，500ml 烧杯 1 个，水浴锅，玻璃漏斗 1 个，布氏漏斗 1 个，吸滤瓶 1 个，150ml 锥形瓶 1 个，玻璃棒，洗瓶。

2. 药品　铁屑，10%Na_2CO_3 溶液，3mol · $L^{-1}H_2SO_4$ 溶液，$(NH_4)_2SO_4$ 晶体。

五、实验内容与方法

（一）铁屑的净化（去油污）

用台秤称取 2.0g 铁屑，置于 150ml 锥形瓶中，加入 15ml 10%的 Na_2CO_3 溶液，缓缓加热 10min 左右，用倾泻法倒去铁屑上面的碱液，并用蒸馏水将铁屑洗涤 2 次，除去洗涤用水。

（二）硫酸亚铁铵的制备

1. 硫酸亚铁的制备　在盛有洁净铁屑的锥形瓶中，加入 15ml 3mol · L^{-1} H_2SO_4 溶液（用量筒量取），在加热板中加热，直至没有气泡冒出为止（在硫酸亚铁的制备过程中，除有氢气产生外，还有少量 H_2S 等有毒气体逸出，因此需注意通风）。趁热过滤，滤液用洁净的蒸发皿承接，洗涤滤纸，合并滤液，根据铁屑的用量计算 $FeSO_4$ 理论产量。

2. 硫酸亚铁铵的制备　根据生成的硫酸亚铁的理论产量，由化学反应式计算所需硫酸铵晶体的用量，然后用台秤称出，根据表 3-5 计算所用水量，配成饱和硫酸铵溶液。

表 3-5　不同温度时硫酸铵的溶解度

温度/℃	溶解度/(g/100g 水)
0	70.6
10	73.0
20	75.4
30	78.0
40	81.0
60	88.0
80	95.3
100	103.3

将所配成的饱和硫酸铵溶液慢慢加入盛有硫酸亚铁溶液的蒸发皿中，在电炉上蒸发、浓缩，直至溶液表面出现薄层结晶，取出蒸发皿，让其慢慢冷却，即有硫酸亚铁铵晶体析出。用布氏漏斗抽气过滤，取出硫酸亚铁铵晶体，置于滤纸上吸干母液，用台秤称量，并计算硫酸亚铁铵的理论产量和产率。

（三）实验结果的记录与处理

1. 硫酸亚铁的制备

铁屑质量________ g。

硫酸亚铁理论产量________ g。

2. 硫酸亚铁铵的制备

需硫酸铵质量________ g。

硫酸亚铁铵实际质量________ g。

硫酸亚铁铵________ g。

$$产率 = \frac{实际质量}{理论质量} \times 100\%$$

六、注 意 事 项

(1) 在制备硫酸亚铁时，有 H_2S 等有毒气体逸出，最好在通风柜中进行。

(2) 硫酸亚铁铵晶体不宜在烘箱中烘干，是因为其含有六个结晶水，在烘箱中因温度过高容易失去。

七、思 考 题

(1) 本实验中，硫酸亚铁铵的理论产量和产率应该如何计算？

(2) 在制备硫酸亚铁铵的过程中，溶液

的酸碱性对实验的成败有何影响？

(3) 为什么硫酸亚铁铵晶体不能在烘箱中烘干？

(4) 如何除去铁屑表面的油污？

(5) 如何用实验的方法证明产品中有 NH_4^+、Fe^{2+}、SO_4^{2-}？

(6) 硫酸亚铁和硫酸亚铁铵的性质有何不同？

（白迎春）

实验七　配位化合物的生成和性质

一、目 标 要 求

(1) 了解配离子的形成和配离子与简单离子的区别。

(2) 了解配位平衡与沉淀反应，氧化还原反应和溶液酸度的关系。

(3) 巩固配位化合物的理论知识。

二、预 习 内 容

(1) 配位化合物的概念、组成、命名。配离子与简单离子的区别。

(2) 配位平衡的移动。

(3) 螯合物的概念及生成。

三、实 验 原 理

中心原子和一定数目的配体，由配位键结合成的，具有一定特征的离子称为配离子；如果结合成的是分子，则称为配位分子。配离子或配位分子构成的化合物就是配位化合物。

配位化合物在水中所离解出的配离子或配位分子，性质相当稳定，只有很少一部分能够继续离解而成简单离子，而复盐则全部离解成简单离子。如：

配位化合物：

$$K_3[Fe(CN)_6] \rightleftharpoons 3K^+ + [Fe(CN)6]^{3-}$$

$$[Fe(CN)_6]^{3-} \rightleftharpoons Fe^{3+} + 6CN^-$$

复盐：$(NH_4)Fe(SO_4)_2 \longrightarrow NH_4^+ + Fe^{3+} + 2SO_4^{2-}$

因此，在铁铵矾溶液中滴加硫氰化钾时，溶液能显示血红色，但在铁氰化钾溶液中，不会因硫氰化钾的加入而呈现血红色。

配离子的稳定性可用稳定常数（$K_稳$）或不稳定常数（$K_{不稳}$）的大小来衡量。如中心原子 M 和配体 A 所形成的配离子[MA_x]，在水溶液中存在下列配位平衡：

$$M + XA \rightleftharpoons [MA_x]$$

$$K_稳 = \frac{[MA_x]}{[M][A]^x} = \frac{1}{K_{不稳}}$$

对于配位比相同的配离子来说，$K_稳$越大，表明生成该配离子的倾向越大，其稳定性越强，反之亦然。

根据平衡移动原理，当增加中心原子或配体浓度时，有利于配离子的生成，相反，如减少中心原子或配体浓度，将促使配离子破坏。例如，AgCl 沉淀溶于氨水形成 $[Ag(NH_3)_2]^+$，若加入硝酸后，AgCl 沉淀又会重新生成。这是因为硝酸的加入使溶液中的 NH_3 配体转变成 NH_4^+ 后，配体浓度下降。这就是溶液酸度对配位平衡的影响。

生成配位化合物之后，原来物质的某些性质也会发生变化，如颜色、溶解度、酸度等。这些方面，从实验中也能反映出来。例如，硼酸是一种很弱的酸，但与多羟基化合物的甘油、甘露醇等形成螯合物而使酸性增强。

四、实验仪器与药品

1. 仪器　试管一套，pH 试纸。

2. 药品　$0.1mol \cdot L^{-1} CuSO_4$，$1mol \cdot L^{-1} BaCl_2$，$0.1mol \cdot L^{-1} FeCl_3$，$0.1mol \cdot L^{-1} Hg(NO_3)_2$，$0.1mol \cdot L^{-1} KSCN$，$0.1mol \cdot L^{-1} CaCl_2$，$6mol \cdot L^{-1} NH_3 \cdot H_2O$，$0.1mol \cdot L^{-1} K_3[Fe(CN)_6]$，$0.05mol \cdot L^{-1}$ EDTA，$0.1mol \cdot L^{-1} NH_4Fe(SO_4)_2$，$6mol \cdot L^{-1} HCl$，$2mol \cdot L^{-1} NaOH$，$0.1mol \cdot L^{-1} KI$，$0.1mol \cdot L^{-1} KBr$，1%丁二肟，

$0.1mol\cdot L^{-1}(NH_4)_2C_2O_4$，$0.1mol\cdot L^{-1}KCl$，$0.5mol\cdot L^{-}$甘露醇，$CCl_4$ 溶液，$0.1mol\cdot L^{-1}$ $AgNO_3$，$0.1mol\cdot L^{-1}Na_2CO_3$，$0.1mol\cdot L^{-1}$ $NiCl_2$，$0.1mol\cdot L^{-1}H_3BO_3$。

五、实验内容与方法

（一）配位化合物的生成和组成

(1)取 2 支试管，各加 10 滴 $0.1mol\cdot L^{-1}$ $CuSO_4$溶液，再分别加入 2 滴 $1mol\cdot L^{-1}BaCl_2$ 和 2 滴 $2mol\cdot L^{-1}NaOH$ 溶液。观察现象，并写出化学反应式。

(2)取 1 支试管，加入 20 滴 $0.1mol\cdot L^{-1}$ $CuSO_4$ 溶液，滴入 $6mol\cdot L^{-1}$ 氨水溶液至溶液呈深蓝色时，再加入 1ml 氨水。然后将此溶液分盛在 2 支试管中，分别加入 2 滴 $1mol\cdot L^{-1}BaCl_2$ 溶液和 2 滴 $2mol\cdot L^{-1}NaOH$ 溶液。观察现象，并加以解释。

（二）简单离子和配离子的区别

(1)取 1 支试管，加 10 滴 $0.1mol\cdot L^{-1}$ $FeCl_3$ 溶液，再滴加 2 滴 $0.1mol\cdot L^{-1}KCNS$ 溶液。观察现象，并写出化学反应式。

(2)以 $0.1mol\cdot L^{-1}K_3[Fe(CN)_6]$代替 $FeCl_3$ 溶液，同样进行上述实验，现象有何差异？为什么？

(3)取 3 支试管，各加 10 滴 $0.1mol\cdot L^{-1}$ $NH_4Fe(SO_4)_2$ 溶液，分别检验溶液中是否存在 NH_4^+、Fe^{3+}、SO_4^{2-}？根据实验事实，与实验(二)中的(2)比较，能得出什么结论？

（三）配位平衡的移动

(1)取 1 支试管，加入 $0.1mol\cdot L^{-1}FeCl_3$ 溶液 1 滴，再滴加 $0.1mol\cdot L^{-1}(NH_4)_2C_2O_4$ 溶液 10 滴，即有配位化合物$[Fe(C_2O_4)_3]^{3-}$生成。然后加入 1 滴 $0.1mol\cdot L^{-1}KCNS$ 溶液，观察现象。继续在此混合液中，逐滴加入 $6mol\cdot L^{-1}HCl$，又有什么现象出现？写出化学反应式，并加以解释。

(2)取 1 支试管，加入 10 滴 $0.1mol\cdot L^{-1}$ KI 和 2 滴 $0.1mol\cdot L^{-1}FeCl_3$溶液，然后加入 10 滴 CCl_4 液体，充分振荡。观察 CCl_4 层中的颜色。解释现象，并写出有关化学反应式。

另取 1 支试管，以 $0.1mol\cdot L^{-1}K_3[Fe(CN)_6]$ 代替 $FeCl_3$ 溶液，同样进行上述实验，实验现象与上有何差异？并加以解释。

(3)取 3 支试管，分别加入 $0.1mol\cdot L^{-1}$ KCl、$0.1mol\cdot L^{-1}KBr$ 和 $0.1mol\cdot L^{-1}KI$ 溶液各 2 滴，然后在每只试管中再加入 $0.1mol\cdot L^{-1}AgNO_3$ 溶液 2 滴。观察沉淀的颜色，并写出化学反应式。在形成 AgCl 沉淀的试管中，逐滴加入 $0.1mol\cdot L^{-1}$ 氨水，边滴边振荡直至沉淀溶解，记下加入氨水的滴数。在形成 AgBr 沉淀的试管中，用同样方法加入 $0.1mol\cdot L^{-1}$ 氨水，直至沉淀溶解，记下加入的滴数。对于沉淀 AgI 也用此法处理。根据实验现象比较 AgCl、AgBr 和 AgI 的溶度积相对大小。

(4)取 1 支试管，加入 2 滴 $0.1mol\cdot L^{-1}$ $Hg(NO_3)_2$ 溶液，逐滴加入 $0.1mol\cdot L^{-1}KI$ 溶液。观察过程中沉淀的生成和溶解现象。写出化学反应式，并加以解释。

碘化汞钾的碱性溶液称为奈氏试剂，可用来检验 NH_4^+。因为该试剂与 NH_4^+ 反应能生成红褐色沉淀。

（四）螯合物的形成

(1)取 2 支试管，加入 $0.1mol\cdot L^{-1}CaCl_2$ 溶液 10 滴，并分别加 $0.05mol\cdot L^{-1}EDTA$ 溶液和蒸馏水各 20 滴。然后再各加入相同滴数的 $0.1mol\cdot L^{-1}Na_2CO_3$ 溶液，发现有的试管中有白色的沉淀生成，有的试管中没有沉淀。写出化学反应式，并加以解释。

(2)自己制备硫酸四氨合铜(Ⅱ)溶液。取此溶液 10 滴，置于 1 支试管中，然后滴加 $0.05mol\cdot L^{-1}EDTA$ 溶液，观察溶液颜色有何变化，并解释。

(3)取 1 支试管，在其中加入 2 滴 $0.1mol\cdot L^{-1}NiCl_2$ 溶液、10 滴蒸馏水和 1 滴 $6mol\cdot L^{-1}$ 氨水。混匀之后，再加入 2 滴 1%丁二肟溶液，观察现象，并写出有关化学反应式。

(4)取 1 条完整 pH 试纸，在它的一端滴 1 滴 $0.1mol\cdot L^{-1}H_3BO_3$溶液，观察溶液所显示的

pH。再在 pH 试纸的另一端滴 1 滴 $0.5mol \cdot L^{-1}$ 甘露醇，待两种溶液扩散重叠后，观察溶液重叠处所显示的 pH。解释此实验现象。

（五）实验结果的记录与处理

1. 配位化合物的生成和组成

（1）$CuSO_4$ 与 $BaCl_2$ 和 NaOH 的反应

	加 $BaCl_2$	加 NaOH	解释现象
$CuSO_4$ 溶液			

（2）$[Cu(NH_3)_4]^{2+}$的生成

	加氨水	再加 $BaCl_2$	加 NaOH	解释现象
$CuSO_4$ 溶液				

2. 简单离子和配离子的区别

（1）配离子$[Fe(SCN)_6]^{3+}$的生成

	加 KSCN	反应方程式
$FeCl_3$ 溶液		

（2）配离子稳定性比较

	KSCN	解释现象
$K_3[Fe(CN)_6]$ 溶液		

（3）NH_4^+、Fe^{3+}、SO_4^{2-} 的鉴定

	NH_4^+ 检验	Fe^{3+}检验	SO_4^{2-} 检验	结论
$NH_4Fe(SO_4)_2$ 溶液				

3. 配位平衡的移动

（1）配位平衡与酸碱平衡

	加 $(NH_4)_2C_2O_4$	再加 KSCN	再加 HCl	解释现象
$FeCl_3$ 溶液				

反应方程式____________________

（2）配位平衡

	加 $FeCl_3$ 溶液	再加 CCl_4	解释现象
KI 溶液			

反应方程式____________________

	$K_3[Fe(CN)_6]$溶液	再加 CCl_4	解释现象
KI 溶液			

（3）配位平衡与沉淀平衡

	加 $AgNO_3$ 溶液	加氨水至沉淀溶解滴数	溶度积相对大小
KCl 溶液			
KBr 溶液			
KI 溶液			

（4）配位平衡与沉淀平衡

	逐滴加 KI	解释现象
$Hg(NO_3)_2$ 溶液		

反应方程式____________________

4. 螯合物的形成

（1）$CaCl_2$ 和 Na_2CO_3 溶液分别加 EDTA 溶液

	加 $CaCl_2$	加 Na_2CO_3	解释现象
EDTA 溶液			
蒸馏水			

反应方程式____________________

（2）$[Cu(NH_3)_4]SO_4$ 溶液加 EDTA 溶液

	加 EDTA 溶液	解释现象
$[Cu(NH_3)_4]SO_4$ 溶液		

（3）$NiCl_2$ 溶液加氨水再加丁二肟溶液

	加氨水	再加丁二肟溶液	解释现象
$NiCl_2$ 溶液			

（4）H_3BO_3 溶液的 pH 及加甘露醇后的 pH

	pH	加甘露醇后的 pH	解释现象
H_3BO_3 溶液			

六、注 意 事 项

（1）奈氏试剂用时需自己现配制。

（2）奈氏试剂配制方法：取一定浓度和体积的 $HgCl_2$ 或 $Hg(NO_3)$ 放入烧杯中，然后滴加同浓度的 KI 溶液直到红色沉淀刚刚消失。

七、思 考 题

（1）配离子和简单离子有何性质差异？如何用实验方法证明？

(2) 本实验中有哪些因素能使配位平衡发生移动？试举例说明？

(3) 丁二肟鉴定 Ni^{2+} 的反应，为什么要在碱性条件下进行？如果不用氨水，而用 NaOH 控制溶液的酸度，是否可以？

(4) 硼酸表现的酸性与其他酸表现的酸性有何不同？

(5) 螯合物为什么比普通配合物稳定？

(周红兵)

实验八 乙酸的电离度和电离常数的测定

一、目 标 要 求

(1) 学会测定弱酸电离度和电离常数的方法。

(2) 测定乙酸的电离度和电离常数，加深对电离度和电离常数的理解。

(3) 进一步熟悉酸度计的使用方法。

二、预 习 内 容

(1) 电离度的概念及公式。

(2) 弱电解质的电离常数概念、公式及用途。

(3) 酸度计的使用方法。

三、实 验 原 理

(一) 测定一定浓度乙酸溶液的 pH，求算电离常数

乙酸是弱电解质，在水溶液中存在以下电离平衡：

$$CH_3COOH \rightleftharpoons H^+ + CH_3COO^-$$

设乙酸的起始浓度为 C，$[H^+]$、$[CH_3COO^-]$、$[CH_3COOH]$ 分别为 H^+、CH_3COO^-、CH_3COOH 平衡时的浓度，α 为电离度，K_a 为电离常数。则在纯 CH_3COOH 溶液中，$[H^+]=[CH_3COO^-]=C\cdot\alpha$，$[CH_3COOH]=C\cdot(1-\alpha)$ 则

$$\alpha=\frac{[H^+]}{C}\times100\%$$

$$K_a=\frac{[H^+][CH_3COO^-]}{[CH_3COOH]}=\frac{[H^+]^2}{C(1-\alpha)}=\frac{C\alpha^2}{1-\alpha}$$

当 $\alpha<5\%$ 时，$K_a=C\alpha^2$。

在一定温度下，用 pH 计测定一系列已知浓度的乙酸溶液的 pH，根据 $pH=-\lg[H^+]$ 换算出 $[H^+]$，求出电离度 α，可求得一系列对应的 K_a 值，取其平均值即为该温度下乙酸的电离常数。

(二) 测定缓冲溶液的 pH，求算电离常数

弱酸及其盐组成的缓冲溶液，其 pH 可用亨德森公式：

$$pH=pK_a+\lg\frac{[共轭碱]}{[弱酸]}$$

若将已知准确浓度弱酸溶液用强碱中和其中弱酸的一半，则该溶液为缓冲溶液，且其[共轭碱]=[弱酸]，则

$$pH=pK_a+\lg\frac{[共轭碱]}{[弱酸]}$$

$$pH=pK_a$$

用酸度计测定此缓冲溶液的 pH，即可求得该弱酸的电离常数 K_a。

四、实验仪器与药品

1. 仪器 pH 计，移液管(10ml 2 支)，容量瓶(50 ml 4 个)，烧杯(50 ml 7 个)，洗瓶，滤纸片。

2. 药品 已知准确浓度的 HAc 溶液，NaOH 标准溶液($0.2000mol\cdot L^{-1}$)。

五、实验内容与方法

(一) 测定一定浓度乙酸溶液的 pH 求算电离常数法

1. 不同浓度乙酸溶液的配制 用移液管分别吸取 20.00ml、10.00ml、5.00ml、2.50ml 已知准确浓度的 HAc 溶液，把它们分别加入四个 50ml 容量瓶中，再用蒸馏水稀释至

刻度，摇匀并计算出四瓶 HAc 溶液的准确浓度。

2. 测定乙酸溶液的 pH，并计算其电离度和电离常数 把配好的四种乙酸溶液及原已知标准浓度的乙酸溶液分别加入五只干燥的 50ml 烧杯中，按由稀到浓的顺序在 pH 计上分别测定它们的 pH，记录数据和室温。计算其电离度和电离常数。

（二）测定缓冲溶液的 pH 求算电离常数法

1. [共轭碱] = [弱酸] 的缓冲溶液的配制 用移液管吸取 20.00ml 已知准确浓度的 HAc 溶液置于小烧杯中，用移液管准确吸取中和乙酸所用标准 NaOH 溶液的体积的一半（计算得出），充分搅匀，此溶液即为 [共轭碱] = [弱酸] 的缓冲溶液。

2. 缓冲溶液 pH 的测定 用 pH 计测定 [共轭碱] = [弱酸] 的缓冲溶液的 pH，记录结果。计算电离常数。

（三）实验结果的记录与处理

1. 测定一定浓度乙酸溶液的 pH 求算电离常数法

序号	HAc 体积	HAc 浓度 c_a	pH	电离度（α）	电离常数（K_a）

$\overline{K_a}$ =

2. 测定缓冲溶液的 pH 求算电离常数

pH=

K_a =

六、注 意 事 项

（1）已知准确浓度乙酸溶液的配制：先配成浓度 0.2mol · L^{-1} 的乙酸溶液，再用 NaOH 标准溶液，酚酞作指示剂进行标定。

（2）标准 NaOH 溶液的配制：先配成近似浓度 0.2mol · L^{-1} 的 NaOH 溶液，而后用基准物质进行标定（草酸或邻苯二甲酸氢钾）。

七、思 考 题

（1）改变 HAc 溶液的浓度或温度，其电离度和电离常数有无变化？若有变化，会发生怎样的变化？

（2）“电离度越大，酸度就越大”。这种说法是否正确？为什么？

（3）若所用 HAc 溶液浓度很稀，是否还能用 $K_a=C\alpha^2$ 求算电离常数？为什么？

（4）还有哪些方法可以测定弱电解质的解离常数？

（5）如在乙酸溶液中有强电解质存在，对乙酸的解离常数的测定有何影响？

附 录

在水溶液中的共轭酸碱对和 pK_a 值见表 3-6。

表 3-6 在水溶液中的共轭酸碱对和 pK_a 值（25℃）

共轭酸 HA	K_a(aq)	pK_a(aq)	共轭碱 A^-
H_3O^+	0.0	0	H_2O
$H_2C_2O_4$	5.9×10^{-2}	1.23	$HC_2O_4^-$
H_2SO_3	1.4×10^{-2}	1.85	HPO_3^-
H_3PO_4	6.9×10^{-3}	2.16	$H_2PO_4^-$
HF	6.3×10^{-4}	3.20	F^-
HNO_2	5.6×10^{-4}	3.25	NO_2^-
$HC_2O_4^-$	6.5×10^{-5}	4.19	$C_2O_4^{2-}$
HAc	1.7×10^{-5}	4.76	Ac^-
H_2CO_3	4.5×10^{-7}	6.35	HCO_3^-
H_2S	8.9×10^{-8}	7.05	HS^-
$H_2PO_4^-$	6.2×10^{-8}	7.21	HPO_4^{2-}

续表

共轭酸 HA	K_a(aq)	pK_a(aq)	共轭碱 A^-
NH^+_4	5.6×10^{-10}	9.25	NH_3
HCO^-_3	4.7×10^{-11}	10.33	CO_3^{2-}
H_2O_2	2.4×10^{-12}	11.62	HO_2^-
HS^-	1.1×10^{-12}	11.96	S^{2-}
HPO_4^{2-}	4.8×10^{-13}	12.32	PO_4^{3-}
H_2O	1.0×10^{-14}	14.0	OH^-

（周红兵）

实验九　溶度积常数的测定

一、目 标 要 求

(1) 了解乙酸银溶度积常数的测定原理和方法。

(2) 练习滴定操作。

(3) 加深对溶度积概念和溶度积规则的理解。

二、预 习 内 容

(1) 溶度积概念及公式。

(2) 溶度积与溶解度的关系及换算；溶度积规则。

(3) 滴定操作方法。

三、实 验 原 理

难溶电解质的溶解过程是一个可逆过程，存在着沉淀与溶解平衡。难溶电解质的饱和溶液中各离子浓度幂的乘积为一个常数，用 K_{sp} 表示，称为溶度积常数。溶度积常数在本质上仍然是平衡常数，其大小受温度的影响。

例如，有一难溶电解质固相与其饱和水溶液之间存在下列平衡：

$$A_mB_n(s) \rightleftharpoons mA^{n+} + nB^{m-}$$

此反应的平衡常数应为

$$\frac{[A^{n+}]^m[B^{m-}]^n}{[A_mB_n(s)]} = K$$

由于$[A_mB_n(s)]$在温度恒定时为一常数，所以

$$[A^{n+}]^m[B^{m-}]^n = K_{sp}$$

四、实验仪器与药品

1. 仪器　锥形瓶，滴定管，移液管，烧杯，漏斗。

2.药品　$6mol\cdot L^{-1}HNO_3$，$0.20mol\cdot L^{-1}$ $AgNO_3$，$0.20mol\cdot L^{-1}$NaAc，$Fe(NO_3)$溶液，KSCN($0.1mol\cdot L^{-1}$)标准溶液。

五、实验内容与方法

取 2 个干燥洁净的锥形瓶分别标号为 1 和 2，从滴定管中分别放出 20.00ml 和 30.00ml $0.20mol\cdot L^{-1}AgNO_3$ 溶液于上述两个锥形瓶中，然后再用另一滴定管分别放出 40.00ml 和 30.00ml $0.20mol\cdot L^{-1}$NaAc溶液于上述两个锥形瓶中，则每瓶中均有溶液 60ml。轻轻摇动锥形瓶约 30min，使沉淀完全达到沉淀与溶解平衡。

将上述两个锥形瓶中的混合物分别以干燥滤纸过滤于 2 个干燥的小烧杯中(滤液应完全澄清，否则须重新过滤)。用移液管吸取 25.00ml 第一号瓶中的滤液放入一洁净的锥形瓶中，加入 1ml $6mol\cdot L^{-1}HNO_3$及 1ml $Fe(NO_3)_3$ 溶液(指示剂)，如溶液显红色(由于 Fe^{3+}水解)再加 HNO_3，直至无色，以 KSCN 标准溶液滴定该溶液至开始变成恒定的浅红色，记录所用 KSCN 溶液的用量；重新滴定一次。再以同法滴定第二号瓶中的滤液两次，记录结果。实验中的反应如下：

$$AgNO_3 + NaAc \rightleftharpoons AgAc(s) + NaNO_3$$

$$Ag^+ + SCN^- \rightleftharpoons AgSCN(s)$$

$Fe^{3+} + 3SCN^- \rightleftharpoons Fe(SCN)_3$ 浅红色

实验结果的记录与处理

（1）数据记录

	1	2
0.20mol/L $AgNO_3$ 溶液的体积/ml	20	30
0.20mol/LNaAc 溶液的体积/ml	40	30
混合物总体积/ml	60	60
滴定时所用混合物滤液/ml	25	25
滴定消耗 KSCN 溶液的体积/ml		
KSCN 溶液的浓度/mol · L^{-1}		

（2）计算结果

	1	2
混合液中 Ag^+的总浓度（包括沉淀中的）		
混合液中 Ac^-的总浓度（包括沉淀中的）		
溶液中与固体 AgAc 达到平衡后[Ag^+]	平均值：	平均值：
沉淀消耗的[Ag^+]		
溶液中与固体 AgAc 达到平衡后[Ac^-]		
K_{sp}=[Ag^+] [Ac^-]		

六、注 意 事 项

（1）溶度积、萃取系数等属于异相平衡常数。溶度积测定有两个基本方法：一是测平衡溶液中离子的浓度（活度）；二是测难溶盐的溶解度。

（2）滴定终点不易观察，当变为浅红色时，继续振摇，若浅红色不褪即为终点；若浅红色褪去应继续滴定。

七、思 考 题

（1）本实验测得的 AgAc 溶度积常数值与文献中记载的数值 4.4×10^{-3} 相比，偏高还是偏低？造成这些偏差的主要因素有哪些？

（2）难溶电解质溶度积常数的测定，除本实验使用的方法外，还可用哪些方法进行测定？

（3）假如有 AgAc 固体透过滤纸或者沉淀不完全，对实验结果将产生什么影响？

（4）应用本实验原理，设计测定 PbI_2 溶度积常数的方案。

（樊丽雅）

实验十 氧 化 还 原

一、目 标 要 求

（1）理解氧化还原反应的实质，了解常用的氧化剂和还原剂。

（2）通过实验，了解某些金属电极在电极电势表中的位置，从而加深对电极电势物理意义的认识。

（3）应用标准电极电势比较氧化剂和还原剂的相对强弱。

（4）了解浓度、酸度和温度对氧化还原反应的影响。

二、预 习 内 容

（1）氧化还原反应的概念及反应实质；氧化剂和还原剂的概念。

（2）氧化还原反应与原电池的关系。

（3）电极电势的概念、标准电极电势及标准电极电势表及其应用。

（4）氧化还原平衡的移动。

三、实 验 原 理

氧化还原反应是物质得失电子的过程，反映在元素的氧化数发生变化。反应中得到电子的物质称为氧化剂，反应后氧化数降低被还原；反应中失去电子的物质称为还原剂，反应后氧化数升高被氧化。氧化还原是同时进行的，其中得失电子数相等。

电极电势是判断氧化剂和还原剂相对强弱的标准，并可用以确定氧化还原反应进行的方向。电极电势表是各种物质在水溶液中进行氧化还原反应规律性的总结，溶液的浓度、酸度、温度均影响电极电势的数值。一般在表中上方的还原态是较强的还原剂，可使其下方的氧化态还原，表下方的氧化态是较强的氧化剂，可使其上方的还原态氧化。

四、实验仪器与药品

1. 仪器 试管，试管架，玻璃棒，红色石蕊试纸，表面皿。

2. 药品 Pb 粒，Zn 粒，浓 HNO_3，$2mol \cdot L^{-1}HNO_3$，$1mol \cdot L^{-1}HCl$，$3mol \cdot L^{-1}H_2SO_4$，$6mol \cdot L^{-1}HAc$，40%NaOH，$6mol \cdot L^{-1}NaOH$，$0.01mol \cdot L^{-1}KMnO_4$，$0.5mol \cdot L^{-1}FeSO_4$，$0.1mol \cdot L^{-1}NaSO_3$，$0.1mol \cdot L^{-1}Na_2C_2O_4$，$1mol \cdot L^{-1}NaBr$，$1mol \cdot L^{-1}NaI$，$0.025mol \cdot L^{-1}Fe_2(SO_4)_3$，$1mol \cdot L^{-1}Pb(NO_3)_2$，$1mol \cdot L^{-1}CuSO_4$，$1mol \cdot L^{-1}ZnSO_4$，$3\%H_2O_2$，$0.2mol \cdot L^{-1}MnSO_4$，$(NH_4)_2S_2O_8$，$0.1mol \cdot L^{-1}AgNO_3$，氯仿。

五、实验内容与方法

（一）氧化剂和还原剂

取试管两支，各加 5 滴 $0.01mol \cdot L^{-1}KMnO_4$溶液和 3 滴 $3mol \cdot L^{-1}H_2SO_4$，然后在第一支试管中加 3 滴 3%的 H_2O_2溶液，第二支试管中加 5 滴 $0.5mol \cdot L^{-1}FeSO_4$溶液，观察现象。指出反应中的氧化剂和还原剂。

$$KMnO_4 + H_2SO_4 + H_2O_2 \longrightarrow MnSO_4 + O_2(g) + K_2SO_4 + H_2O$$

$$KMnO_4 + H_2SO_4 + FeSO_4 \longrightarrow MnSO_4 + Fe_2(SO_4)_3 + K_2SO_4 + H_2O$$

（二）确定锌、铅、铜在电极电势表中的顺序

（1）在分别装有 3ml $1mol \cdot L^{-1}Pb(NO_3)_2$溶液和 $1mol \cdot L^{-1}CuSO_4$溶液的两支试管中，各加入表面洁净的 Zn 粒，观察有何现象。

（2）以表面洁净的 Pb 片代替 Zn 粒，分别与 $1mol \cdot L^{-1}ZnSO_4$和 $1mol \cdot L^{-1}CuSO_4$溶液反应，观察有何变化。写出反应式，并确定 Zn 电极、Pb 电极、Cu 电极在电极电势表中的位置。解释之。

（三）浓度、酸度和温度对氧化还原反应的影响

1. 浓度对氧化还原反应的影响

（1）取两支试管分别加入少量锌粒。

（2）在两支装有少量锌粒的试管中，分别加 2ml 浓 HNO_3和 $2mol \cdot L^{-1}HNO_3$溶液。观察所发生的现象：①它们的反应速率有何不同？②它们的反应产物有何不同？浓 HNO_3被还原后的主要产物可通过观察它的颜色来判断。稀 HNO_3的还原产物可通过检验溶液中是否有 NH_4^+生成来确定。

2. 酸度对氧化还原反应的影响

（1）在两支各盛有 $0.5mol \cdot L^{-1}NaBr$溶液的试管中，分别加 10 滴 $3mol \cdot L^{-1}H_2SO_4$和 $6mol \cdot L^{-1}HAc$溶液。

（2）然后往两支试管中各加 1 滴 $0.01mol \cdot L^{-1}KMnO_4$溶液。观察并比较两个试管中紫色溶液褪色的快慢。写出反应式，并加以解释。

3. 温度对氧化还原反应的影响

（1）在两支试管中各加 2ml $0.1mol \cdot L^{-1}Na_2C_2O_4$、0.5ml $3mol \cdot L^{-1}H_2SO_4$和 1 滴 $0.01mol \cdot L^{-1}KMnO_4$溶液，混匀。

（2）将其中一支试管放入 80℃的水浴中加热，另一支不加热，观察两管褪色的快慢。写出反应式，并加以解释。

4. 酸度、碱度对氧化还原反应产物的影响

（1）取小试管 3 支，各加 10 滴 $0.1mol \cdot L^{-1}Na_2SO_3$溶液。

（2）再分别加 10 滴 $1mol \cdot L^{-1}H_2SO_4$、蒸馏水和 40%NaOH 溶液，摇匀。

（3）再各加 3 滴 $0.01mol \cdot L^{-1}KMnO_4$溶液，观察现象。$KMnO_4$在酸性、中性和强碱性介质中的还原产物分别为 Mn^{2+}，MnO_2和 MnO_4^{2-}，试写出上述反应的反应式。

（四）催化剂对氧化还原反应的影响

（1）取 5ml$0.2mol \cdot L^{-1}MnSO_4$溶液和 1ml $3mol \cdot L^{-1}H_2SO_4$溶液在试管中充分振摇，并加入一小匙过二硫酸铵固体，充分振摇溶解

后分成两份。

(2) 往一份溶液中加 1～2 滴 0.1mol · L^{-1} $AgNO_3$，静置片刻，观察溶液颜色有何变化。写出反应式，与没有加 $AgNO_3$ 溶液的那份溶液比较，反应情况有何不同?

（五）选择氧化剂

在含有 NaBr、NaI 的混合液中，要使 I^- 氧化为 I_2，有不使 Br^- 氧化，在常用的氧化剂 $Fe_2(SO_4)_3$ 和 $KMnO_4$ 中，选择哪一种能符合要求?

(1) 取小试管 2 支，分别加 10 滴 1mol · L^{-1} NaBr、NaI 溶液，各加 10 滴 3mol · L^{-1} H_2SO_4，1ml$CHCl_3$，然后分别加入 2～3 滴 0.01mol · L^{-1} $KMnO_4$，振摇。观察各试管中氯仿层的变化。

I_2 在氯仿层中呈粉红色（或紫红色），Br_2 在氯仿层呈橙黄色。

(2) 用 $Fe_2(SO_4)_3$ 溶液代替 $KMnO_4$ 溶液，操作同前，观察各试管中又有什么变化? 写出反应式。从实验结果确定选择哪一种氧化剂? 试解释之。

（六）实验结果的记录与处理

1. 氧化剂和还原剂

试样	加入试剂	现象	解释现象
5 滴 0.1mol · L^{-1} $KMnO_4$ 3 滴 3 mol · L^{-1} H_2SO_4	1～2 滴 3%H_2O_2		
	2～3 滴 0.5mol · $L^{-1}$$FeSO_4$		
氧化剂			
还原剂			
反应方程式			

2. 确定锌、铅、铜在电极电势表中的顺序

试样	Zn	反应方程式
3 ml 1mol · $L^{-1}$$Pb(NO_3)_2$		
3 ml 1mol · $L^{-1}$$CuSO_4$		
结论		

试样	Pb	反应方程式
3 ml 1mol · $L^{-1}$$ZnSO_4$		
3 ml 1mol · $L^{-1}$$CuSO_4$		
结论		

3. 浓度、酸度和温度对氧化还原反应的影响

(1) 浓度对氧化还原反应的影响

试样	加入试剂	现象	反应方程式
Zn	3 ml 浓 HNO_3		
	3 ml 2mol · $L^{-1}$$HNO_3$		
结论			

(2) 酸度对氧化还原反应的影响

试样	加入试剂		解释现象	反应方程式
0.5 ml 1mol · L^{-1} NaBr	10 滴 3mol · L^{-1} H_2SO_4	1 滴 0.01mol · L^{-1} $KMnO_4$		
	10 滴 6mol · L^{-1} HAc			

(3) 温度对氧化还原反应的影响

试样	操作	现象	反应方程式
2ml 0.1mol · L^{-1} $Na_2C_2O_4$ 0.5ml 3mol · L^{-1} H_2SO_4 1 滴 0.01mol · L^{-1} $KMnO_4$	80℃的水浴加热		
	无		
结论			

(4) 酸度、碱度对氧化还原反应产物的影响

试样	加入试剂		现象	反应方程式
10 滴 0.1mol · L^{-1} Na_2SO_3	10 滴 1mol · L^{-1} H_2SO_4	3 滴 0.01mol·L^{-1} $KMnO_4$		
	10 滴蒸馏水			
	10 滴 40% NaOH			
结论				

4. 催化剂对氧化还原反应的影响

试样	加入试剂	现象	反应方程式
5ml0.2mol · L^{-1} $MnSO_4$ 5ml 1mol · L^{-1} $(NH_4)_2S_2O_8$	1～2 滴 0.1mol · L^{-1} $AgNO_3$		
结论			

5. 选择氧化剂

(1) 加 $KMnO_4$ 后的现象

试样	加入试剂	现象	反应方程式
10 滴 1mol · L^{-1} NaBr	10 滴 3mol · L^{-1} H_2SO_4 1ml $CHCl_3$ 2～3 滴 0.1mol · L^{-1} $KMnO_4$		
10 滴 1mol · L^{-1} NaI			
结论			

(2) 加 $Fe_2(SO_4)_3$ 后现象

试样	加入试剂	现象	反应方程式
10 滴 $1mol \cdot L^{-1}$ NaBr 10 滴 $1mol \cdot L^{-1}$ NaI	10 滴 $3mol \cdot L^{-1} H_2SO_4$ 1ml $CHCl_3$ 2～3 滴 $0.1mol \cdot L^{-1} Fe_2(SO_4)_3$		
结论			

六、注 意 事 项

(1) 判断锌、铅、铜在电极电势表中的顺序是根据其氧化还原性强弱而定，还原性强的在前，还原性弱的在后。

(2) 选择合适氧化剂是根据电对电极电势大小而定，大的能氧化小的，小的能还原大的。

(3) 检验 NH_4^+ 方法 (气室法)：将 5 滴被检液置于一表面皿的中心，再加 3 滴 $6mol \cdot L^{-1}$ NaOH 溶液，混匀，在另一较小的表面皿中心黏附一小块红色石蕊试纸，把它盖在大的表面皿上做成气室。放置 10min，如红色石蕊试纸变蓝，则表示有 NH_4^+ 存在。

七、思 考 题

(1) 在标准电势表上电势差值大的两电对，其反应速率是否一定很快？

(2) 如何利用电极反应 (半电池反应) 写氧化还原反应式？

(3) 什么情况下用标准电势表判断反应的方向？什么情况下通过 Nernst 方程式计算来判断？

(樊丽雅)

实验十一　银氨配离子配位数的测定

一、目 标 要 求

(1) 应用配位平衡及溶度积原理，测定 $[Ag(NH_3)_n]^+$ 配离子的配位数 n，并计算稳定常数 (K_{st})。

(2) 熟悉酸式滴定管、移液管的正确使用。

二、预 习 内 容

(1) 配位化合物的概念、组成、命名。

(2) 稳定常数概念、计算及用途。

(3) 滴定操作。

三、实 验 原 理

在硝酸银溶液中加入过量的氨水，即生成稳定的银氨配离子 $[Ag(NH_3)_n]^+$。再往溶液中加入溴化钾溶液，直到刚刚开始有 AgBr 沉淀 (浑浊) 出现为止，这时混合溶液中同时存在着配位平衡和沉淀平衡。

配位平衡：$Ag^+ + nNH_3 \rightleftharpoons [Ag(NH_3)_n]^+$

$$\frac{[Ag(NH_3)_n^+]}{[Ag^+][NH_3]^n} = K_{st} \qquad (1)$$

沉淀平衡：$Ag^+ + Br^- \rightleftharpoons AgBr(s)$

$$[Ag^+][Br^-] = K_{sp} \qquad (2)$$

(1) × (2) 得

$$\frac{[Ag(NH_3)_n^+][Br^-]}{[NH_3]^n} = K_{sp} \cdot K_{st} = K \qquad (3)$$

$$[Br^-] = \frac{K \cdot [NH_3]^n}{[Ag(NH_3)_n^+]} \qquad (4)$$

$[Br^-]$、$[NH_3]$、$[Ag(NH_3)_n^+]$ 皆指平衡时的浓度，它们可以近似地如下计算。

设每份混合溶液最初取用的 $AgNO_3$ 溶液的体积为 V_{Ag^+} (各份相同)，浓度为 $[Ag^+]_0$，每份加入的氨水 (大量过量) 和溴化钾溶液的体积分别为 V_{NH_3} 和 V_{Br^-}，其浓度为 $[NH_3]_0$ 和 $[Br^-]_0$，混合溶液总体积为 V_t，则混合后并

达到平衡时

$$[Br^-]=[Br^-]_0\times\frac{V_{Br^-}}{V_t} \quad (5)$$

$$[Ag(NH_3)_n^+]=[Ag^+]_0\times\frac{V_{Ag^+}}{V_t} \quad (6)$$

$$[NH_3]=[NH_3]_0\times\frac{V_{NH_3}}{V_t} \quad (7)$$

将式(5)、(6)、(7)代入式(4)并整理，得

$$V_{Br^-}=V_{NH_3}^n\cdot K\cdot(\frac{[NH_3]_0}{V_t})^n/\frac{[Br^-]_0}{V_t}\cdot\frac{[Ag^+]_0V_{Ag^+}}{V_t} \quad (8)$$

因为上式等号右边除 $V_{NH_3}^n$ 外，其他皆为常数，故式(8)可写为

$$V_{Br^-}=V_{NH_3}^n\cdot K' \quad (9)$$

将式(9)两边取对数，得直线方程

$$\lg V_{Br^-}=n\lg V_{NH_3}+\lg K'$$

作图（$\lg V_{Br^-}$ 为纵坐标，$\lg V_{NH_3}$ 为横坐标，$\lg K'$ 为截距）求出直线的斜率 n，得 $[Ag(NH_3)_n]^+$ 的配位数 n（取最接近的整数）。

四、实验仪器与药品

1. 仪器 移液管，锥形瓶，量筒，滴定管 2 支，洗瓶。

2. 药品 $0.01mol\cdot L^{-1}AgNO_3$，$0.01mol\cdot L^{-1}$ KBr，新鲜配制氨水。

五、实验内容与方法

1. 实验内容与方法

(1) 用移液管吸取 20.00ml $0.01mol\cdot L^{-1}$ $AgNO_3$ 溶液置于 250ml 锥形瓶中，用滴定管加 40.00ml $2.0mol\cdot L^{-1}$ 氨水，并用量筒加 40ml 蒸馏水，然后在不断振荡情况下，从滴定管中逐滴加 $0.01mol\cdot L^{-1}$ KBr，直至开始产生的 AgBr 浑浊不再消失时，记下所加入的 KBr 溶液的体积（V_{Br^-}）和溶液的总体积（V_t）。

(2) 再用 35.00ml、30.00ml、25.00ml、20.00ml、15.00ml 和 10.00ml $2.0mol\cdot L^{-1}$ 氨水溶液重复上述操作。在进行重复操作中，当接近终点时应加入适量的蒸馏水，使溶液的总体积（V_t）与第一个滴定的 V_t 大致相同，记下滴定终点时所用去的 KBr 溶液的体积（V_{Br^-}）及所加入的蒸馏水的体积（V_{H_2O}）。

2. 实验结果的记录与处理

混合溶液的编号	V_{Ag^+}/ml	V_{NH_3} / ml	V_{Br^-} /ml	V_{H_2O} / ml	V_t/ml	$\lg V_{NH_3}$	$\lg V_{Br^-}$
1	20.00	40.00		40			
2	20.00	35.00		45			
3	20.00	30.00		50			
4	20.00	25.00		55			
5	20.00	20.00		60			
6	20.00	15.00		65			
7	20.00	10.00		70			

六、注 意 事 项

(1) 以 $\lg V_{Br^-}$ 为纵坐标，$\lg V_{NH_3}$ 为横坐标作图。

(2) 从图中求得 n，并从公式 $\lg V_{Br^-}=n\lg V_{NH_3}+\lg K'$ 求出 K'。

(3) 利用式(8)计算 K 值。

(4) 利用 $K=K_{sp}\cdot K_{st}$ 求出 K_{st}（$K_{sp}=4.1\times10^{-13}$）。

七、思 考 题

(1) 在计算平衡浓度[Br^-]、[$Ag(NH_3)_n^+$]和[NH_3]时，为什么可以忽略以下情况？

1) 生成 AgBr 沉淀时的 Br^-和 Ag^+。

2) 配离子[$Ag(NH_3)_n^+$]离解出的 Ag^+。

3) 生成配离子 $Ag(NH_3)_n^+$ 时消耗掉的NH_3。

(2) 滴定时，若 KBr 溶液加过量了，有无必要弃去锥形瓶中的溶液重新开始？

(3) 每次滴定时的 V_{Br^-} 是否一样？[Br^-]是否一样？

(4) 你认为本实验成功的关键在哪里？

（樊丽雅）

实验十二　碱金属、碱土金属

一、目 标 要 求

(1) 试验金属钠的强还原性。

(2) 掌握钠、钾、镁、钙、钡的鉴定方法。

(3) 比较镁、钙、钡的氢氧化物，硫酸盐，铬酸盐，草酸盐，碳酸盐的溶解性。

(4) 了解对阳离子未知液的分析方法。

二、预 习 内 容

(1) 碱金属、碱土金属在周期表中的位置、基本性质、化学性质和鉴别方法。

(2) 碱金属、碱土金属化合物的物理性质、化学性质和鉴别方法。

三、实 验 原 理

碱金属是周期系第 I 主族元素、原子最外层的电子构型为 ns^1，它们容易失去这一个电子而表现强还原性。

碱金属的盐类一般都易溶于水，只有少数几种盐难溶，如钴亚硝酸钾(二钾)，乙酸铀酰锌钠等。可利用它们的难溶性来检验钠、钾离子。

碱土金属的硝酸盐、氯化物都易溶于水。碳酸盐、硫酸盐、磷酸盐等难溶。可利用难溶盐的生成，如磷酸铵镁、草酸钙、硫酸钡、铬酸钡沉淀以检验镁离子、钙离子和钡离子。

碱金属、碱土金属及其挥发性化合物，在无色火焰中灼烧时，原子中外层电子接收能量被激发到较高能级上，但不稳定，当这些电子跃回到低能级时，便将多余的能量以光子的形式放出，产生特征的焰色。

四、实验仪器与药品

1. 仪器　试管，坩埚，镊子，pH 试纸，奈氏试纸，表面皿，点滴板。

2. 药品　金属钠，$2mol \cdot L^{-1}$ HCl，浓 HCl，$2mol \cdot L^{-1}$ HAc，$2mol \cdot L^{-1} HNO_3$，$3mol \cdot L^{-1} H_2SO_4$，$2mol \cdot L^{-1}$ NaOH，$2mol \cdot L^{-1}$ $NH_3 \cdot H_2O$，$0.5mol \cdot L^{-1}$ NaCl，$CaSO_4$饱和溶液，$0.5mol \cdot L^{-1} Na_2SO_4$，$0.5mol \cdot L^{-1}$ KCl，$0.5mol \cdot L^{-1} Na_2CO_3$，$0.01mol \cdot L^{-1} KMnO_4$，$0.5mol \cdot L^{-1} CaCl_2$，$0.5mol \cdot L^{-1} K_2CrO_4$，10%$NH_4Cl$，$0.5mol \cdot L^{-1} BaCl_2$，$0.5mol \cdot L^{-1} Na_2HPO_4$，3%$(NH_4)_2C_2O_4$，$0.5mol \cdot L^{-1} SrCl_2$，$0.5mol \cdot L^{-1} (NH_4)_2HPO_4$，20%$Na_3[Co(NO_2)_6]$，$NH_3 \cdot H_2O$-$NH_4Cl$-$(NH_4)_2CO_3$混合溶液，0.1%$Na[B(C_6H_5)_4]$，乙酸铀酰锌溶液。

五、实验内容与方法

(一) 碱金属

1. 金属钠的性质、与氧的作用

(1) 用镊子取一小块金属钠，迅速用滤纸吸干其表面的煤油，用刀削去外层，使露出新鲜面，立即放入坩埚中加热；当开始燃烧时，停止加热，观察反应情况和产物的颜色、状态。

(2) 将反应产物转入干试管中，加少许水，即发生反应(反应放热，必须将试管放在冷水中)。

(3) 检验管口是否有氧放出(怎样试验？)。

(4)检验水溶液是否呈碱性(用 pH 试纸检验)。

(5)检验水溶液是否有 H_2O_2 生成(将溶液用 $1mol \cdot L^{-1} H_2SO_4$ 酸化，加 1 滴 $0.01mol \cdot L^{-1} KMnO_4$，观察紫色是否褪去)。写出氧化产物与水作用的反应式。

2. 钠盐、钾盐的鉴定

(1)生成乙酸铀酰锌钠鉴定 Na^+：于一小试管中，加 1 滴 Na^+离子试液($0.5mol \cdot L^{-1}$ NaCl 溶液)，加 2 滴 $2mol \cdot L^{-1}$HAc 和约 10 滴乙酸铀酰锌试液，用玻璃棒摩擦试管内壁，即有黄绿色乙酸铀酰锌钠沉淀生成。写出离子反应式。

(2)生成钴亚硝酸钠钾鉴定 K^+：于一小试管中，加 2 滴 K^+离子试液($0.5mol \cdot L^{-1}$KCl 溶液)，再加 3～4 滴钴亚硝酸钠试液，即有黄棕色沉淀生成。写出离子反应式。

(3)生成四苯硼钾鉴定 K^+：于一小试管中，加 2 滴 K^+离子试液($0.5mol \cdot L^{-1}$KCl 溶液)，加入 3～4 滴四苯硼钠试剂，即有白色四苯硼钾沉淀生成。写出离子反应式。

（二）碱土金属

1. 氢氧化镁的生成和性质　在 3 支小试管中，各加入约 5 滴 $0.5mol \cdot L^{-1} MgCl_2$ 溶液，再向各试管中滴加 2 滴 $2mol \cdot L^{-1}$NaOH 溶液，观察生成的氢氧化镁沉淀的颜色和状态，然后再分别滴加 3～4 滴 $2mol \cdot L^{-1}$ NaOH、$2mol \cdot L^{-1}$HCl、10%NH_4Cl 溶液，观察现象，并比较三个试管中沉淀量的多少。写出反应式，并解释之。

2. 难溶盐的生成和性质、硫酸盐的溶解度比较　在 3 支试管中，分别加入 10 滴 $0.5mol \cdot L^{-1} CaCl_2$、$SrCl_2$、$BaCl_2$ 溶液，然后各加 10 滴 $0.5mol \cdot L^{-1} Na_2SO_4$ 溶液，观察反应产物的颜色和状态。比较 $CaSO_4$、$SrSO_4$、$BaSO_4$ 的溶解度大小。

3. 钙、锶、钡碳酸盐的生成和性质

(1)取 3 支试管，分别加 5 滴 $0.5mol \cdot L^{-1}$ $CaCl_2$、$SrCl_2$、$BaCl_2$ 溶液，再加 6～7 滴 $0.5mol \cdot L^{-1} Na_2CO_3$ 溶液，观察现象，再向各管中约加 10 滴 $2mol \cdot L^{-1}$HAc，观察现象并写出反应式。

(2)取 1 支试管，加 5 滴 $0.5mol \cdot L^{-1}$ $MgCl_2$ 溶液，5 滴氨水-氯化铵-碳酸铵混合溶液[含 $1mol \cdot L^{-1} NH_3 \cdot H_2O$-$NH_4Cl$ 和 $0.5mol \cdot L^{-1}$ $(NH_4)_2CO_3$]，观察现象，并解释之。

4. 钙、钡铬酸盐的生成和性质　在 2 支试管中，各加 5 滴 $CaCl_2$、$0.5mol \cdot L^{-1} BaCl_2$ 溶液，再加 10 滴 $0.5mol \cdot L^{-1} K_2CrO_4$ 溶液，观察现象。试验产物对 $2mol \cdot L^{-1}$HAc、$2mol \cdot L^{-1}$HCl 溶液的作用。写出反应式。

5. 钙离子的鉴定　生成草酸钙鉴定 Ca^{2+}：在 1 支试管中，加 5 滴 Ca^{2+}离子试液($0.5mol \cdot L^{-1} CaCl_2$ 溶液)和 10 滴 $(NH_4)_2C_2O_4$ 溶液，观察反应现象，试验产物对 $2mol \cdot L^{-1}$ HAc、$2mol \cdot L^{-1}$HCl 溶液的作用。写出反应式。

6. 镁离子的鉴定　生成磷酸铵镁鉴定 Mg^{2+}：在 1 支试管中加 10 滴 Mg^{2+}离子试液($0.5mol \cdot L^{-1} MgCl_2$ 溶液)，加 5 滴 $NH_3 \cdot H_2O$-NH_4Cl 溶液，再加 10 滴 Na_2HPO_4 溶液，振荡试管，有白色磷酸铵镁沉淀生成。写出反应式。

（三）未知液的分离和检出

取可能含 Na^+、K^+、NH_4^+、Mg^{2+}、Ca^{2+}、Ba^{2+}的混合液 20 滴，于一离心管中混合均匀后，先检验 NH_4^+。

1. NH_4^+的检出——气室法　取 3 滴混合溶液于一块表面皿上，再滴加 $6mol \cdot L^{-1}$ NaOH 溶液至碱性为止。另取一块较小表面皿，在凹面贴一块湿的 pH 试纸和一块以奈氏试剂润湿的滤纸，将此表面皿迅速覆盖在大表面皿上。如果 pH 试纸变成蓝紫色并使蘸有奈氏试剂的滤纸变成红褐色，表示试液中有 NH_4^+(同时做空白试验)。

检出 NH_4^+以后，再按下列步骤进行分离和检出。

2. $BaCO_3$、$CaCO_3$ 的沉淀 在试液中加 6 滴 $3mol \cdot L^{-1}NH_4Cl$ 溶液，并加 $2mol \cdot L^{-1}$ 氨水使溶液呈碱性，再多加 3 滴氨水。在搅拌下加 10 滴 $1mol \cdot L^{-1}(NH_4)_2CO_3$ 溶液，离心管放在 60℃的热水浴中加热几分钟，然后离心沉降，分离，把清液移到另 1 支离心管中，按 5 中操作处理，沉淀供 3 用。

3. Ba^{2+}的分离和检出 在 2 中所得的沉淀用 10 滴热水洗涤，离心沉降，分离弃去洗涤液，加 $2mol \cdot L^{-1}HAc$ 溶解沉淀（约 4 滴需加热，并不断搅拌）。然后加 5 滴 $4mol \cdot L^{-1}NH_4Ac$ 溶液，加热后，滴加 $0.5mol \cdot L^{-1}K_2CrO_4$ 溶液数滴，如有黄色沉淀产生即表示有 Ba^{2+}存在，如清液呈橘黄色时，表明 Ba^{2+}已沉淀完全，否则需要加 $0.5mol \cdot L^{-1}K_2CrO_4$ 溶液使 Ba^{2+}沉淀完全，离心沉降，分离，清液留做检查 Ca^{2+}。

4. Ca^{2+}的检出 向 3 所得的清液中加 1 滴 $2mol \cdot L^{-1}$ 氨水和 1 滴 2 $mol \cdot L^{-1}$ $(NH_4)_2C_2O_4$ 溶液，加热后，如有白色沉淀产生，表示有 Ca^{2+}。

5. 残留 Ba^{2+}、Ca^{2+}的除去 向 2 所得的清液内加 $2mol \cdot L^{-1}(NH_4)_2C_2O_4$ 和 $2mol \cdot L^{-1}(NH_4)_2SO_4$ 各 1 滴。加热几分钟，如果溶液浑浊，离心分离，弃去沉淀，把清液移到坩埚中。

6. Mg^{2+}的检出 取 1 滴 5 中的清液，加在点滴板的穴中，再加 2 滴 $2mol \cdot L^{-1}NaOH$ 溶液使呈碱性，然后加 1 滴镁试剂，如产生蓝色沉淀，表示有 Mg^{2+}存在。

7. 铵盐的除去 将 5 中已经移至坩埚中的清液，小心地蒸发至只剩下几滴为止，再加 8～10 滴浓硝酸，然后蒸发至干，为了防止溅出，应在蒸到最后 1 滴时，借石棉网上的余热把它蒸发至干，最后用大火灼烧至不再冒白烟。冷却后，往坩埚中加入 8 滴蒸馏水，使溶解。从坩埚中取出此溶液 1 滴，加在点滴板的穴中，再加 2 滴奈氏试剂，如果不产生红褐色沉淀，表明铵盐已被除尽，否则需重复上述除铵盐的操作。铵盐除尽后，溶液供 8、9 检出 Na^+、K^+。

8. Na^+的检出 取 7 中的溶液 2 滴，加 10 滴乙酸铀酰锌试剂，并用玻璃棒摩擦试管内壁，如有黄绿色晶体生成，表示有 Na^+。

9. K^+的检出 将 7 中剩余的溶液加到试管中，加 2 滴钴亚硝酸钠试液，如产生黄色沉淀，表示有 K^+。

（四）实验结果的记录与处理

1. 碱金属

（1）金属钠的性质、与氧的作用

试样	现象	加 H_2O	反应方程式
钠的燃烧			
检验结果			

（2）钠盐、钾盐的鉴定

试样	加 2 滴 $2mol \cdot L^{-1}HAc$ 10 滴乙酸铀酰锌试液	离子反应式
1 滴 $0.5mol \cdot L^{-1}$ NaCl 溶液		

试样	加 3～4 滴钴亚硝酸钠试液	离子反应式
2 滴 $0.5mol \cdot L^{-1}$ KCl 溶液		

试样	加 3～4 滴四苯硼钠试剂	离子反应式
2 滴 $0.5mol \cdot L^{-1}$ KCl 溶液		

2. 碱土金属

(1)氢氧化镁的生成和性质

试样	现象	加入试剂	解释现象	反应方程式
5 滴 0.5mol · L^{-1} $MgCl_2$ 2 滴 2mol · L^{-1} NaOH		3～4 滴 2mol · L^{-1} NaOH 3～4 滴 2mol · L^{-1} HCl 3～4 滴 10% $NHCl_4$		

(2)难溶盐的生成和性质、硫酸盐的溶解度比较

试样	加入试剂	现象	反应方程式
5 滴 0.5mol · L^{-1} $CaCl_2$ 5 滴 0.5mol · L^{-1} $SrCl_2$ 5 滴 0.5mol · L^{-1} $BaCl_2$	10 滴 0.5mol · L^{-1} $CaCl_2$、$SrCl_2$、$BaCl_2$ 10 滴 0.5mol · L^{-1} Na_2SO_4		
结论			

(3)钙、锶、钡碳酸盐的生成和性质

试样	6～7 滴 0.5mol · $L^{-1}$$Na_2CO_3$	10 滴 2mol · L^{-1}HAc	反应方程式
5 滴 0.5mol · L^{-1} $CaCl_2$			
5 滴 0.5mol · L^{-1} $SrCl_2$			
5 滴 0.5mol · L^{-1} $BaCl_2$			

试样	5 滴 1mol · $L^{-1}$$NH_3 \cdot H_2O$-$NH_4Cl$ 和 0.5mol · L^{-1} $(NH_4)_2CO_3$ 混合溶液	解释现象
5 滴 0.5mol · L^{-1} $MgCl_2$ 溶液		

(4)钙、钡铬酸盐的生成和性质

试样	10 滴 0.5mol · L^{-1} K_2CrO_4	2mol · L^{-1} HAc	2mol · L^{-1} HCl	反应方程式
5 滴 0.5mol · L^{-1} $CaCl_2$				
5 滴 0.5mol · L^{-1} $BaCl_2$				

(5)钙离子的鉴定

试样	10 滴 $(NH_4)_2C_2O_4$	2 mol · L^{-1}HAc	2mol · L^{-1}HCl	反应方程式
5 滴 0.5mol · L^{-1} $CaCl_2$				

(6)镁离子的鉴定

试样	5 滴 $NH_3 \cdot H_2O$-NH_4Cl 溶液 10 滴 Na_2HPO_4	反应方程式
10 滴 0.5mol · L^{-1} $MgCl_2$ 溶液		

3. 未知液的鉴定

未知液可能含有____________________

六、注 意 事 项

金属钠储存在煤油中，剩余应立即放入。注意不要用太大块金属钠，防止发生爆炸。

七、思 考 题

(1)设计一个分离 K^+、Mg^{2+}、Ba^{2+}的方法。

(2)现有五种溶液，它们是：NaOH、NaCl、$MgSO_4$、KOH、K_2CO_3，选用合适的试剂，将它们逐一鉴别。

(3)现有七种溶液：$(NH_4)_2SO_4$、HNO_3、Na_2CO_3、$BaCl_2$、NaOH、NaCl、H_2SO_4。利用它们间的相互反应，将它们逐一确定。

(4)有一白色固体，初步试验，它不溶于水，用盐酸处理，则产生气泡，得一澄清溶液，如果用硫酸处理，也产生气泡，但不能形成澄清的溶液，这一白色固体是什么化合物？

(程向晖)

实验十三 葡萄糖酸锌 $Zn(C_6H_{11}O_7)_2 \cdot 3H_2O$ 的制备

一、目 标 要 求

(1)了解葡萄糖酸锌(治疗人体缺锌药物)的制备方法。

(2)学会锌盐的含量测定。

二、预 习 内 容

(1)葡萄糖酸锌的制备方法。

(2)结晶的实验方法。

(3)滴定操作。

三、实 验 原 理

葡萄糖酸钙与等物质的量的硫酸锌反应，反应式：

$$Ca(C_6H_{11}O_7)_2 + ZnSO_4 + 3H_2O = Zn(C_6H_{11}O_7)_2 \cdot 3H_2O + CaSO_4\downarrow$$

四、实验仪器与药品

1. 仪器 台秤，恒温水浴，抽滤装置，酸式滴定管，电炉，蒸发皿，烧杯，量筒。

2. 药品 葡萄糖酸钙，$ZnSO_4 \cdot 7H_2O$，95%乙醇，NH_3-NH_4Cl 缓冲溶液，0.1mol · L^{-1} EDTA-2Na 标准溶液，铬黑 T 指示剂。

五、实验内容与方法

(一)葡萄糖酸锌的制备

(1)量取 80ml 蒸馏水置烧杯中，加热至 80～90℃，加入 6.7g $ZnSO_4 \cdot 7H_2O$ 使完全溶解，将烧杯放在 90℃的恒温水浴中，再逐渐加入葡萄糖酸钙 10g，并不断搅拌。在 90℃水浴上静置保温 20min。

(2)趁热抽滤(用两层滤纸)，滤液移至蒸发皿中(滤渣为 $CaSO_4$，弃去)，将滤液在沸水浴上浓缩至黏稠状(体积约为 10ml，如浓缩液有沉淀 $CaSO_4$，需过滤掉)。滤液冷至室温，加 10ml 95%乙醇(降低葡萄糖酸锌的溶解度)，并不断搅拌，此时有大量的胶状葡萄糖酸锌析出，充分搅拌后，用倾泻法去除乙醇液。于胶状沉淀上，再加 10ml 95%乙醇，充分搅拌后，沉淀慢慢转变成晶体状，抽滤至干，即得粗品(母液回收)。

(3)重结晶：粗品加水 10ml，加热(90℃)

至溶解，趁热抽滤，滤液冷至室温，加 10ml 95%乙醇，充分搅拌，结晶析出后，抽滤至干，即得精品，在 50℃烘干。

（二）含量测定

(1) 准确称取 0.8g 葡萄糖酸锌，溶于 20ml 水中(可微热)。

(2) 加 10ml NH_3-NH_4Cl 缓冲溶液。

(3) 加铬黑 T 指示剂 4 滴，用 0.1mol · L^{-1} EDTA-2Na 标准溶液滴定至溶液呈蓝色。

样品中锌的含量计算如下：

$Zn\% = C_{EDTA\text{-}2Na} \cdot V_{EDTA\text{-}2Na} \times 65 \times 100\% / W_s \times 1000$

式中：$C_{EDTA\text{-}2Na}$ 为浓度，mol · L^{-1}；$V_{EDTA\text{-}2Na}$ 为体积，ml；W_s 为样品的质量，g。

（三）实验结果的记录与处理

1. 葡萄糖酸锌的制备

$ZnSO_4 \cdot 7H_2O$ 质量________ g，葡萄糖酸钙质量________ g。

葡萄糖酸锌理论产量________ g，葡萄糖酸锌实际质量________ g。

$$产率 = \frac{实际质量}{理论质量} \times 100\%$$

2. 含量测定

葡萄糖酸锌	NH_3-NH_4 缓冲液	C_{EDTA}	V_{EDTA}/ml	锌的含量/%
20g	10ml	0.1mol · L^{-1}		

六、注 意 事 项

(1) 葡萄糖酸锌加入乙醇后，形成像泡泡糖样很硬固体，需要不停搅拌及换新乙醇才能变成晶体。

(2) 葡萄糖酸锌含有结晶水，不能在高温下烘干。

(3) 测定葡萄糖酸锌含量时，终点应是纯蓝色。

七、思　考　题

(1) 查阅有关资料，了解微量元素锌与人体健康的关系。

(2) 反应为何在 90℃恒温水浴中进行？

(3) 葡萄糖酸锌可以用哪几种方法结晶？

（程向晖）

实验十四　五水合硫酸铜的制备

一、目 标 要 求

(1) 学习以废铜和工业硫酸为主要原料制备 $CuSO_4 \cdot 5H_2O$ 的原理和方法。

(2) 掌握并巩固无机制备过程中灼烧、水浴加热、减压过滤、结晶等基本操作。

二 、预 习 内 容

(1) 制备硫酸铜的方法。

(2) 减压过滤、结晶的基本操作。

三、实 验 原 理

$CuSO_4 \cdot 5H_2O$ 易溶于水，难溶于无水乙醇，加热时失水。

$CuSO_4 \cdot 5H_2O$ 的生产方法有多种，如电解液法、氧化铜法。本实验选择以废铜和工业硫酸为主要原料制备 $CuSO_4 \cdot 5H_2O$ 的方法，先将铜粉灼烧成氧化铜，然后再将氧化铜溶于适当浓度的硫酸中。反应如下：

$$2Cu + O_2 \longrightarrow 2CuO（黑色）$$

（反应在灼烧下进行）

$$CuO + H_2SO_4 \longrightarrow CuSO_4 + H_2O$$

由于废铜和工业硫酸不纯，制得的溶液中除生成硫酸铜外，还含有其他一些可溶性或不溶性的杂质。不溶性杂质在过滤时可除去，可溶性杂质 Fe^{2+}和 Fe^{3+}，一般需用氧化剂(如 H_2O_2)将 Fe^{2+}氧化为 Fe^{3+}，然后调节 pH，并控制至 3 左右(注意不要使溶液的 pH≥4，若 pH 过大，会析出碱式硫酸铜的沉淀)，再加热煮沸，使 Fe^{3+} 水解成为 $Fe(OH)_3$ 沉淀而除去。反应如下：

$2Fe^{2+} + 2H^+ + H_2O_2 \longrightarrow 2Fe^{3+} + 2H_2O$（反应在 pH=3 下进行）

$Fe^{3+} + 3H_2O \longrightarrow Fe(OH)_3\downarrow + 3H^+$

（反应在加热下进行）

将除去杂质的 $CuSO_4$ 溶液进行蒸发，冷却结晶，减压过滤后得到蓝色 $CuSO_4 \cdot 5H_2O$。

四、实验仪器与药品

1. 仪器 台秤，酒精灯，瓷坩埚，泥三角，铁架台，布氏漏斗，吸滤瓶，烧杯，点滴板，玻璃棒，量筒，蒸发皿，滤纸，pH 试纸。

2. 药品 铜粉，$3mol \cdot L^{-1} H_2SO_4$，3% H_2O_2，$0.1mol \cdot L^{-1}$ $K_3[Fe(CN)_6]$，$Cu(NO_3)_2$。

五、实验内容与方法

（一）氧化铜的制备

（1）把洗净的瓷坩埚经充分灼烧干燥并冷却后，在台秤上称取 3.0g 废铜粉放入其内。

（2）将坩埚置于泥三角上，用酒精灯小火微热，使坩埚均匀受热，待铜粉干燥后，加大火焰用高温灼烧，并不断搅拌，搅拌时必须用坩埚钳夹住坩埚，以免打翻坩埚或使坩埚从泥三角上掉落。灼烧至铜粉完全转化为黑色 CuO（约 20min），停止加热并冷却至室温。

（二）粗 $CuSO_4$ 溶液的制备

将冷却后的 CuO 倒入 100ml 小烧杯中，加入 18ml $3mol \cdot L^{-1}$ H_2SO_4（工业纯），微热使之溶解。

（三）$CuSO_4$ 溶液的精制

（1）在粗 $CuSO_4$ 溶液中，滴加 2ml 3% H_2O_2，将溶液加热，检验溶液中是否还存在 Fe^{2+}（如何检验？）。

（2）当 Fe^{2+} 完全氧化后，慢慢加入 $Cu(NO_3)_2$ 粉末，同时不断搅拌直到溶液 pH=3，在此过程中，要不断地用 pH 试纸测试溶液的 pH，控制溶液 pH=3，再加热至沸（为什么？）趁热减压过滤，将滤液转移至洁净的烧杯中。

（四）$CuSO_4 \cdot 5H_2O$ 晶体的制备

（1）在精制后的 $CuSO_4$ 溶液中，滴加 $3mol \cdot L^{-1} H_2SO_4$ 酸化，调节溶液至 pH=1 后，转移至洁净的蒸发皿中，水浴加热蒸发至液面出现晶膜时停止。

（2）在室温下冷却至晶体析出。

（3）减压过滤，晶体用滤纸吸干后，称重。计算产率。

（五）实验结果的记录与处理

1. $CuSO_4 \cdot 5H_2O$ 的制备流程

铜粉质量________g，灼烧________min，得________，加入 18ml $3mol \cdot L^{-1}$ H_2SO_4 得________，加入 H_2O_2 除去________，加入 $CuCO_3$（pH=____________）加热至沸除去________，加入________得产物。

2. 产量及产率计算

$CuSO_4 \cdot 5H_2O$ 理论产量__________ g，$CuSO_4 \cdot 5H_2O$ 实际质量_________ g。

$$产率 = \frac{实际质量}{理论质量} \times 100\%$$

六、注 意 事 项

（1）铜粉必须完全变黑，否则产率过低。

（2）$CuSO_4$ 溶液精制时，控制溶液 pH=3，再加热至沸是为了除去杂质铁。

七、思 考 题

（1）在粗 $CuSO_4$ 溶液中 Fe^{2+} 杂质为什么要氧化为 Fe^{3+} 后再除去？为什么要调节溶液的 pH=3？pH 太大或太小有何影响？

（2）为什么要在精制后的 $CuSO_4$ 溶液中调节 pH=1 使溶液呈强酸性？

（3）蒸发、结晶制备 $CuSO_4 \cdot 5H_2O$ 时，为什么刚出现晶膜即停止加热而不能将溶液蒸干？

（4）如何清洗坩埚中的残余物 Cu 和 CuO 等？

(5)本实验的重要操作有哪些?

（程向晖）

实验十五　三草酸合铁(Ⅲ)酸钾的制备

一、目标要求

(1)熟练掌握溶解、加热、洗涤和减压过滤等基本操作。

(2)掌握三水合三草酸合铁(Ⅲ)酸钾的制备原理及过程。

(3)加深对铁(Ⅲ)和铁(Ⅱ)化合物性质的了解。

二、预习内容

(1)配合物的命名、制备、定性、化学分析。

(2)洗涤、减压过滤实验操作。

三、实验原理

三草酸合铁(Ⅲ)酸钾(含三个结晶水)为翠绿色的单斜晶体，易溶于水(溶解度：0℃，4.7g/100g；100℃，117.7g/100g)，难溶于乙醇。110℃下可失去全部结晶水，230℃时分解。此配合物对光敏感，受光照射分解变为黄色。因其具有光敏性，所以常用来作为化学光量计。另外它是制备某些活性铁催化剂的主要原料，也是一些有机反应良好的催化剂，在工业上具有一定的应用价值。其合成工艺路线有多种，本实验采用的方法是以硫酸亚铁铵为原料，与草酸在酸性溶液中先制得草酸亚铁沉淀，然后再用草酸亚铁在草酸钾和草酸的存在下，以过氧化氢为氧化剂，得到铁(Ⅲ)草酸配合物。主要反应为：

$$(NH_4)_2Fe(SO_4)_2 + H_2C_2O_4 + 2H_2O = FeC_2O_4 \cdot 2H_2O\downarrow + (NH_4)_2SO_4 + H_2SO_4$$

$$2FeC_2O_4 \cdot 2H_2O + H_2O_2 + 3K_2C_2O_4 + H_2C_2O_4 = 2K_3[Fe(C_2O_4)_3] \cdot 3H_2O$$

改变溶剂极性并加少量盐析剂，可析出绿色单斜晶体三草酸合铁(Ⅲ)酸钾，通过化学分析确定配离子的组成。

四、实验药品与仪器

1. 仪器　烧杯、量筒、表面皿、恒温水浴槽、台秤、电热干燥箱、循环泵、吸滤瓶，布氏漏斗。

2. 药品　$(NH_4)_2Fe(SO_4)_2 \cdot 6H_2O$(A.R.)、$H_2SO_4$、$H_2C_2O_4 \cdot 2H_2O$(A.R.)、$K_2C_2O_4$(饱和)、$H_2O_2$(6%)、KCl、$KNO_3$，乙醇(95%)、乙醇丙酮混合液(1∶1)、KSCN、$FeCl_3$、$CaCl_2$。

五、实验内容与方法

(一)制取 $FeC_2O_4 \cdot 2H_2O$

(1)称取 5g 硫酸亚铁铵固体放入 250ml 烧杯中，然后加入 15ml 蒸馏水和 5～6 滴 13 $mol \cdot L^{-1}$ H_2SO_4，加热溶解。

(2)再加入 25ml 饱和草酸溶液，加热搅拌至沸，然后迅速搅拌片刻，防止飞溅。停止加热，静置。

(3)待黄色晶体 $FeC_2O_4 \cdot 2H_2O$ 沉淀后倾析，弃去上层清液，加入 20 ml 蒸馏水洗涤晶体，搅拌并温热，静置，弃去上层清液，即得黄色晶体草酸亚铁。

(二)制备 $K_3[Fe(C_2O_4)_3] \cdot 3H_2O$

(1)在草酸亚铁沉淀中，加入饱和 $K_2C_2O_4$ 10ml，水浴加热至 40℃。

(2)恒温下慢慢滴加 3% H_2O_2 20ml，沉淀转为绿色。边加边搅拌，加完后将溶液加热至沸。

(3)加入 20 ml 饱和草酸溶液，沉淀立即溶解，溶液转为绿色。趁热过滤。

(4)滤液转入 100ml 烧杯中，加乙醇-丙酮 25ml，混匀后冷却，可以看到烧杯底部有晶体析出。为了加快结晶速度，可往其中滴加几滴 KNO_3 溶液。晶体完全析出后，抽滤，用乙醇-丙酮的混合液 10ml 淋洗滤饼，抽干混合液。固体产品称重，计算产率。

（三）产物的定性分析

1. 检测 Fe^{3+} 在试管中取少量产物加蒸馏水溶解，另取一支试管加入少量的 $FeCl_3$ 溶液，各加 3 $mol\cdot L^{-1}$ 的 KSCN 1 滴，观察现象。在装有产物溶液的试管中加入 5 滴 3 $mol\cdot L^{-1}$ 的 H_2SO_4，再观察溶液颜色有何变化，解释实验现象。

2. 检测 $C_2O_4^{2-}$ 在试管中加入少量产物，加蒸馏水溶解，另取一试管加入少量 $K_2C_2O_4$ 溶液，各加入 1 $mol\cdot L^{-1}$ $CaCl_2$ 1 滴，观察现象有何不同。

3. 监测 K^+ 试管中加入少量产物，加蒸馏水溶解，另取一试管加入少量 $K_2C_2O_4$ 溶液，各加入 1$mol\cdot L^{-1}$ 亚硝酸钴钠 1～2 滴，观察现象有何不同。

（四）实验结果的记录与处理

1. 产量及产率计算

$K_3[Fe(C_2O_4)_3]\cdot 3H_2O$ 理论产量_______ g，

$K_3[Fe(C_2O_4)_3]\cdot 3H_2$ 实际质量_______ g。

$$产率=\frac{实际质量}{理论质量}\times 100\%$$

2. 产物的定性分析

产物含有________

六、思 考 题

（1）能否用硫酸亚铁代替硫酸亚铁铵来合成三草酸合铁（Ⅲ）酸钾？这时可用 HNO_3 代替 H_2O_2 作氧化剂，写出用 HNO_3 作氧化剂的主要反应式。你认为用哪个作氧化剂较好？为什么？

（2）根据三草酸合铁酸钾的制备过程及它的 TG 曲线，你认为该化合物应如何保存？

（3）请说明三草酸合铁（Ⅲ）酸钾在医药行业有哪些应用？

（4）三草酸合铁（Ⅲ）酸钾见光易分解，应如何保存？

（5）影响三草酸合铁（Ⅲ）酸钾产量的因素有哪些？

（程向晖）

实验十六 电极电势的测定

一、目 标 要 求

（1）加深对电极电势概念的理解。

（2）测定不同电极的电极电势。

（3）进一步熟悉酸度计的使用。

二、预 习 内 容

（1）原电池、电极电势，影响电极电势的因素。标准氢电极、参比电极（饱和甘汞电极）。

（2）强电解质溶液概念、理论及应用。

（3）酸度计的使用方法。

三、实 验 原 理

电极电势是指某电对构成的电极以标准氢电极为基准而得出的该电极的相对平衡电势。将待测电极与标准氢电极（或其他参比电极）组成原电池，原电池的电动势 E 为

$$E=E_{+}-E_{-}$$

由于标准氢电极（或其他参比电极）电势是已知的，因而当测得原电池的电动势时，即可求得待测电极的电极电势。再根据 Nernst 方程式求出该待测电极的标准电极电势

$$E(待测)=E^{\ominus}(待测)+\frac{RT}{nF}\ln\frac{a(氧化态)}{a(还原态)}$$

式中：R 为摩尔气体常量；F 为法拉第常量（96485C $\cdot mol^{-1}$）；T 为热力学温度；n 为电极反应得失电子数；a（氧化态）和 a（还原态）分别为电极反应中氧化态物质和还原态物质的活度。活度 a 与实际浓度 c 之间的关系式为

$$a_i=\gamma_i c_i$$

式中：γ_i 为活度系数。$ZnSO_4$、$CuSO_4$ 溶液的 γ 值见表 3-7。

表 3-7　$ZnSO_4$ 和 $CuSO_4$ 不同浓度时的活度系数

浓度/($mol \cdot L^{-1}$) / γ	0.10	0.20	0.40	0.50	0.80	1.00
$CuSO_4$	0.150	0.104	0.071	0.061	0.048	0.043
$ZnSO_4$	0.150	0.104	0.071	0.061	0.048	0.043

在实际测定电极电势时，由于标准氢电极使用条件要求很严，应用不太方便，因此一般采用另外一些制备简单、易于复制、操作容易、电势稳定的电极作参比电极代替标准氢电极。常用的参比电极是饱和甘汞电极，电极反应为

$$Hg_2Cl_2(s) + 2e \longrightarrow 2Hg(l) + 2Cl^-(aq)$$

$$E(Hg_2Cl_2/Hg) = E^{\ominus}(Hg_2Cl_2/Hg) + \frac{RT}{nF}\ln a(Cl^-)$$

从式中可看出，$E(Hg_2Cl_2/Hg)$ 与 $a(Cl^-)$ 和温度有关。当 KCl 为饱和溶液时，温度对电极电势影响的关系为

$$E(Hg_2Cl_2/Hg)=0.2415-7.6\times10^{-4}(t-25)\,[V]$$

式中：t 为测量温度。

对于原电池电动势的测定，一般不能直接用伏特计进行精确测量。这是因为当伏特计与原电池接通时，原电池中就会发生氧化还原反应而产生电流；由于反应不断进行，原电池中溶液的浓度将会随之不断改变，原电池的电动势不能保持稳定，将相应地有所降低。另一方面，原电池本身存在内电阻和电极极化等因素，用伏特计测得的电压，只是原电池电动势的一部分(即外电路的电压降)，而不是该电池的电动势。对于原电池电动势的精确测量可使用电势差计(对消法或补偿法)。即用一个方向相反的可调节的工作电池与待测原电池并联相接，以对抗待测原电池的电动势，调节工作电池，当外电路上 I=0 时，工作电池测量出反向电压的数值，即为被测原电池的电动势。

酸度计实际上是高阻抗输入毫伏计，当实验要求精确程度不高或只是为了比较的情况下，可以用酸度计测量原电池的电动势。

四、实验仪器与药品

1. 仪器　酸度计，饱和甘汞电极，接线柱，100ml 烧杯 5 个，50.00ml 容量瓶 2 个，10.00ml 吸量管，盐桥(含有琼脂及饱和 KCl 溶液的 U 形管)，砂纸，滤纸，导线。

2. 药品　$CuSO_4$(0.500$mol \cdot L^{-1}$)，$ZnSO_4$(0.500$mol \cdot L^{-1}$)，KCl(饱和溶液)铜片，锌片。

五、实验内容与方法

1. 溶液配制　用实验室提供的 0.500$mol \cdot L^{-1}$ $CuSO_4$ 溶液及 0.500$mol \cdot L^{-1}$ $ZnSO_4$ 溶液配制 0.100$mol \cdot L^{-1}$ $CuSO_4$ 溶液及 0.100$mol \cdot L^{-1}$ $ZnSO_4$ 溶液各 50ml(精确配制)。

2. 电极的活化　将铜片、锌片、导线接头用砂纸打磨除去氧化层，然后用滤纸擦干备用。

3. 原电池装置的组合　在 100ml 烧杯中加入约 50ml 0.100$mol \cdot L^{-1}$ $CuSO_4$ 溶液，在另一烧杯中加入约 50ml 饱和 KCl 溶液，分别将铜片和饱和甘汞电极插入相应的 $CuSO_4$ 溶液和 KCl 溶液中，并用盐桥连接两电极构成下列原电池(1)。同样方法构成原电池(2)～(4)，其原电池符号如下：

(1) (−) Pt | Hg(l) Hg_2Cl_2(s) | KCl(饱和) ‖ 0.100$mol \cdot L^{-1}$ $CuSO_4$(0.100$mol \cdot L^{-1}$) | Cu(+)

(2) (−)Pt | Hg(l) Hg_2Cl_2(s) | KCl(饱和) ‖ 0.100$mol \cdot L^{-1}$ $CuSO_4$(0.500$mol \cdot L^{-1}$) | Cu(+)

(3) (−)Zn | 0.100$mol \cdot L^{-1}$$ZnSO_4$ (0.500$mol \cdot L^{-1}$) ‖ KCl(饱和) | Hg(l) Hg_2Cl_2(s) | Pt(+)

(4) (−) Zn | 0.500$mol \cdot L^{-1}$$ZnSO_4$(0.500$mol \cdot L^{-1}$) ‖ KCl(饱和) | Hg(l) Hg_2Cl_2(s) | Pt(+)

4. 原电池电动势的测定　将组装好的

原电池装置中参比电极与酸度计的参比电极接线柱相连，将待测电极与测量接线柱相连，按照酸度计测电动势的方法测定原电池(1)～(4)的电动势并记录。

5. 数据记录及结果处理

室温________℃。

$E(Hg_2Cl_2/Hg)=0.2415-7.6\times10^{-4}(-25)$ V。

$E(Hg_2Cl_2/Hg)=$____V。

原电池编号	E/mV	E/V	γ	$E(m^{2+}/M)$/V	$E^\ominus(m^{2+}/M)$/V
(1)					
(2)					
(3)					
(4)					

六、注意事项

由于酸度计作为伏特计使用时，其接线柱是固定专用的，所以原电池中的参比电极作正、负极均接在参比接线柱上。当参比电极作为负极时，所测定的电动势为正值，参比电极作为正极时，所测得的电动势为负值，说明原电池正、负极接反了，但又无法调换两接头，所以记录时应去掉符号记正值。

七、思考题

(1)为什么用饱和甘汞电极代替标准氢电极?

(2)盐桥的作用是什么？是否可以不用?

(3)测量原电池电动势时，如果正、负极接反了将会出现什么现象？为什么？如何处理?

(4)测定原电池电动势前，如何对电极进行活化处理?

(5)计算标准电极电势时，为什么不能直接将所测溶液的浓度代入Nernst方程式计算?

(6)为什么直接用伏特计不能精确测量原电池的电动势?

（何 鑫）

实验十七 缓冲溶液缓冲容量的测定

一、目标要求

(1)加深对缓冲容量的理解。

(2)测定不同缓冲溶液的缓冲容量。

(3)熟悉酸度计的使用。

二、预习内容

(1)缓冲溶液的概念、缓冲机理；缓冲溶液pH计算；缓冲容量的概念及影响缓冲容量的因素。

(2)酸度计的使用方法；复合电极的使用方法。

(3)移液管、容量瓶的使用。

三、实验原理

任何缓冲溶液的缓冲能力都是有限度的。如果缓冲溶液的浓度太小，当溶液稀释的倍数太大，或加入的强酸(或强碱)的量也太大时，溶液的pH就会发生较大的变化，而失去缓冲能力。缓冲能力的大小常以缓冲容量β来量度，其定义为

$$\beta=\frac{dc_B}{dpH}=\frac{-dc_A}{dpH}$$

或

$$\beta=\frac{\Delta c_B}{\Delta pH}=\frac{-\Delta c_A}{\Delta pH}$$

式中：β为缓冲容量，表示在1L溶液中pH增加一个单位时所需强碱的物质的量(dc_B或Δc_B)，或降低一个pH单位所需强酸的物质的量(dc_A或Δc_A)。因强酸使pH降低，故应加“–”，以使β为正值。β值越大，则缓冲溶液的缓冲能力越强。c_B、c_A分别为加入强碱或强酸后在混合溶液中的物质的量浓度。

四、实验仪器与药品

1. 仪器　酸度计，复合电极，移液管（20.00ml），容量瓶（100ml），吸量管（10.00 ml、1.00 ml），烧杯（50 ml、5 只）。

2. 药品　HAc（0.10 mol · L^{-1} 、0.50 mol · L^{-1}），NaAc（0.10 mol · L^{-1}、0.50 mol · L^{-1}），NaOH（1.00 mol · L^{-1}），HCl（1.00 mol · L^{-1}）。

五、实验内容与方法

（1）用洗净的吸量管按表 3-8 中实验编号 1 所示体积分别吸取 0.50 mol · L^{-1} HAc 和 0.50 mol · L^{-1} NaAc 溶液依次加入到 100ml 容量瓶中，并稀释至刻度，摇匀待用。用同样的方法配制 2～5 号缓冲溶液。

表 3-8　配制不同浓度的缓冲溶液

实验编号	缓冲溶液			
	0.50 mol · L^{-1} HAc/ml	0.50 mol · L^{-1} NaAc/ml	0.10 mol · L^{-1} HAc/ml	0.10 mol · L^{-1} NaAc/ml
1	2.50	7.50		
2	5.00	5.00		
3	7.50	2.50		
4			7.50	2.50
5			3.00	1.00

（2）用移液管量取 25.00ml 编号为 1 的缓冲溶液移入 50ml 干燥的烧杯中，用酸度计测量其 pH，记录数据。然后用 1.00ml 的吸量管量取 1.00 mol · L^{-1} HCl 或 1.00mol · L^{-1} NaOH 溶液 0.050ml 于上述缓冲溶液中摇匀，待平衡后，重新测定其 pH，并记录数据。如此重复 3 次，每次加 1.00 mol · L^{-1} HCl 或 1.00 mol · L^{-1} NaOH 溶液 0.050ml，摇匀，重新测定其 pH，记录数据。测量完毕后，将烧杯移出，用蒸馏水冲洗复合电极，用滤纸吸干电极上的余水。

同样量取 2、3、4、5 号缓冲溶液各 25.00ml 于 4 只干燥的 50ml 烧杯中重复 1 号缓冲溶液的操作，并记录数据。

（3）取 2 份 25.00ml 蒸馏水测定其 pH，然后一份加入 0.050ml 1.00 mol · L^{-1}HCl，另一份加入 0.050ml 1.00 mol · L^{-1}摇匀，测定其 pH，并与上述缓冲溶液进行比较（只做一份即可）。

（4）实验结果的记录与处理

1）数据记录与计算

实验编号		1	2	3	4	5	H_2O
pH 理论值							
pH 实验值							
每加入 0.050ml 1.00 mol · L^{-1} HCl（或 NaOH）后溶液的 pH	(1)						
	(2)						
	(3)						
	(4)						
ΔpH/0.050ml（平均值）							
β/（mol · L^{-1}）							

2）实验结果

缓冲能力最大的是________，其溶液的 c_a/c_s= ________。

3 号与 4 号缓冲溶液比较，c_a/c_s 相同，$\beta_3>\beta_4$ 的原因是________。

5 号缓冲溶液无缓冲能力，其原因是________。

六、注 意 事 项

（1）本实验中每次用 1.00ml 的吸量管加 0.050ml 的 HCl 或 0.050ml 的 NaOH 是比较难把握的，有条件可改用微量滴定管加入或微量加样器加入。也可以使用固定滴管，先将滴管取满溶液，然后在 10ml 量筒中逐滴加入至 3.0ml，记下滴数，推算出每滴相当于多少毫升，每次只要平行加入即可，计算 β 值时，代入所测得体积数即可。

(2) β 值的计算示例

以 pH=10.00 的某缓冲溶液为例，若每加入 0.050ml 1.00 $mol \cdot L^{-1}$ NaOH 时，使 pH 平均改变了 0.20 单位，即 $\Delta pH/0.05ml=0.20$，则

$$\beta=\frac{0.050\times1.00}{25.00+1.00}/0.2=1.0\times10^{-2}\,mol\cdot L^{-1}$$

结果表明，要使上述缓冲溶液的 pH 增加 1 个单位，所加入的 NaOH(s) 物质的量为每升 0.01mol。

七、思考题

(1) 缓冲溶液的 pH 的实验值为什么与理论值有一定的偏差?

(2) 缓冲溶液缓冲容量的大小主要取决于哪些因素?

(3) 使用复合电极时应注意什么?

(4) 为什么缓冲溶液具有缓冲能力?

(5) 缓冲溶液与非缓冲溶液有何不同?

(何　鑫)

实验十八　铁氧体法处理含铬废水

一、目标要求

(1) 学会含铬废水的测定方法。

(2) 掌握用铁氧体法处理含铬废水。

(3) 了解废水排放国家标准。

二、预习内容

(1) 单质铬、铁及其化合物的性质。

(2) 试样中 Cr(Ⅵ) 含量的测定方法。

(3) Cr(Ⅵ)、Cr(Ⅲ) 的毒性，国家允许排放含 Cr(Ⅵ)、Cr(Ⅲ) 废水的标准。

(4) 铁氧体法处理含铬废水的原理。

三、实验原理

铬是高毒性元素之一，废水中的铬以六价($Cr_2O_7^{2-}$ 或 $Cr_2O_4^{2-}$)或三价形式存在。其中 Cr(Ⅵ) 的毒性最大，对皮肤有刺激，可致皮肤溃烂，进入呼吸道会引起发炎或溃疡，饮用了含 Cr(Ⅵ) 的废水会导致贫血、神经炎等，Cr(Ⅵ) 还是一种致癌物质。所以国家规定废水中 Cr(Ⅵ) 的排放标准应小于 0.5mg $\cdot L^{-1}$; Cr(Ⅲ) 的毒性为 Cr(Ⅵ) 的 1/100。因此含铬废水处理的基本原则是先将 Cr(Ⅵ) 还原为 Cr(Ⅲ)，然后尽可能将 Cr(Ⅲ) 除去。

处理含铬废水的方法很多，如离子交换法、电解法、电渗法、化学还原法。化学还原法简单易行，设备投资小，它又可分为铁粉还原法、铁氧体法等。本实验采用铁氧体法，铁氧体法处理含铬废水的基本原理是：在含铬废水中，加入过量的硫酸亚铁溶液，使其中的 Cr(Ⅵ) 和亚铁离子发生氧化还原反应，在酸性条件下：

$$Cr_2O_7^{2-} + 6Fe^{2+} + 14H^+ \longrightarrow 2Cr^{3+} + 6Fe^{3+} + 7H_2O$$

$$HCrO_4^- + 3Fe^{2+} + 7H^+ \longrightarrow Cr^{3+} + 3Fe^{3+} + 4H_2O$$

再调节 pH =8～10，控制适宜温度，使 Cr^{3+}、Fe^{3+}、Fe^{2+} 转变为沉淀：

$$Fe^{3+} + 3OH^- \longrightarrow Fe(OH)_3\downarrow$$

$$Fe^{2+} + 2OH^- \longrightarrow Fe(OH)_2\downarrow$$

$$Cr^{3+} + 3OH^- \longrightarrow Cr(OH)_3\downarrow$$

再加入少量 H_2O_2 使 Fe^{2+} 氧化成 Fe^{3+}，当 $Fe(OH)_2$ 沉淀和 $Fe(OH)_3$ 沉淀两者的量在 1∶2 左右时，可生成 $Fe_3O_4\cdot xH_2O$ 的磁性氧化铁（铁氧体），其组成也可写作 $Fe^{3+}[Fe^{2+}Fe^{3+}O_4]\ xH_2O$，其中部分 Fe^{3+} 可被 Cr^{3+} 取代，使 Cr^{3+} 成为铁氧体的组分而沉淀出来，其反应为

$$Cr^{3+}、Fe^{3+}、Fe^{2+} + OH^- \longrightarrow Fe^{3+}[Fe^{2+}Fe^{3+}{}_{(1-x)}Cr^{3+}{}_x]O_4\cdot xH_2O$$

式中：x 在 0～1 之间。

含铬的铁氧体是一种磁性材料，可以应用在电子工业上。

处理后的废水中的 Cr(Ⅵ)可与二苯基碳酰二肼作用产生红紫色配合物，根据颜色的深浅进行分光光度法测定，即可测定废水中的残留 Cr(Ⅵ)含量。

四、实验内容与方法

（一）含铬废水中 Cr(Ⅵ)的含量测定

(1)量取 25.00ml 含铬废水于锥形瓶中，依次加入 10ml H_2SO_4-H_3PO_4 混合酸、30ml 蒸馏水和 4 滴二苯胺磺酸钠指示剂，摇匀。

(2)用标准 $(NH_4)_2Fe(SO_4)$ 溶液滴定至溶液刚由红色变到绿色时止，即达终点。重复测定两次。然后根据有关反应式的定量关系求得废水中 $Cr_2O_7^{2-}$ 的平均浓度。

（二）含铬废水的处理

(1)Cr(Ⅵ)的还原　取 100ml 含铬废水于 250ml 烧杯中。按上述测定结果，求得废水中所含 $Cr_2O_7^{2-}$ 的质量。再估算所需 $FeSO_4·7H_2O(s)$ 的质量为 $Cr_2O_7^{2-}$ 质量的 30 倍。称量 $FeSO_4·7H_2O(s)$ 后加入含铬废水中，不断搅拌。待晶体溶解后，逐滴加入 $3mol·L^{-1}H_2SO_4$ 溶液，直至 pH=1～2，溶液由黄色变到绿色时为止。

(2)$M(OH)_n$ 沉淀的形成　往上述溶液中再逐滴加入 $6mol·L^{-1}NaOH$ 溶液，调节溶液的 pH=8～9。然后将溶液加热至 70℃左右，在搅拌下加入 8～10 滴 3%的 H_2O_2 溶液。冷却静置，形成的 $M(OH)_n$ 由墨绿色转化为红棕色沉淀。

(3)铁氧体的形成　将上述沉淀与上层溶液分离，用蒸馏水洗涤沉淀数次，然后将沉淀转移至蒸发皿中，小火蒸干，得到黑色铁氧体，用磁铁检查磁性。

（三）处理后水中残留 Cr(Ⅵ)的含量测定

(1)Cr(Ⅵ)标准溶液的配制：准确量取 10.00ml Cr(Ⅵ)储备液 $(0.1mg·ml^{-1})$ 于 100ml 容量瓶中，用蒸馏水稀释到刻度，此标准溶液含 Cr(Ⅵ)$0.01mg·ml^{-1}$。

(2)标准曲线的绘制：取六只 50ml 容量瓶，分别取上述标准溶液 0.00ml、1.00ml、2.00ml、3.00ml、4.00ml、5.00ml，再分别加入 35ml 蒸馏水和 2.5ml 二苯碳酰肼溶液，然后稀释至刻度，摇匀后等待 10min 用 1cm 吸收池，在 540nm 处用分光光度计测定吸光度 *A* 值，并记录数据；以浓度为横坐标，吸光度为纵坐标绘制标准工作曲线。

(3)废水处理后 Cr(Ⅵ)的含量测定　取处理后的废水溶液 25.00ml 于 50.00ml 容量瓶中，加入 2.5ml 二苯碳酰肼溶液，然后用蒸馏水稀释至刻度，摇匀后，等待 10min 用 1cm 吸收池，在 540nm 处用分光光度计测定吸光度 *A* 值，并记录数据；根据所测吸光度 *A* 值在工作曲线上的位置，查出对应 Cr(Ⅵ)的含量，再用下式计算原处理过的废水中 Cr(Ⅵ)的含量

Cr(Ⅵ)的含量=1000c/25$(mg·L^{-1})$

式中：*c* 为在标准曲线上查得的 Cr(Ⅵ)的含量；25 为所取试样的体积数(ml)。

（四）实验结果的记录与处理

学生自行设计实验报告格式并进行数据记录、数据处理并作出结论。

五、注 意 事 项

在进行处理后水中残留 Cr(Ⅵ)的含量测定时，标准溶液与测定溶液同时配好进行测定。

六、思　考　题

(1)铁氧体是什么？

(2)Cr(Ⅵ)对人体有哪些危害？

(3)国家对饮用水中含 Cr(Ⅵ)的标准是多少？

(4)你能总结测定含铬废水中 Cr(Ⅵ)含量的原理和方法吗？

(5)在含铬 Cr(Ⅵ)废水中加入 $FeSO_4$ 后，为什么要调节 pH≈2？为什么又要加入 NaOH 调节 pH=7～8？为什么还要加入 H_2O_2？在这些过程中，发生了什么反应？

（何　鑫）

第四章　分析化学实验

实验一　分析化学实验基本知识

一、目 标 要 求

(1) 加深学生对分析化学基本概念和基本理论的理解。

(2) 正确熟练地掌握化学分析的基本操作，学习并掌握典型的分析方法。

(3) 学会正确合理地选择实验条件和实验仪器，正确处理实验数据，以保证实验结果准确可靠。

(4) 培养学生良好的实验习惯，实事求是的科学态度，严谨细致的工作作风和坚持不懈的科学品质。

二、预 习 内 容

（一）分析化学实验用水

分析化学实验一般要求使用纯净的水，分析任务和要求不同，对水的纯度要求也不同。国家标准（GB/T6682-92）规定了分析实验用水的级别、技术指标、制备方法及检验方法。

1. 实验室用水的规格　实验室用水的规格见表 4-1。

表 4-1　实验室用水规格

指标名称	一级	二级	三级
pH 范围（25℃）	—	—	5.0～7.5
电导率（25℃，$mS \cdot m^{-1}$）	≤0.01	≤0.10	≤0.50
吸光度（254nm，1cm 光程）	≤0.001	≤0.01	—
可氧化物的限度实验	—	符合	符合
二氧化硅（$mg \cdot L^{-1}$）	≤0.02	≤0.05	—

注：①由于难于测定高纯水的 pH，即使测得也往往失去真实性，因此，不规定一级水和二级水的 pH；②一、二级水的电导率必须“在线”测量。

2. 纯水的检验方法　国家标准（GB/T 6682-92）规定了分析实验用水的技术指标，主要有 pH 范围、电导率、可氧化物值、吸光度及可溶性硅等，其检验方法有物理方法和化学方法，其中电导率是纯水质量的综合指标，所以一般分析实验室通过测定纯水的电导率或电阻率，来评价纯水的质量。

3. 纯水的制备方法　制备纯水的方法有蒸馏法、离子交换法、电渗析法、超滤技术及微孔过滤等方法。目前国内外厂商先后推出多种纯水、超纯水设备供选用，这些设备整合了离子交换法、电渗析法、超滤和超纯去离子技术，能达到分析化学实验对水纯度的要求。三级水可用上述几种方法制备，二级水可用多次蒸馏或离子交换法制取，一级水可用二级水经石英蒸馏器蒸馏或阴、阳离子混合床处理后，再经 0.2μm 微孔滤膜过滤制取。

4. 纯水的合理选用　分析实验所用纯水来之不易，并且难以存放。因此，在保证实验要求的前提下，要节约用水。水的纯度越高，成本越高，越难于保存，因为纯水在储存和与空气接触的过程中，由于容器材料中可溶性杂质的引入和吸收空气中的二氧化碳等杂质，水的纯度降低，电导率增大。一级水应存放于聚乙烯瓶或石英容器中，临用前制备，主要用于超痕量分析及对微粒有要求的实验。二级水主要用于仪器分析实验或无机痕量分析。三级水除用于一般化学分析实验外，还可用于制取二级、一级水。

（二）分析化学实验用化学试剂

化学试剂分为一般试剂、标准试剂、高纯试剂和专用试剂。

1. 一般试剂　一般试剂的规格和适用

范围见表 4-2。

表 4-2　一般试剂的规格和适用范围

等级	名称	符号	适用范围	标签颜色
一级	优级纯	G.R.	精密分析实验	绿色
二级	分析纯	A.R.	一般分析实验	红色
三级	化学纯	C.P.	一般化学实验	蓝色
四级	实验试剂	L.R.	纯度低，辅助试剂	棕色等
五级	生物试剂	B.R.或 C.R.		黄色等

2. 标准试剂　用于衡量其他待测物质化学量的标准物质，又称基准试剂。其特点是主体含量高而且准确可靠。容量分析第一基准的主体含量为 100%±0.02%；容量分析工作基准的主体含量为 100%±0.05%。

3. 高纯试剂　杂质含量低于优级纯或基准试剂，其主体含量与优级纯试剂相当，而且规定检测的杂质项目要多于同种的优级纯或基准试剂。它主要用于痕量分析中试样的分解及试液的制备。

4. 专用试剂　具有专门用途的试剂。例如，色谱分析标准试剂、核磁共振分析试剂、光谱纯试剂等。专用试剂的主体含量较高，杂质含量很低，不能作为化学分析中的基准试剂。

（三）滤纸及其使用

1. 滤纸的分类　化学实验中常用的有定量分析滤纸和定性分析滤纸两种，按过滤速度和分离性能的不同，又分为快速、中速和慢速三种。在实验过程中，应当根据沉淀的性质和数量，合理地选用滤纸。

2. 滤纸的规格　我国国家标准 GB1514 和 GB1515 对定量分析滤纸和定性分析滤纸产品的分类、型号和技术指标以及试验方法都有规定，见表 4-3 和表 4-4。定量分析滤纸又称无灰滤纸。以直径为 12.5cm 的滤纸为例，其质量约为 1g，灼烧后其灰分的质量不超过 0.1mg，在重量分析中可以忽略不计。而定性分析滤纸灼烧后有相当的灰分，不适合重量分析。

表 4-3　定量分析滤纸

项目	规定		
	快速 201	中速 202	慢速 203
面质量/($g \cdot m^{-2}$)	80±4.0	80±4.0	80±4.0
分离性能/(沉淀物)	氢氧化铁	碳酸锌	硫酸钡
过滤速度/s	≤30	≤60	≤120
湿耐破度(水柱/mm)	≥120	≥140	≥160
灰分/%	≤0.01	≤0.01	≤0.01
标志(盒外纸条颜色)	白色	蓝色	红色
圆形滤纸直径/mm	55，70，90，110，125，180，230，270		

表 4-4　定性分析滤纸

项目	规定		
	快速 101	中速 102	慢速 103
面质量/($g \cdot m^{-2}$)	80±4.0	80±4.0	80±4.0
分离性能(沉淀物)	氢氧化铁	碳酸锌	硫酸钡
过滤速度/s	≤30	≤60	≤120
灰分/%	≤0.15	≤0.15	≤0.15
含铁量(质量分数)/%	≤0.003	≤0.003	≤0.003
水溶性氯化物/%	≤0.02	≤0.02	≤0.02
标志(盒外纸条颜色)	白色	蓝色	红色
圆形滤纸直径/mm	55，70，90，110，125，180，230，270		
方形滤纸尺寸/(mm×mm)	600×600，300×300		

（四）分析试样的采集与制备

样品是获得分析数据的基础，样品的正确采集非常重要。在采集和制备分析试样的过程中，必须保证所取试样具有代表性，即分析试样能代表整批物料的平均组成，否则，即使分析结果非常准确，也毫无意义，甚至还会导致错误的结论和严重的后果。医学检验和卫生检验的样品种类较多，组成复杂多变，分析的项目也不一样，因此样品的采集方法和技术要求各不相同。

1. 分析试样的采集

(1)气体样品的采集

1)常压下取样：用吸气筒或抽气泵等一般的吸气装置，使盛气瓶产生真空，自由吸入气体试样。

2）气体压力高于常压取样：用球胆、盛气瓶直接盛取试样。

3）气体压力低于常压取样：先将取样器抽成真空，然后再用取样管接通进行取样。

（2）液体样品的采集

1）装在大容器中的液体试样的采集：充分搅拌后，在容器的不同深度和不同部位取样，经混合后供分析使用。

2）密封式容器中的液体试样的采集：从密封式容器中放出试样，弃去开始放出的部分，再采集供分析使用的试样。

3）分装于几个小容器中的同批液体试样的采集：先分别将各容器中的试样摇匀，然后从各容器中取近等量试样于一个试样瓶中，混匀后供分析使用。

4）江、河、湖、水库等表面水样采集：在尽可能背阴的地方，离岸边 1～2m、水面下 20～50cm、水深 0.5m 处采样。

（3）食品

1）液体或半液体样品的采集：如油料、鲜奶、饮料、酒等，充分混匀后用虹吸管或长玻璃管采样。

2）颗粒状样品的采集：如粮食、糖及其他粉末状等，用双套回转取样管，从每批食品的上、中、下三层不同部位分别采集，混合后反复按四分法缩分样品至分析试样。

3）不均匀固体的样品采集：如水果、蔬菜、鱼等，根据检测目的取其有代表性的部分（如根、茎、叶、肌肉等）制成匀浆，再用四分法缩分采样。

4）小包装固体的样品采集：如罐头、腐乳等，应按不同批号随机取样，然后再反复缩分。

（4）生物材料

1）尿样：可根据检测目的采集全日尿（24h 混合尿）、晨尿及某一时间的一次尿。实践证明，有些测定项目晨尿和全日尿无显著性差异，因此，多用晨尿代替全日尿。尿样应采集在聚乙烯或硬质玻璃容器中。

2）血样：根据分析目的及方法的要求，需血量小时采手指或耳垂血，需血量大时采静脉血。血样收集于清洁干燥带盖的聚四氟乙烯、聚乙烯或硬质玻璃瓶中。

3）毛发：应取枕部距头皮 2～5cm 内的发段，取样量约 1～2g。

4）组织：组织主要包括尸检或手术后采集的肝、肾、肺等，取样部位取决于分析目的。尸体组织最好在死后 24～48h 内取样。取样后，样品不经任何洗涤即放入干净的聚乙烯袋内冷冻保存。

2. 分析试样的制备　在一般的分析工作中，除干法分析（如光谱分析、差热分析等）外，通常都用湿法分析，即先将试样分解制成溶液再进行分析。因此试样的分解非常重要，它不仅直接关系到待测组分转变为适合的测定形态，也关系到以后的分离测定。

分解试样的要求：试样分解完全，在分解过程中不引入待测组分，尽可能减少待测组分的损失，所用试剂及反应产物对后续测定无干扰。

在医学检验和卫生检验中，常用过滤法、溶剂提取法、分解法和水解法等来制备分析试样溶液。

（1）过滤法：一般采用 0.45μm 的滤膜过滤，除去水样中各种悬浮物或沉积物，收集滤液供分析用。

（2）溶剂萃取法：又称溶剂提取法，用适当的溶剂浸泡样品，将其中的待测组分全部溶解于溶剂中。根据溶剂不同，又分为以下四种方法（表 4-5）。

表 4-5　溶解法分解试样

提取方法	溶剂	适用对象	实例
水溶法（水浸法）	纯水	样品中的水溶性成分	食品中的色素、水溶性维生素，土壤中的亚硝酸盐等
酸性水溶液浸出法	强酸或弱酸水溶液	在酸性水溶液中溶解度增大且稳定的成分	食品包装中的金属元素，油脂中的金属元素等

续表

提取方法	溶剂	适用对象	实例
碱性水溶液浸出法	强碱或弱碱水溶液	在碱性水溶液中溶解度增大且稳定的成分	酚类、氰化物、两性元素等
有机溶剂浸出法	有机溶剂	易溶于有机溶剂的待测组分	脂溶性维生素，蔬菜、水果中的有机氯农药，食品中的油脂

(3)分解法：分解法是破坏样品中的有机物，使之分解或成气体逸出，将被测物转化为离子状态，故又称无机化处理法，适于测定无机成分。目前常用的分解法有高温灰化法、低温灰化法、湿消化法、微波溶样法等。

1)高温灰化法：将样品粉碎置于坩埚中，先低温干燥碳化，再放入马弗炉在400～500℃进一步灰化，至样品呈白色或灰白色残渣，冷却后用水或稀酸溶解。此法操作简便，空白值低，可同时处理多个样品，但容易造成挥发损失。

2)低温灰化法：是在等离子体低温灰化炉中进行。该法克服了高温灰化的缺点，但仪器设备昂贵，灰化时间长。

3)湿消化法：在加热条件下，利用氧化性的强酸，如浓HNO_3、H_2SO_4、$HClO_4$等氧化分解样品中的有机物。为了加快分解速度，有时加入其他氧化剂如H_2O_2、$KMnO_4$等或催化剂如V_2O_5、$CuSO_4$等。常用的消化试剂见表4-6。

表4-6 常用的消化试剂

消化试剂	适用对象	特点及适用范围
HNO_3-H_2SO_4	生物样品和混浊污水	消化时间长，为3～5h；不适于形成硫酸盐沉淀的样品
HNO_3-$HClO_4$ 或 H_2O_2-$HClO_4$：H_2O_2	适合多数的元素测定	消化时间短，为1～3h；为避免爆炸，消化时先加HNO_3，冷却后再加混合酸继续消化
HNO_3-H_2SO_4-$HClO_4$	有机物含量较高且难以消化的样品	通常先加入HNO_3和H_2SO_4，冷却后再加入$HClO_4$，以防爆炸

4)密闭罐溶样法：把样品放入用四氟乙烯材料作为内衬的密闭罐中，根据样品的情况，加入适量的氧化性强酸、HF或H_2O_2，加盖密封，然后在烘箱中加热消化。该法试剂用量小，空白值低，快速，可避免挥发性元素损失。

5)微波溶样法：是将微波快速加热和密闭罐溶样高温高压特点相结合的一种新型而有效的样品分解技术。微波溶样装置由微波炉、密闭聚四氟乙烯罐组成。该法快速高效，一般3～5min可将样品彻底分解，试剂用量小，空白值低，挥发性元素不损失，可同时处理多个样品，但设备昂贵。

(4)水解法：又称部分分解法，常用酸、碱、酶对样品进行水解，使被测成分释放出来。

三、实验仪器与药品

1. 仪器 50ml酸式滴定管和碱式滴定管，5ml和25ml移液管，250ml锥形瓶，小烧杯，10ml量筒，洗瓶，玻璃棒，胶头滴管，滤纸。

2. 药品 铬酸洗液，合成洗涤剂，凡士林。

四、实验内容与方法

（一）普通玻璃仪器的洗涤

分析化学实验中如果使用的玻璃仪器不干净，就会影响实验结果的准确性，因此在进行实验前，必须把玻璃仪器洗涤干净。一般来说，附着在玻璃仪器上的污物有尘土和其他不溶性物质、有机物质和油垢。且自来水中也含有很多杂质，影响实验的结果。

1. 常用的洗涤剂

(1)铬酸洗液：含有饱和的$K_2Cr_2O_7$的浓H_2SO_4溶液，具有很强的氧化性，适宜洗涤无机物、油污和部分有机物。配制方法是，10g $K_2Cr_2O_7$+20ml热H_2O+200ml浓H_2SO_4。当溶液呈绿色时即已失效。

(2)合成洗涤剂：洗衣粉、洗洁精等，

适用于洗涤油污和某些有机物。

(3) 碱性 $KMnO_4$ 洗液：适用于洗涤油污和某些有机物。配制方法是，4g $KMnO_4$ 溶于少量水中，慢慢加入 100ml 100g · L^{-1} 的 NaOH。

(4) 酸性草酸和盐酸羟胺洗涤液：适用于洗涤氧化性物质，如沾有 $KMnO_4$、MnO_2、Fe^{3+}等的容器。配制方法是，10g 草酸或 1g 盐酸羟胺溶于 100ml 1∶1 的 HCl 溶液中。

(5) 盐酸-乙醇溶液：适用于洗涤被有色物污染的比色皿、容量瓶和吸量管等。配制方法是，盐酸和乙醇按 1∶2 的体积比混合。

(6) 有机溶剂洗涤液：用于洗聚合体、油脂及其他有机物。可直接取丙酮、乙醚、苯使用，或配成 NaOH 的饱和乙醇溶液使用。

2. 常用玻璃器皿的洗涤 见第二章实验一。

（二）容量分析基本仪器及其基本操作

见第二章实验一。

五、定量分析基本操作技术指标

1. 天平称量 从进入天平室开始，在 30min 内完成下述工作：用差减法称量三份样品于锥形瓶中（称量范围在 0.20～0.25g），并记录。

2. 滴定管的准备和使用 15min 内完成下述工作：倒出洗液，洗净一支酸式滴定管，并用自来水、纯水、操作溶液清洗后，装好操作溶液，并调到 0.00ml 刻度或以下。滴定操作达到熟练、准确。

3. 容量瓶的准备和使用 15min 内完成下述工作：将容量瓶洗净，试样在小烧杯中溶解，并定量转移到容量瓶中，加水稀释至刻度线，摇匀。操作达到熟练、准确。

4. 移液管（或吸量管）的准备和使用 10min 内完成下述工作：从容量瓶中用移液管移取三份溶液于锥形瓶中。

5. 标准系列溶液的配制 45min 内完成下述工作：洗净 8 个容量瓶，配制好 8 瓶标准系列浓度的溶液，摇匀。

六、注 意 事 项

(1) 实验中的现象和测量到的数据必须及时记录，记录数据时应有科学严谨的态度，实事求是，绝不允许随意拼凑或伪造数据。

(2) 应有专门的实验记录本，标上页码，不得撕掉其中任何一页。绝不允许将数据记录在单页纸或小纸片上，也不允许随意记录在教材（讲义）或其他任何地方。

(3) 一切数据的准确度都应做到与所用仪器的精密程度及分析的准确度要求相适应。如用分析天平称量时，应记录至 0.0001g；滴定管或移液管的读数应记录至 0.01ml；用分光光度计测量吸光度时，如吸光度值在 0.6 以下，应记录至 0.001，大于 0.6 时，则要求记录至 0.01。

(4) 实验得到的每一个数据，都是测量结果，重复测量时，得到的数据即使完全相同，也应记录。

(5) 实验过程中用到的各种特殊仪器的型号和标准溶液的浓度也应及时记录。

(6) 不得用铅笔记录实验数据，若发现数据记错、算错而需要更正时，可将该数据用一横线划去，并在其右上方写上正确的数据。

七、思 考 题

(1) 铬酸洗液是否可以重复使用，为什么？

(2) 一般分析化学实验应使用什么规格的试剂和什么级别的纯水？

(3) 玻璃仪器洗到什么程度才算洗干净？

(4) 容量瓶和移液管可以烘干吗？

（钮树芳）

实验二　学生设计实验

一、目标要求

(1)掌握定性分析常用的操作技术。

(2)熟悉常见阳离子和阴离子的分析方法。

(3)培养学生分析问题、解决问题的能力。

二、预习内容

常见阳、阴离子的鉴定方法。

三、实验仪器与药品

依据题目，由学生自行设计，领取所需仪器和药品，自行配制试剂使用。

四、设计实验参考题目

(1)通过实验证明某白色固体中(可能含有 Na_2CO_3、$BaCl_2$、$(NH_4)_2SO_4$)一定存在________，肯定不存在________。

(2)通过实验证明某白色固体中(可能含有 Na_2SO_4、NaCl、Na_2CO_3)一定存在________，肯定不存在________。

(3)通过实验证明某白色固体中(可能含有 Na_3PO_4、$BaCl_2$、$NaNO_2$)一定存在________，肯定不存在________。

(4)通过实验证明某白色固体中(可能含有 $Ba(NO_3)_2$、Na_2SO_4、$(NH_4)_2CO_3$)一定存在________，一定不存在________。

(5)通过实验证明某溶液中(可能含有 Ba^{2+}、Na^+、NH_4^+、NO_3^-、Cl^-)一定含有________离子，一定不含有________离子。

(6)通过实验证明某溶液中(可能含有 Na^+、Fe^{3+}、Ba^{2+}、NO_3^-、Cl^-)一定含有________离子，一定不含有________离子。

(7)通过实验证明某溶液中(可能含有 Na^+、NH_4^+、Al^{3+}、Cl^-、SO_4^{2-}、NO_3^-)一定含有________离子，一定不含有________离子。

(8)通过实验证明某溶液中(可能含有 Cu^{2+}、NH_4^+、Na^+、Cl^-、SO_4^{2-})一定含有离子，一定不含有________离子。

五、注意事项

(1)滴加液体试剂要少量。

(2)鉴别固体试剂时要先配制成溶液。

(3)鉴别某种离子是否存在，一定要用其特征反应。

六、思考题

(1)用哪一种试剂能鉴别 NH_4Cl、$(NH_4)_2SO_4$、Na_2SO_4、NaCl 四种溶液？

(2)使用离心机时需注意什么？

(3)如何检出水溶液中的 Cl^-、Br^-、I^-？

附录：常见阳、阴离子的鉴定方法

(一)常见阳离子的鉴定方法

1. Na^+离子的鉴定

(1)原理：绝大多数的钠盐都溶于水，常用于定性检查的沉淀反应是在中性或乙酸酸性溶液中，在 95%乙醇存在下，Na^+能与乙酸铀酰锌 $Zn(Ac)_2 \cdot UO_2(Ac)_2$ 形成黄色结晶状乙酸铀酰锌钠沉淀。

$$Na^+ + Zn^{2+} + 3UO_2^{2+} + 8Ac^- + 9H_2O = NaAc \cdot Zn(OAc)_2 \cdot 3UO_2(Ac)_2 \cdot 9H_2O\downarrow + H^+$$

反应必须在中性或乙酸酸性溶液中进行，强碱强酸均能使沉淀溶解。

(2)操作：取 Na^+试液 1 滴于离心试管中，加 95%乙醇 4 滴和 HAc($2mol \cdot L^{-1}$)1 滴，再加乙酸铀酰锌 4 滴，用玻璃棒摩擦管壁即生成淡黄色结晶状沉淀。

2. NH_4^+的鉴定

(1)原理：碘化汞钾($K_2[HgI_4]$)的碱性溶液，又称奈斯勒(Nessler)试剂，与 NH_4^+ 作用生成棕色的沉淀，NH_4^+量少时只变黄色。

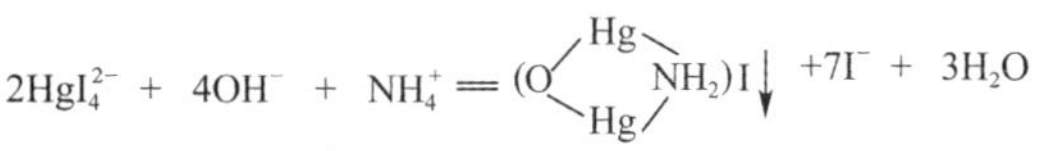

奈斯勒试剂是碱性溶液，如果试剂中存在 Fe^{3+}、Cr^{3+}、Co^{3+}等能生成深色氢氧化物沉淀的阳离子，妨碍 NH_4^+ 的鉴定，此时应使用气室法进行鉴定。

(2)操作：在小表面皿的内侧黏附一条

用奈斯勒试剂湿润过的小滤纸条，将 NH_4^+ 试液 4 滴滴于另一大表面皿中，然后再加 NaOH（6mol · L^{-1}）2 滴，立即将小表面皿盖在大表面皿上做成气室，放在盛有热水（50～70℃）的烧杯（水浴）上加热几分钟，如试纸变为黄棕色，示有 NH_4^+ 存在（图 4-1）。

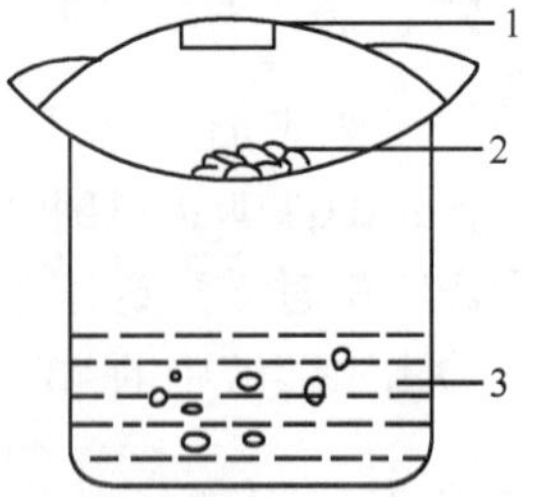

图 4-1　气室

1. 试纸条；2. 试液；3. 水浴

3. Fe^{3+}的鉴定

（1）原理：Fe^{3+}与 KSCN 作用可生成血红色配合物，其组成为$[Fe(SCN)_n]^{3-n}$（n=1～6），此反应不能在碱性溶液中进行。

$$Fe^{3+} + nSCN^- \longrightarrow [Fe(SCN)_n]^{3-n}$$

$$Fe(SCN)_3 + 3OH^- \longrightarrow Fe(OH)_3\downarrow + 3SCN^-$$

（2）操作：取 Fe^{3+}试液 1 滴于点滴板上，加 SCN^-（0.5 mol · L^{-1}）溶液 2 滴，溶液呈血红色。

4. Pb^{2+}的鉴定

（1）原理：Pb^{2+}与 CrO_4^{2-} 作用生成黄色的铬酸铅 $PbCrO_4$ 沉淀，此沉淀易溶于 NaOH，难溶于 HNO_3，不溶于 $NH_3 \cdot H_2O$ 及 HAc 中。

$$Pb^{2+} + CrO_4^{2-} \longrightarrow PbCrO_4\downarrow$$

$$PbCrO_4 + 4OH^- \longrightarrow PbO_2^{2-} + CrO_4^{2-} + 2H_2O$$

（2）操作：取 Pb^{2+}试液 2 滴于点滴板上，加 K_2CrO_4（1%）的溶液 1 滴，则生成黄色沉淀，用滴管将一半沉淀转移到另一孔中，在一份沉淀中加 NaOH（6mol · L^{-1}）3～4 滴，则沉淀溶解，在另一份中加 HNO_3（2mol · L^{-1}）数滴，沉淀不溶解。

5. Cu^{2+}的鉴定

（1）原理：Cu^{2+}与 $K_4[Fe(CN)_6]$在酸性介质中，生成红棕色的沉淀 $Cu_2[Fe(CN)_6]$，该沉淀不溶于稀酸，但能为碱分解而生成 $Cu(OH)_2$ 沉淀。

$$2Cu^{2+} + [Fe(CN)_6]^{4-} \longrightarrow Cu_2[Fe(CN)_6]\downarrow$$

$$Cu_2[Fe(CN)_6] + 4OH^- \longrightarrow 2Cu(OH)_2\downarrow + [Fe(CN)_6]^{4-}$$

通常反应在酸性溶液中进行。

（2）操作：取 Cu^{2+}试液 1～2 滴于离心管中，加 HAc（2mol · L^{-1}）1 滴，再加 $K_4[Fe(CN)_6]$（0.25mol · L^{-1}）溶液 2 滴，则有红棕色沉淀生成示有 Cu^{2+}存在。

6. Ag^+的鉴定

（1）原理：Ag^+与 Cl^-反应生成白色沉淀 AgCl，该沉淀溶于氨水生成$[Ag(NH_3)_2]Cl$ 配合物，后者与 HNO_3 作用又可生成 AgCl 沉淀。

$$Ag^+ + Cl^- \longrightarrow AgCl\downarrow$$

$$AgCl + 2NH_3 \longrightarrow [Ag(NH_3)_2]^+ + Cl^-$$

$$[Ag(NH_3)_2]^+ + Cl^- + 2H^+ \longrightarrow AgCl\downarrow + 2NH_4^+$$

（2）操作：取 Ag^+试液 2 滴于离心管中，加入 HCl（2 mol · L^{-1}）1～2 滴，则生成白色沉淀。离心沉降，弃去上清液，在沉淀中加 $NH_3 \cdot H_2O$（6 mol · L^{-1}）振摇，使沉淀全部溶解，再加 HNO_3（6 mol · L^{-1}）数滴，白色沉淀又出现。

7. Al^{3+}的鉴定

（1）原理：Al^{3+}与铝试剂（金黄色素三羧酸铵盐）在乙酸和乙酸盐的弱酸性溶液中作用，生成红色的内配合物，以氨水碱化后，则得到鲜红色的絮状沉淀。其反应式如下：

在酸性溶液中沉淀出来的 $Al(OH)_3$ 颗粒带正电荷，能吸引带负电荷的铝试剂色素

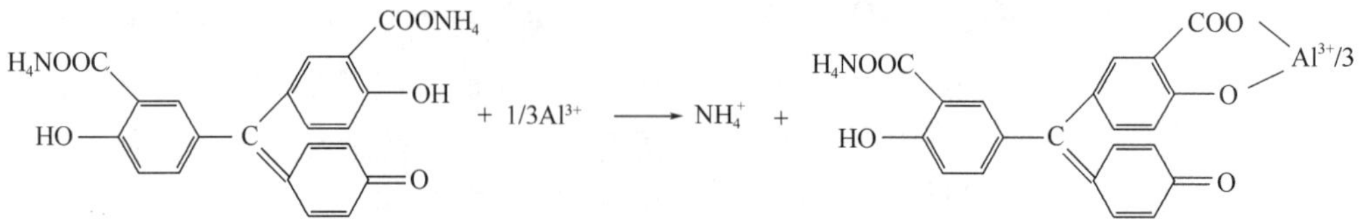

离子形成有色沉淀，在碱性溶液中沉淀出来的 $Al(OH)_3$ 颗粒带负电荷，不能吸引带负电荷的铝试剂色素离子，故不易生成有色沉淀。但是有色沉淀在酸性溶液中形成后，溶液再变成氨碱性也不能再被破坏。加热可以促进有色沉淀的形成。

(2)操作：取 Al^{3+}试液于小试管中，滴加 NaOH($6mol \cdot L^{-1}$)溶液至呈碱性，然后用 HAc($6mol \cdot L^{-1}$)酸化，加入铝试剂 2 滴，混合后放置数分钟。加入 $NH_3 \cdot H_2O$($6mol \cdot L^{-1}$)至呈碱性，置水浴中加热，片刻后有红色絮状沉淀，示有 Al^{3+}存在。

8. Ba^{2+}的鉴定

(1)原理：Ba^{2+}与 H_2SO_4 或硫酸盐反应生成白色沉淀 $BaSO_4$，此沉淀不溶于强酸。

$$Ba^{2+} + SO_4^{2-} \longrightarrow BaSO_4\downarrow$$

(2)操作：取 Ba^{2+}试液 2 滴于点滴板上，加 H_2SO_4($1\ mol \cdot L^{-1}$)2 滴，有白色沉淀生成。

9. Zn^{2+}的鉴定

(1)原理：Zn^{2+}与硫氰汞铵 $(NH_4)_2[Hg(SCN)_4]$作用，产生白色的 $Zn[Hg(SCN)_4]$沉淀。

$$Zn^{2+} + [Hg(SCN)_4]^{2-} \longrightarrow Zn[Hg(SCN)_4]\downarrow$$

反应须在微酸性溶液中进行，碱能使试剂分解产生 HgO 沉淀。

(2)操作：取 Zn^{2+}试液 1 滴于离心管中，加 $(NH_4)_2[Hg(SCN)_4]$试剂 2 滴和稀 H_2SO_4($1mol \cdot L^{-1}$)2 滴析出白色沉淀，示有 Zn^{2+}存在。

10. Mn^{2+}的鉴定

(1)原理：Mn^{2+}在 HNO_3 溶液中能被强氧化剂铋酸钠($NaBiO_3$)氧化生成具有紫红色的 MnO_4^-。

$$2Mn^{2+} + 5BiO_3^- + 14H^+ \longrightarrow 2MnO_4^- + 5Bi^{3+} + 7H_2O$$

(2)操作：取 Mn^{2+}试液 2 滴于离心管中，加 3 滴 HNO_3($2mol \cdot L^{-1}$)和半粒绿豆大小的固体铋酸钠，搅拌后离心沉降，上层溶液为紫红色。

(二)常见阴离子的鉴定方法

1. B_r^-的鉴定

(1)原理：Br_2/B_r^- 的标准电极电势比 Cl_2/Cl^-的电极电势小，在中性或酸性溶液中，氯水(或次氯酸)可氧化 B_r^- 为 Br_2，在 CCl_4 中呈红棕色。

$$2B_r^- + Cl_2 \longrightarrow Br_2 + 2Cl^-$$

$$2B_r^- + ClO^- + H_2O \longrightarrow Br_2 + Cl^- + 2OH^-$$

(2)操作：取 B_r^-试液 3 滴于离心管中，加 H_2SO_4($3mol \cdot L^{-1}$)1 滴，CCl_4 2 滴，再加氯水 1 滴并振摇，CCl_4层显红棕色(B_r^- 量少时显金黄色)，示有 B_r^-。

2. PO_4^{3-}的鉴定

(1)原理：PO_4^{3-} 在酸性条件下与钼酸铵反应生成黄色针状磷钼酸铵沉淀，此沉淀能溶于过量的磷酸盐，因此在试验时必须加入过量钼酸铵。

$$PO_4^{3-} + 3NH_4^+ + 12MoO_4^{2-} + 24H^+ \longrightarrow (NH_4)_3PO_4 \cdot 12MoO_3 \cdot 6H_2O + 6H_2O$$

(2)操作：置 PO_4^{3-} 试液 2 滴于小试管中，加 HCl($6\ mol \cdot L^{-1}$)1 滴酸化，再加钼酸铵(5%)4 滴，充分振摇，静置 5min，析出黄色沉淀，示有 PO_4^{3-} 存在。

3. NO_2^-的鉴定

(1)原理：NO_2^- 在乙酸酸性溶液中与对氨基苯磺酸及 *α*-萘胺作用，生成红色的偶氮染料，这是因为 NO_2^- 在乙酸酸性介质中，使对氨基苯磺酸重氮化，然后与 *α*-萘胺偶联生成红色偶氮染料。

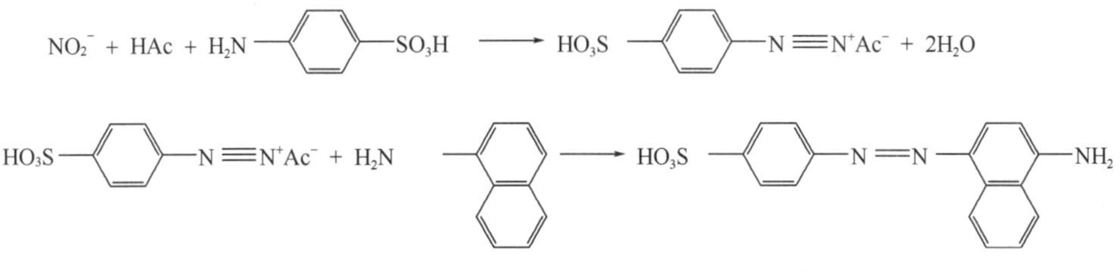

(2)操作：置NO_2^-试液1滴于点滴板上，加1滴HAc(2mol·L^{-1})酸化，再依次加入对氨基苯磺酸及α-萘胺各2滴，生成红色的偶氮染料，示有NO_2^-存在。

4. NO_3^-的鉴定

(1)原理：NO_3^-与$FeSO_4$作用生成配合物[Fe(NO)SO_4]，形成棕色环。

$$6Fe^{2+} + 2NO_3^- + 8H^+ \longrightarrow 6Fe^{3+} + 4H_2O + 2NO$$

$$FeSO_4 + NO \longrightarrow [Fe(NO)SO_4]$$

(2)操作：取NO_3^-试液3滴于试管中，加少许$FeSO_4$固体颗粒，摇动使大部分溶解，将试管倾斜45°左右，沿管壁慢慢滴加浓H_2SO_4 10～15滴，不要摇动，让H_2SO_4与试液分为上下两层，界面处有棕色环发生，表示有NO_3^-。

5. S^{2-}的鉴定

(1)原理：硫化物与稀盐酸作用生成硫化氢气体。硫化氢可使$Pb(Ac)_2$生成黑色的硫化铅沉淀。

$$S^{2-} + 2H^+ \longrightarrow H_2S\uparrow$$

$$H_2S + Pb(Ac)_2 \longrightarrow PbS\downarrow + 2HAc$$

(2)操作：置S^{2-}试液4～5滴于试管中，加入几滴H_2SO_4(1mol·L^{-1})，用滤纸一小块覆于试管口，加$Pb(Ac)_2$(0.5 mol·L^{-1})溶液1滴于滤纸正中，观察滤纸上的变化。

6. SO_4^{2-}的鉴定

(1)原理：SO_4^{2-}与Ba^{2+}反应，生成白色沉淀。

$$SO_4^{2-} + Ba^{2+} \longrightarrow BaSO_4\downarrow$$

(2)操作：取SO_4^{2-}试液2滴于试管中，加HCl(2mol·L^{-1})酸化，再滴加$BaCl_2$(0.5mol·L^{-1})3滴，观察现象。

7. CO_3^{2-}的鉴定

(1)原理：CO_3^{2-}遇酸后，生成H_2CO_3，即有CO_2气体放出。将此气体通入$Ba(OH)_2$溶液中，有$BaCO_3$白色沉淀生成。

$$CO_3^{2-} + 2H^+ \longrightarrow CO_2\uparrow + H_2O$$

$$Ba(OH)_2 + CO_2 \longrightarrow BaCO_3\downarrow + H_2O$$

(2)操作：在验气装置中放试液2～3滴，加2mol·L^{-1}的HCl 2～3滴，验气装置的小玻璃管中保持少许$Ba(OH)_2$溶液，盖紧。玻璃管中溶液变浑浊，示有CO_3^{2-}存在。

8. Cl^-的鉴定

(1)原理：Cl^-和Ag^+能生成AgCl白色沉淀。此沉淀能溶于氨水中生成配离子，使沉淀溶解再用HNO_3酸化，又有沉淀生成。

$$Ag^+ + Cl^- \longrightarrow AgCl\downarrow$$

$$AgCl + 2NH_3 \longrightarrow [Ag(NH_3)_2]^+ + Cl^-$$

$$[Ag(NH_3)_2]^+ + Cl^- + 2H^+ \longrightarrow AgCl\downarrow + 2NH_4^+$$

(2)操作：取Cl^-试液2滴于离心管中，加HNO_3(2mol·L^{-1})1滴，再加入$AgNO_3$(0.1mol·L^{-1})溶液2滴，置水浴上加热1min，使沉淀凝聚，离心沉降，离心液弃去，沉淀加氨水(6mol·L^{-1})6滴，加热并不断搅拌，使沉淀溶解，在溶液中加HNO_3(6mol·L^{-1})2滴，如有白色浑浊或沉淀生成，示有Cl^-存在。

(钮树芳)

实验三 分析天平的构造和原理

一、目标要求

(1)了解电光分析天平的结构及其性能。

(2)掌握电光分析天平的使用规则。

二、预习内容

(1)看“分析天平基本操作”电视教学录像。

(2)分析天平的构造和原理。

三、构造原理

分析天平是定量分析工作中用来称量的重要仪器，必须放在天平室和固定的天平台上使用。它的最大负载可达200g，最小可称量到万分之一克(即0.1mg)，是一种很精密的称量仪器。

分析天平是根据杠杆原理制成的。它相当于一个等臂的杠杆，支点在正中(玛瑙刀口向下处)。若在天平左盘内放一质量为 m_1 的物体，为使天平横梁维持其原来的平衡位置，必须在右盘内放另一质量为 m_2 的砝码。设横梁左右两臂的长分别是 L_1 和 L_2，左右两盘所受的力分别是 F_1 和 F_2，当达到平衡时，力矩相等，即 $F_1 \times L_1 = F_2 \times L_2$。

由于天平是等臂的，即 $L_1 = L_2$，因此平衡时 $F_1 = F_2$。

按 $F_1 = m_1 g$，$F_2 = m_2 g$(g 为重力加速度)的关系，所以 $m_1 = m_2$，从砝码的质量就可以知道被称物的质量。在分析工作中，通常习惯所说的称量某物体“重量”，实际是质量。这里需加以注意。

(一) 部分机械加码双盘电光分析天平的结构

见图 4-2。

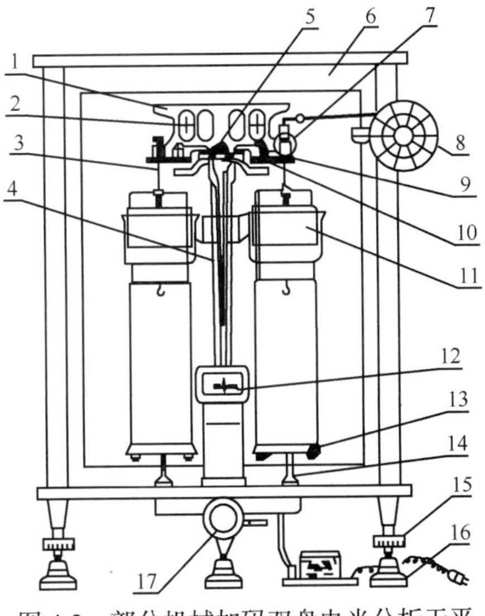

图 4-2　部分机械加码双盘电光分析天平

1. 横梁；2. 平衡螺丝；3. 吊耳；4. 指针；5. 支点刀；6. 框罩；7. 砝码；8. 指数盘；9. 支刀销；10. 折叶；11. 阻尼筒；12. 投影屏；13. 称盘；14. 托盘；15. 螺旋脚；16. 垫脚；17. 升降旋钮

1. 横梁　它是天平的主要部件。多用质轻坚固、膨胀系数小的铝铜合金制成，起平衡和承载物体的作用。梁上装有三个棱形的玛瑙刀，其中一个装在正中的称为中刀或支点刀，刀口向下；另外两个与中刀等距离地分别安装在梁的两端，称为边刀或承重刀，刀口向上，三个刀口必须完全平行且位于同一水平面上。在两端的两个边刀分别挂有吊耳；下面挂有称盘。通常在左盘放称物，右盘放砝码。

吊耳之间装有空气阻尼器。阻尼器的内筒稍小，正好套入外筒，并保持两者间隙均匀，不发生摩擦。当天平摆动时，筒内外空气运动的摩擦阻力使横梁在摆动 1～2 个周期后迅速停下来，便于读数。

在天平横梁中央上方装有重心调节螺丝，用它上下移动可改变横梁重心位置，用于调整天平的灵敏度。重心在天平出厂时已调整好，使用时不应随便移动。横梁左右两边对称孔内装有平衡螺丝，用以调整天平空载时的平衡位置(即零点)。天平梁下部并与梁平面的中垂线相重合处装有天平指针，指针下端装有微缩标尺。其可指示天平是否平衡。

2. 立柱　位于天平正中。柱的上方嵌有玛瑙平板(刀承)，用于称量时支持梁的中刀。称量时，轻轻打开升降旋钮(向右旋转)，此时天平梁和吊耳下降，三棱玛瑙刀与刀承相接触，同时托盘(位于天平盘的下面，装在天平底板上)下降，折叶也下降，天平梁自由摆动。当关闭升降旋钮时(向左旋转)，天平梁及吊耳上升，折叶上升托起天平梁，玛瑙刀和刀承离开，同时托盘上升托住称盘，使天平处于休止状态。天平两边负荷未达平衡时不可全开天平，避免天平横梁倾斜太大，吊耳易脱落，从而使刀子受损。

玛瑙刀口的锋刃程度直接影响天平的质量。所以在使用天平时特别注意保护刀口。在不使用或取放称物、加减砝码时，必须关闭升降旋钮。使天平梁托起、刀口和刀承分开，以免磨损刀口。

立柱后上方装有气泡式水平仪，借天平底板下前面两个水平调整螺旋使天平放置水平。

3. 天平箱　为了保护天平免受灰尘、热源、水蒸气、气流、人的呼吸等因素的影响，将天平安装在木框镶玻璃的箱内。天平箱共有三个门，左门供取放称物，右门供取放砝码，前门是为了安装、维修和清洁天平用。箱下装有三只脚，前面两只有供调整天平水平位置的螺旋。三只脚都放在垫脚中。箱底是由大理石平板制成。箱座下正中黑色旋钮为升降旋钮，供开关天平用。升降旋钮下方，还装有调屏拉杆，用以调节投影屏的位置，起微调天平零点的作用。

天平箱的右上方是圈码指数盘，转动时可往梁上加 10～990mg 的砝码。指数盘上刻有圈码质量的数值，分内、外两圈。内圈由 10～90mg 组合，外圈由 100～900mg 组合。天平达平衡时，可由内外圈对准刻线的数字读出圈码的质量(图 4-3)。

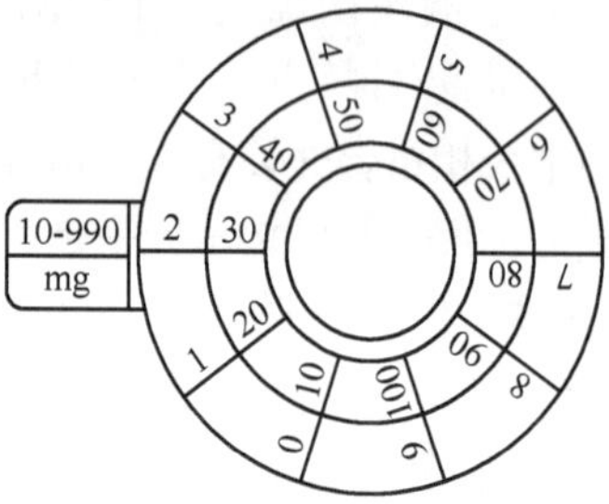

图 4-3　旋转指数盘

天平梁指针的下端固定有一个透明的微缩标尺，标尺上刻有 10 个大格。每大格相当于 1mg，每大格又分 10 个小格，每小格相当于 0.1mg。微缩标尺随指针左右摆动。标尺上的刻度很细小，必须通过光学装置(图 4-5)放大后才能看清。升降旋钮上装有电源开关，当天平梁放下时，天平后面照明筒内的小灯泡发亮，此亮光经聚光管聚光后，穿过指针下端的透明微缩刻度标尺，经物镜筒(为一透镜)放大后，由两个平面反射镜经二次反射到由毛玻璃制成的投影屏上，可读出 10mg 以下的质量(0～10mg)。读数方法见图 4-4。

假设天平右盘上放置 20g 砝码，然后旋转圈码指数盘(图 4-3)。天平停止摆动后，投影屏上见图 4-4 所示；这时称物的质量是：

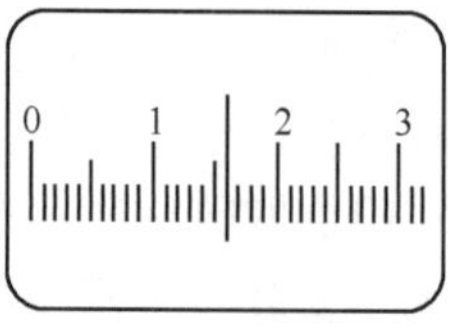

图 4-4　标尺在投影屏上

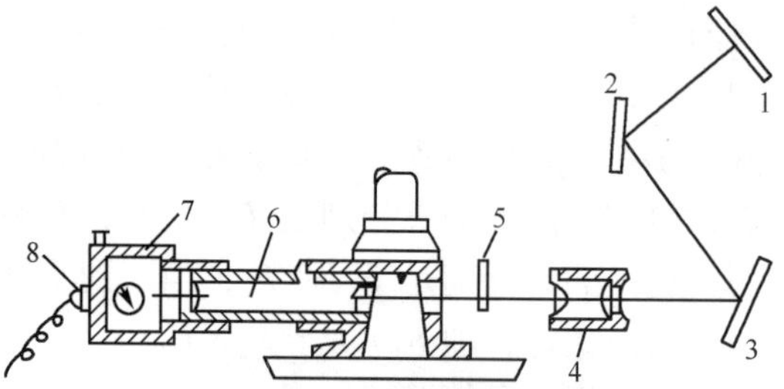

图 4-5　光学读数装置示意图

1. 投影屏；2. 反射镜；3. 反射镜；4. 物镜筒；5. 微分刻度标尺；6. 聚光管；7. 照明筒；8. 灯头座

右盘砝码读数	20.0000g
指数盘读数	0.2300g
投影屏上读数	0.0016g (+
物质的质量	20.2316g

4. 砝码　每台天平都配有一盒特制的砝码，不能混用。砝码值是按一定顺序组成的：100g、50g、20g、20′g、10g、5g、2g、2′g、1g。标示值相同的砝码，它们之间的质量也有微小的差别，所以镌有标记以示区别。砝码盒内还有一把镊子用以夹取砝码。砝码除放在砝码盒内或称盘上外，不得放在其他地方。

（二）全机械加码电光分析天平

此种天平和部分机械加码电光分析天平基本相同。不同之处是在结构上增加了两个旋转加码装置，以达到交换自 10mg～199.990g 砝码以内所需质量值。这种天平中被称物放在右盘，砝码放在左盘。另外，其微缩标尺上刻有−10～+10mg 共 20 大格，1 大格相当于 1mg，每大格又分为 10 小格，每小格为 0.1mg。称量时一般都使刻线落在正值的范围里，而不取负值，以免计算总质量时有加有减发生错误。

（三）天平的零点及停点

天平在没有载重而达到平衡时，指针上的标尺所处的位置，称为“零点”。天平在载重时指针所处的平衡位置，称为平衡点，即停点。

电光天平零点的校准：首先接通电源，在天平不载重的情况下，用左手旋转升降旋钮，慢慢启动天平至全开状态，观察指针标尺上零刻度线与投影屏上的标线是否重合，如果重合，天平的零点记为 0.0。若相差不远，可拨动升降旋钮下面底板下的调屏拉杆，左右移动投影屏的位置使其重合。若相差太远应报告教师调节，不可自行操作。

（四）天平的灵敏度

灵敏度是指在天平的一个盘上增加1mg，天平指针偏转的程度，以格 · mg^{-1} 表示。指针偏转程度越大，天平的灵敏度越高，也就是天平的感觉能力越强。所以，灵敏度也可用分度值（感量）表示。分度值（感量）是指针偏转一格时所需的毫克数。

$$分度值=\frac{1}{灵敏度} \quad 或 \quad S=\frac{1}{E}$$

电光分析天平灵敏度的调节：开动天平，调节天平的零点为 0.0。关闭天平，在天平的左盘上放一个校准过的 10mg 片码或圈码，再开动天平，标尺应移至 9.9～10.1mg 范围内。如不符合，可旋动重心螺丝调节（应由有经验的修理人员调节）。

天平质量的检查：天平在使用一定时间后，要由专职技术人员进行定期检查，衡量天平的质量，主要有三个指标：分度值、变动值和偏差。可参阅有关天平鉴定专著或分析化学实验书。

四、思 考 题

（1）什么是天平的零点和平衡点（停点）？有何区别？

（2）为保护天平的玛瑙刀口，称量时应注意什么？

（3）在砝码和称量物的质量很悬殊的情况下为什么不能完全打开升降旋钮。

（钮树芳）

实验四 分析天平的使用和称量练习

一、目 标 要 求

（1）熟悉分析天平的使用规则，掌握分析天平的使用方法。

（2）初步掌握称量操作技术，能用直接称量法和差减称量法称出一定质量的药品。

二、预 习 内 容

（1）分析天平的使用规则和注意事项。

（2）预习实验四全部内容。

三、实 验 原 理

（一）直接称量法

常用于称量器皿及在空气中性质稳定、不吸湿的试样，如金属、矿石等。下面以称量小烧杯为例说明如何称量。小烧杯应事先洗净、干燥，放在干净的干燥培养皿中，在天平室中放置，待与天平箱内温度相同时，用洁净纸条套住小烧杯放在台秤上粗称。然后用纸条套住小烧杯放于事先已调好零点的分析天平的左盘中央，关上左边天平门，右盘加放相当质量的砝码，注意大砝码放盘的中央，小砝码依次放在其周围。用左手慢慢将升降旋钮半开（手不要离开旋钮），观察指针或投影屏内光标偏向情况。若光标读数右移（即指针向左倾斜），表示砝码偏重；应立即将升降旋钮慢慢转回，休止天平（必须先关闭天平，再取放砝码，否则会损坏天平刀口）。从天平上取下砝码，依次换上略轻的砝码，再半开旋钮，若光标左移，表示砝码较轻；休止天平，再加一较重的砝码。加减砝码的原则是“由大到小，折半加入”，即增减砝码的质量是以每次最后加入的砝码一半质量为依据。这样，可以提高称量速度。如在右盘加 20g 砝码后，若太轻，此时应再加 10g 砝码；若又太重，则应将 10g 砝码取出，换上 5g 砝码；按此法直至最后多加 10mg 圈码嫌重，少加 10mg 圈码又嫌轻时，关上右边天平门。把砝码放嫌轻的位置，这时可全开升降旋钮，标尺在投影屏上慢慢移动，最后停止到一个位置（即为天平的停点），读取投影屏上的数据，记录在本上。关闭天平后，根据砝码盒的空位置，记下砝码质量，并加上圈码指数盘读数。然后将砝码取出，逐一校对所记录数据，同时放回盒中原来位置；将圈码指数盘恢复到“000”位置再核对一次读数。将小烧杯取出，放回原来地方。拔下电源插头，罩好天平罩。称量结果计算如下：

砝码(g)	10+5+2+1	18.0000
圈码(mg)	640	0.6400
投影屏读数(mg)	4.8	0.0048 (+
小烧杯的质量(g)		18.6448g

（二）固定质量称量法

此法用于称量在空气中稳定，不易吸水且要求称取指定质量的样品。称量方法如下：先称器皿的质量，并记录停点。若指定称取0.2000g试样，在右盘再加0.2000g砝码，在左盘的容器中加入略少于0.2000g的试样，再轻轻振动药匙，使试样慢慢落入容器中，直至停点与称量空容器时的停点一致(每次加试样，都必须把天平梁托起，使天平休止)。这种方法的优点是称量方法简单，计算方便。

（三）差减称量法

此法用于称取易吸水、易氧化或易与 CO_2 起反应的物质。称出试样量只需在要求的范围内，并且是由两次称量之差来计算的。

称取固体试样的方法如下：以称取NaCl固体 0.95～0.99g 为例。取一个洁净并干燥的称量瓶(图 4-6)，先在台称上粗称平衡，而后在右盘加一比称量范围最大值略重的砝码(范围为 0.95～0.99g，加 1g 砝码)，于称量瓶中装入待称试样(NaCl)至台秤重新平衡。盖好称量瓶盖，用宽窄适宜的洁净的纸条套在称量瓶上，然后放在已调好零点的天平盘上，进行精确称量(见直接称量法)。称得质量为 W_1(称准至 0.1mg)。而后在天平右盘上减去称量范围的最小值的砝码(如范围为 0.95～0.99g，则减去 0.95g 砝码)。左手用洁净纸条套在称量瓶上，取出称量瓶放在烧杯上方，右手垫一洁净小纸片打开瓶盖，并使称量瓶向自己方向倾斜，用盖轻敲称量瓶口上方，使试样慢慢落入烧杯中(图 4-7)。当倾出一定量时，慢慢将称量瓶竖起，再轻敲瓶口原来所敲位置，使附在瓶口的试样落回瓶中，盖好瓶盖，再放回天平上盘，慢慢打开天平至半开状态，若砝码轻，说明取出试样不够，则需重新取出称量瓶，按上述方法再取试样至砝码略重时为止，此时取出试样已符合要求。重新调整砝码使天平达到平衡，称得质量为 W_2，于是倾出试样量为：$W=W_1-W_2$，符合所要求称量范围(如 0.95～0.99g)。注意倾出量不要超过范围最大值，且每次加减砝码或取放称物时，都必须使天平在休止状态下进行。

图 4-6　称量瓶

图 4-7　取出试样

四、实验仪器与药品

1. 仪器　分析天平，台秤，培养皿，称量瓶，小烧杯，干燥器。

2. 药品　固体 NaCl。

五、实验内容与方法

1. 称量前检查　进入天平室后，登记使用天平号数。把天平罩取下叠好放在天平箱上方。坐好后，开始检查天平是否正常，天平盘上有无灰尘，如有，用软毛刷清扫；天平是否处于水平位置，砝码是否齐全。若有问题，立即请教师处理。

2. 天平零点的校准 按实验三所述方法进行。

3. 粗称 在台秤上进行粗略称量。

4. 药品的称量 用差减称量法，准确称取 NaCl 固体 0.95～0.99g（称准至 0.1mg），倒入小烧杯中。做好记录，请教师核对。

5. 差减称量法 差减称量法称量时，若倒出药品超过要求的质量，必须倒掉药品，重新称量。

6. 称量完毕 关闭升降旋钮，取出称物和砝码。将指数盘恢复到零，切断电源。把天平内外清理干净，请教师检查使用情况，最后罩好天平套。

六、分析天平的使用规则及注意事项

(1) 称量前，应先检查天平是否正常，若不正常，需请教师调整。再检查天平是否清洁，必要时用软毛刷清扫；天平是否水平；并调节天平的零点。然后对称物进行粗称。

(2) 称时要特别注意保护玛瑙刀口。开关升降旋钮应缓慢，轻开轻关，不得使天平剧烈振动。取放称物、加减砝码时，都必须关闭天平使天平梁托起。称量未达平衡时，应使天平处于半开状态，以免损坏刀口。

(3) 称量时应关好侧门，前门不得随意打开，它主要供装调、清洁天平时用。试剂和试样不能直接放在盘上，必须盛在干净、干燥的容器内。对于吸湿性物质或具有腐蚀性的液体，必须放在称量瓶或其他适当的密闭容器内进行称量。

(4) 取放砝码必须用镊子夹取，严禁用手直接接触，以免沾污。砝码由大到小逐一取放在天平盘上，大砝码放盘的中央以防盘摆动。砝码用后要放回盒内的固定位置，不许乱放或留存桌上。电光天平自动加码时，应由大到小一挡一挡慢慢地加，防止砝码跳落、互撞。

(5) 称量的数据应立即写在记录本上，数字要清晰易认，不能记在纸片上或其他地方，以防丢失。

(6) 称量物的温度必须与天平箱内温度一致，不能把热或冷的物体放进天平称量，应预先将称物放在天平附近的干燥器内。在天平箱内应放置吸湿干燥剂（如硅胶）。

(7) 绝对不可使天平载重超过最大负载（一般为 200g）。在同一实验中，应使用同一架天平和同一盒砝码。

(8) 称量完毕，托起天平梁，取出称物和砝码。将指数盘恢复到零，切断电源，关好天平门，最后罩上天平套。

七、思 考 题

(1) 分析天平的称前和称后检查项目有哪些？

(2) 使用砝码有哪些注意事项？

(3) 下列情况对称量读数有无影响？

1) 用手直接拿取砝码或称量瓶。

2) 称量时未关天平门。

3) 水平仪里的气泡不在中心位置。

(4) 称量物体，加减砝码时，从投影屏上观察到微缩标尺迅速向左移动，表示物体重还是砝码重？

（钮树芳）

实验五 葡萄糖干燥失重的测定

一、目 标 要 求

(1) 继续练习分析天平的称量。

(2) 掌握恒重的概念和方法。

(3) 了解干燥失重测定的原理和方法。

二、预 习 内 容

(1) 分析天平的使用规则及注意事项。

(2) 预习本实验的全部内容。

三、实验原理

葡萄糖($C_6H_{12}O_6 \cdot H_2O$)在 105℃干燥时失去结晶水，其质量减轻。此减轻的质量即为干燥失重。葡萄糖水合物($C_6H_{12}O_6 \cdot H_2O$)的理论含水量为

$$\frac{M_{H_2O}}{M_{C_6H_{12}O_6 \cdot H_2O}} \times 100\% = \frac{18.02}{198.2} \times 100\% = 9.09\%$$

四、实验仪器与药品

1. 仪器 表面皿，称量瓶，干燥器，分析天平，台秤，马弗炉。

2. 药品 含结晶水葡萄糖($1C_6H_{12}O_6 \cdot H_2O$)。

五、实验内容与方法

1. 空称量瓶的恒重 洗净的扁形称量瓶两只放在表面皿上，再放入烘箱内。称量瓶盖斜放在称量瓶口上，于 105℃烘 30min 取出，放在干燥器中冷却 30min，在分析天平上精确称量。再将称量瓶放入烘箱中于105℃烘 30min，同前法冷却，称量，直至两次称量质量差小于 0.2mg，达到恒重为止。

2. 称取试样 在粗天平上先称取 1～2g 混合均匀的葡萄糖样品($C_6H_{12}O_6 \cdot H_2O$)，置于已恒重的称量瓶中，精密称定质量后可以求得试样的准确质量。

3. 烘去结晶水求葡萄糖干燥失重 将装有葡萄糖试样的称量瓶放在烘箱内，于 105℃烘约 2h，取出置于干燥器中冷却 30min，精确称量。再置于烘箱内烘约 1h，再在干燥器中冷却后称重，直至达到恒重。减少的质量即为葡萄糖的干燥失重。

六、实验数据记录和处理

实验数据记录和处理见下表。

次数	称量瓶	称量瓶+葡萄糖
1		
2		
3		
葡萄糖的干燥失重		

七、注意事项

(1)药典规定葡萄糖干燥失重不得超过 9.5%。

(2)干燥器中的变色硅胶(干燥剂)可以循环使用，如果颜色由绿色变成了浅红色，说明干燥剂失去了干燥作用，应把干燥剂放到恒温干燥箱中，在 105～120℃进行干燥，使它的颜色由浅红色变为绿色。

(3)开启干燥器时，左手按住下部，右手按住盖子上的圆顶，沿水平方向向左前方推开器盖。盖子取下后应放在桌上安全的地方(注意要磨口向上，圆顶朝下)，用左手放入或取出物体，如坩埚或称量瓶，并及时盖好干燥器盖。加盖时，也应当拿住盖子圆顶，沿水平方向推移盖好。

八、思考题

(1)烘称量瓶或样品时，为什么称量瓶盖斜放在称量瓶瓶口上而不能盖严?

(2)什么叫恒重?

(3)为什么称量瓶一定要重复干燥、称量直达恒重后才能使用?

(钮树芳)

实验六 滴定分析操作练习

一、目标要求

(1)学习酸、碱溶液的配制方法。

(2)掌握酸、碱滴定管的准备和正确使用方法。

(3)掌握以酚酞和甲基橙为指示剂时终点颜色的变化。

(4)熟悉滴定操作。

二、预习内容

(1)预习第二章实验一滴定管的洗涤和

准备。

(2) 预习本实验全部内容。

(3) 将实验中要求配制的 $0.1mol \cdot L^{-1}$ HCl 和 $0.1mol \cdot L^{-1}$NaOH 所需的浓 HCl 和固体 NaOH 的量先计算好。

三、实 验 原 理

滴定分析包括酸碱滴定法、配位滴定法、氧化还原滴定法和沉淀滴定法。本实验主要以酸碱滴定法中强酸 HCl 和强碱 NaOH 溶液的反应为例进行滴定分析。

$$HCl + NaOH = NaCl + H_2O$$

其突跃范围的 pH 为 4.3～9.7。为了严格训练学生滴定分析基本操作，选用甲基橙（变色范围为 3.1～4.4）、酚酞（变色范围为 8.0～10.0）等指示剂来指示终点。测定 HCl 和 NaOH 溶液的体积比。

四、实验仪器与药品

1. 仪器　50ml 酸式滴定管和碱式滴定管，250ml 锥形瓶，烧杯，10ml 和 100ml 量筒，台秤，500ml 细口瓶和 500ml 试剂瓶。

2. 药品　浓 HCl，固体 NaOH，0.1%酚酞乙醇溶液，0.1%甲基橙水溶液。

五、实验内容与方法

（一）配制 500ml $0.1mol \cdot L^{-1}$ NaOH 溶液

(1) 计算配制 500ml $0.1mol \cdot L^{-1}$NaOH 溶液需要固体 NaOH 多少克。

(2) 在台秤上称取固体 NaOH（是否用分析天平称量？），然后置于烧杯中，用少量蒸馏水溶解，并加蒸馏水稀释至 500ml。

(3) 倒入细口瓶中，用橡皮塞塞好瓶口，摇匀，贴上标签（标签上注明试剂名称、浓度，配制日期）。

（二）配制 500ml $0.1mol \cdot L^{-1}$ HCl 溶液

(1) 计算配制 500ml $0.1mol \cdot L^{-1}$ HCl 溶液需要浓 HCl（密度为 $1.19g \cdot ml^{-1}$，浓度为 $12mol \cdot L^{-1}$）多少毫升。

(2) 用 10ml 量筒量取并倒入 500ml 试剂瓶中，再用蒸馏水稀释至 500ml，盖上玻璃塞，摇匀，贴上标签。

（三）酸式滴定管和碱式滴定管的准备

(1) 洗净酸式滴定管、碱式滴定管各一支，涂油、安装、试漏等，要求详见第二章实验一。

(2) 酸式滴定管用 $0.1mol \cdot L^{-1}$HCl 溶液润洗 3 次（每次约 10ml），再装入 $0.1mol \cdot L^{-1}$ HCl 溶液至刻度“0”线以上，排除滴定管下端气泡，调节溶液的凹液面下沿与刻度“0.00ml”线相切即为起点。

(3) 碱式滴定管的准备同上，用 $0.1mol \cdot L^{-1}$NaOH 溶液润洗 3 次，再装入 $0.1mol \cdot L^{-1}$NaOH 溶液，排除气泡，调节溶液的凹液面下沿与刻度“0.00ml”线相切。

（四）滴定练习

1. 酚酞作指示剂　用 $0.1mol \cdot L^{-1}$ NaOH 溶液滴定 $0.1mol \cdot L^{-1}$HCl 溶液。

(1) 从酸式滴定管以每分钟 10ml 的速度准确放出 20.00ml $0.1mol \cdot L^{-1}$HCl 溶液于 250ml 锥形瓶中。放溶液时，滴定管口下端伸入锥形瓶口约 2cm，左手控制滴定管活塞，右手拿锥形瓶颈，控制液滴速度使其不成线状，又不完全断开。

(2) 在锥形瓶下放一白瓷板并向瓶内加 2 滴酚酞指示剂。

(3) 从碱式滴定管中放出 NaOH 溶液进行滴定。①滴定时左手控制玻璃珠上方的橡胶管，逐滴滴入 NaOH 溶液，右手拿锥形瓶颈，边滴定，边手摇锥形瓶；②注意滴落点周围溶液颜色的变化，到滴落点周围出现暂时性的颜色变化（浅粉红色）时，一滴一滴地加入 NaOH 溶液，随着颜色消失渐慢，离终点越来越近，此时要更缓慢地滴入；③到滴近终点时，颜色扩散到整个溶液，摇动锥形瓶 1～2 次后才消失，此时应加一滴，摇几下，最后加入半滴溶液（可将锥形瓶内壁接触滴定管口下的半滴溶液，使溶液沿瓶壁流入锥形瓶中）就摇动锥形瓶，如此重复直到溶液由无色突然变为浅粉红色，并在半分钟内不消失为止；④记下所消耗 NaOH 溶液体积。然后再滴加半滴 NaOH，若溶液的红色加深，即表示上面的终点判断正确。

(4) 本实验要求学会判断终点和准确读数，故继续在此锥形瓶中加入 2.00ml HCl 溶液，这时红色褪去，按上述方法再用 NaOH 溶液滴定到终点，记下所消耗 NaOH 溶液体积。如此反复练习，直到连续 3 次体积比 V_{HCl}/V_{NaOH}（累积体积，即起始都以 0.00ml 算）的相对平均偏差不超过 0.2%为止。

2. 甲基橙作指示剂 用 0.1mol · L^{-1}HCl 溶液滴定 0.1mol · L^{-1}NaOH 溶液。

(1) 与上面实验相似，在锥形瓶中放入 20.00ml 0.1mol · L^{-1}NaOH 溶液，加 1 滴甲基橙指示剂，用 0.1mol·L^{-1}HCl 溶液滴定至溶液由黄色变为橙色，记录所消耗的 HCl 溶液的体积。

(2) 继续在此锥形瓶中加 2.00ml NaOH 溶液，再用 0.1mol · L^{-1}HCl 溶液滴定到终点，记下所消耗的 HCl 溶液体积。如此反复练习，直到连续 3 次体积比 V_{HCl}/V_{NaOH}（累积体积，起始都以 0.00ml 算）的相对平均偏差不超过 0.2%为止。

3. 滴定结束后 滴定结束后，把滴定管中剩余溶液倒出，用水充分洗净后，装满水，用小套管套在管口上，以保持滴定管洁净。

六、实验数据记录和处理

1. 溶液配制 500ml 0.1mol · L^{-1}HCl 溶液需浓 HCl________ml；500ml 0.1mol · L^{-1} NaOH 溶液需固体 NaOH________ g。

2. 滴定练习 以酚酞为指示剂。

次数	1	2	3	4	5
V_{HCl}（终读数）/ml					
V_{HCl}（初读数）/ml					
V_{HCl}/ml					
V_{NaOH}（终读数）/ml					
V_{NaOH}（初读数）/ml					
V_{NaOH}/ml					
V_{HCl}/V_{NaOH}					
V_{HCl}/V_{NaOH} 平均值					
平均偏差					
相对平均偏差					

续表

以甲基橙为指示剂同上，略。

七、注 意 事 项

(1) 滴定过程中左手始终不能离开活塞任溶液自流。

(2) 摇瓶时，转动腕关节，溶液自同一方向做圆周运动，但勿使锥形瓶口接触滴定管的出口，不要前后振动，左右晃动，不要整只手抓住锥形瓶身。

(3) 眼睛注意观察溶液颜色的变化。一般在滴定开始时，滴落点周围无明显的变化，随着离终点越来越近，颜色消失渐慢，常常在摇动锥形瓶一两下之后才消失。在临近终点时，颜色可以暂时扩散到整个溶液，但在摇动锥形瓶一两下之后颜色完全消失。此时不能再边滴边摇，而改为滴一滴，摇几下。最后每加半滴，就要摇几下，滴到终点为止。

(4) 加半滴的方法：先使溶液悬挂在滴定管出口管口上，形成半滴溶液，以锥形瓶内壁接触液滴，再用少量蒸馏水吹洗瓶壁。也可以用洗瓶直接吹洗悬挂在滴定管口上的半滴溶液。

(5) 滴定一般要平行滴定 3～4 次，每次滴定应从“0”刻度线附近开始，每次滴定完毕，应及时记录。

(6) 使用带有磨口玻璃塞的锥形瓶或碘量瓶时，玻璃塞应该夹在右手中指和无名指之间。

八、思 考 题

(1) 为什么 NaOH 和 HCl 标准溶液不用直接法配制？配制时蒸馏水的体积是否需要准确量取？

(2)在滴定分析前，锥形瓶是否要用操作液润洗？为什么？

(3)上述实验中，用两种不同的指示剂滴定，所得的结果是否相同？为什么？

(4)用 HCl 溶液滴定 NaOH 溶液，是否可用酚酞指示剂？

(钮树芳)

实验七　盐酸标准溶液的配制和标定

一、目 标 要 求

(1)了解标准溶液的配制与标定方法。

(2)掌握基准物质应具备的条件。

(3)学会标定标准溶液的实验步骤。

(4)检查天平称量，滴定操作实验结果的准确性。

二、预 习 内 容

(1)预习基准试剂应具备的条件。

(2)预习本实验的全部内容。

(3)预习移液管的操作和使用。

(4)分析天平基本操作和滴定基本操作。

三、实 验 原 理

纯净的浓 HCl 无色透明，密度为 $1.19g \cdot ml^{-1}$，其物质的量浓度约为 $12mol \cdot L^{-1}$。由于易挥发，只能用间接法配制 HCl 标准溶液。即先配成与所需浓度近似的溶液，然后用基准物质标定其准确浓度。标定 HCl 溶液常用分析纯无水 Na_2CO_3 或硼砂($Na_2B_4O_7 \cdot 10H_2O$)作为基准物质，本实验选用硼砂作为基准物质来标定 HCl 溶液的浓度。标定反应为

$$Na_2B_4O_7 \cdot 10H_2O + 2HCl = 2NaCl + 4H_3BO_3 + 5H_2O$$

由反应式可看出，1mol 硼砂与 2mol HCl 反应，滴定达计量点时 pH=5.1，突跃范围 pH 为 5.6～4.3，因此可选用甲基红(变色范围 4.4～6.2)作指示剂。

硼砂作为基准试剂的优点是摩尔质量大，吸湿性小，容易制得纯品(在 50℃以下，硼砂在水中重结晶两次即可获得合乎要求的纯度)。由于硼砂在干燥的空气中易失去部分结晶水而风化，因此在相对湿度为 60%(装有食盐和糖饱和溶液的干燥器，其上部空气中的相对湿度即为 60%)的干燥器中保存，以免其化学式与化学组成不符。

四、实验仪器与药品

1. 仪器　酸式滴定管，20ml 移液管，250ml 锥形瓶，称量瓶，洗瓶，烧杯，白瓷板，小量筒，500ml 细口瓶，分析天平，台称，铁架台，滴定管夹，玻璃棒，酒精灯，石棉网。

2. 药品　硼砂(基准试剂)，Na_2CO_3 样品，0.1%甲基橙水指示剂，0.1%甲基红乙醇溶液。

五、实验内容与方法

(一) 盐酸溶液浓度的标定

1. 盐酸溶液的配制　用小量筒量取浓 HCl 4～5ml，倒入 500ml 烧杯中，并用蒸馏水稀释配成 500ml 溶液，储于玻璃细口瓶中，盖好瓶盖，摇匀，贴上标签，这样配好的 HCl 溶液浓度大约是 $0.1mol \cdot L^{-1}$。

2. 盐酸溶液的标定

(1)从称量瓶中用差减法准确称取 $Na_2B_4O_7 \cdot 10H_2O$ 3 份于 3 个锥形瓶中，每份重约 0.36～0.40g。各加 20～30ml 蒸馏水，加热使其溶解，然后冷却至室温。

(2)在锥形瓶中加入 2 滴 0.1%的甲基红指示剂，用 $0.1mol \cdot L^{-1}$ HCl 溶液滴定至溶液由黄色变为橙色，记下所消耗盐酸的体积。重复测定 2 次。

(3)结果计算：根据 $Na_2B_4O_7 \cdot 10H_2O$ 的质量 $m_{硼砂}$ 和所消耗 HCl 标准溶液的体积 V_{HCl}，可按下式计算 HCl 标准溶液的物质的量浓度。要求 3 次测定相对平均偏差在 0.2%以内。

$$c_{HCl}=\frac{2\times m_{硼砂}\times 1000}{V_{HCl}\times M_{硼砂}}$$

式中，$M_{硼砂}=381.37\ g\cdot mol^{-1}$。

（二）碳酸钠溶液浓度的测定

(1) 碳酸钠溶液的配制：此溶液由实验室提供。

(2) 碳酸钠溶液浓度的测定：用洁净移液管 1 支，润洗后吸取上述碳酸钠样品溶液 20.00ml，置于 250ml 锥形瓶中，用标定好的 HCl 标准溶液滴定。

$$Na_2CO_3 + 2HCl = 2NaCl + H_2O + CO_2\uparrow$$

由反应式可以看出 1mol Na_2CO_3 可与 2mol HCl 完全反应。反应达计量点时，pH=3.9，突跃范围为 pH 5.0～3.5，可选用甲基橙(变色范围 3.1～4.4)作指示剂。加甲基橙指示剂 2 滴，溶液呈黄色。滴定至溶液由黄色变为橙红色即为终点。记录滴定结果。

(3) 结果计算：照上法再重复滴定 2 次，取其平均值，要求相对平均偏差在 0.2%以内。按下式计算碳酸钠的质量分数：

$$Na_2CO_3质量分数(\%)=\frac{c_{HCl}\times V_{HCl}\times\frac{M_{Na_2CO_3}}{1000}}{2\times 20.00}\times 100\%$$

式中，c_{HCl} 为 HCl 标准溶液浓度($mol\cdot L^{-1}$)，V_{HCl} 为消耗的 HCl 体积(ml)，$M_{Na_2CO_3}$ 为碳酸钠的摩尔质量($106g\cdot mol^{-1}$)。

六、实验数据记录与处理

1. $Na_2B_4O_7\cdot 10H_2O$ 标定 HCl 溶液

次数	1	2	3
称量瓶+硼砂/g			
称量瓶+剩余硼砂/g			
硼砂重/g			
V_{HCl} 终读数/ml			
V_{HCl} 初读数/ml			
V_{HCl}/ml			
c_{HCl}/($mol\cdot L^{-1}$)			
$\bar{c}_{HCl}$/($mol\cdot L^{-1}$)			
平均偏差			
相对平均偏差/%			

续表

2. HCl 标准溶液测定 Na_2CO_3 含量

次数	1	2	3
$V_{Na_2CO_3}$/ml			
V_{HCl} 终读数/ml			
V_{HCl} 初读数/ml			
V_{HCl}/ml			
$Na_2CO_3\%(g\cdot ml^{-1})$			
$\overline{Na_2CO_3}\ \%(g\cdot ml^{-1})$			
相对平均偏差/%			

七、注意事项

(1) 用硼砂标定 HCl 溶液时，应选用甲基红作指示剂，不要错拿甲基橙。

(2) 移液管、吸量管和容量瓶不能在烘箱烘干，也不需用任何方式对其加热。

(3) 移液管、吸量管和容量瓶用毕后应立即用水冲洗干净。

八、思考题

(1) 为何移液管和滴定管使用前要用待装溶液润洗？锥形瓶是否需用待装溶液润洗？为什么？

(2) 用硼砂作基准物质标定 HCl 时，是否可用酚酞作指示剂？请说明原因。

(3) 硼砂($Na_2B_4O_7\cdot 10H_2O$)因保存不当，失去部分结晶水，对标定 HCl 溶液的浓度有何影响？

(4) “指示剂加入量越多，终点的变化越为明显。”这样的看法是否正确？

（钮树芳）

实验八　食醋中总酸量的测定

一、目标要求

(1) 掌握酸碱滴定法测定液体试样的方法。

(2) 掌握食醋中总酸量的测定方法。

(3) 掌握容量瓶、移液管和碱式滴定管的使用和操作技术。

(4) 熟悉强碱滴定弱酸时指示剂的选择。

二、预习内容

(1) 预习本实验全部内容。

(2) 计算计量点时溶液的 pH，明确指示剂的选择依据。

(3) 预习容量瓶的使用和操作技术。

三、实验原理

食醋的主要成分是乙酸，此外还含有少量其他弱酸，如乳酸等。以酚酞为指示剂，用 NaOH 标准溶液滴定，可测出酸的总量。其反应为

$$NaOH + HAc \rightleftharpoons NaAc + H_2O$$

总酸量都以乙酸来表示。

食醋中乙酸的含量一般为 3%～5%，滴定前要适当稀释，同时也使食醋本身颜色变浅，便于观察终点颜色的变化。

CO_2 的存在干扰测定，稀释食醋试样的蒸馏水应经过煮沸。

四、实验仪器与药品

1. 仪器　25ml 碱式滴定管，250ml 容量瓶，250ml 锥形瓶，10ml 和 20ml 移液管。

2. 试剂　NaOH 标准溶液 ($0.1 mol \cdot L^{-1}$)，食醋试样，0.1%酚酞乙醇溶液。

五、实验内容与方法

1. 食醋试液的稀释　用 10ml 移液管移取食醋试液（颜色太深，可用活性炭脱色）于 250 ml 容量瓶中，用新煮沸冷却后的蒸馏水稀释至刻度，摇匀。

2. 食醋中总酸量的测定　用移液管移取 20.00ml 已稀释的食醋试液于 250ml 锥形瓶中，加入约 50ml 不含 CO_2 的蒸馏水，加 2 滴酚酞指示剂，用 NaOH 标准溶液滴定至溶液呈微红色（如果稀释后的呈浅黄色，则终点颜色略暗），30s 不褪色即为终点。

3. 结果计算　平行测定三份，计算乙酸的总酸量，用每 100ml 食醋所含乙酸 (HAc)，的克数表示：

$$\text{HAc含量(g/100ml)} = \frac{c_{NaOH}V_{NaOH} \times 10^{-3} \times M_{HAc}}{20 \times \frac{10}{250}} \times 100$$

式中：c_{NaOH} 为 NaOH 标准溶液的浓度，V_{NaOH} 消耗 NaOH 标准溶液的体积，M_{HAc} 为乙酸的摩尔质量 ($60.05 g \cdot mol^{-1}$)。

六、实验数据记录与处理

实验结果见表。

次数	1	2	3
食醋试液的体积/ml			
NaOH 标准溶液的浓度/($mol \cdot L^{-1}$)			
NaOH 标准溶液的初读数/ml			
NaOH 标准溶液的终读数/ml			
NaOH 标准溶液的体积/ml			
食醋的总酸量/($g \cdot 100ml^{-1}$)			
食醋的总酸量的平均值/($g \cdot 100ml^{-1}$)			
平均偏差			
相对平均偏差/%			

七、注意事项

市售食醋中乙酸含量较大，颜色较深，必须稀释后再进行滴定。被冲稀的食醋溶液的颜色仍然影响终点的判断，因此滴定时还

需加入大量的蒸馏水。

八、思 考 题

(1)用 NaOH 标准溶液测定食醋的总酸量时，以酚酞为指示剂的依据是什么？

(2)测定食醋的总酸量时，所用的蒸馏水为什么不能含有 CO_2？

(3)测定食醋的总酸量时，NaOH 标准溶液能否含有 CO_2？为什么？

（钮树芳）

实验九 非水滴定法

一、目 标 要 求

(1)了解非水滴定的原理。

(2)掌握高氯酸标准溶液的配制及标定。

(3)学习用非水滴定法测定枸橼酸钠含量的方法。

二、预 习 内 容

(1)预习非水溶剂的分类和性质。

(2)预习本实验的全部内容。

三、实 验 原 理

非水滴定分析法采用非水溶剂(包括有机溶剂与不含水的无机溶剂)作为滴定介质，不仅能增大有机化合物的溶解度，而且能改变物质的化学性质(例如酸碱性及其强度)。滴定弱碱常选择对碱起调平效应的酸性溶剂(如冰乙酸)，将弱碱调平到溶剂阴离子的强度水平，以便用标准溶液(高氯酸)进行滴定。

常用的冰乙酸含有少量水分，水的存在会影响滴定突跃，使指示剂变色不敏锐，需加入计算量的乙酐，使水转变乙酸。

$$(CH_3CO)_2O + H_2O \rightleftharpoons 2CH_3COOH$$

乙酐用量的计算：

若一级冰乙酸含量为 99.8%，比重为 1.05，则除去 1000ml 冰乙酸中的水，应加比重 1.08，含量 97.0%的乙酐体积为：

$$V = \frac{102.09 \times 1000 \times 1.05 \times 0.2\%}{18.02 \times 1.08 \times 97\%} = 11.36\text{ml}$$

常用高氯酸含高氯酸 70.0%～72.0%，也需加入计算量的乙酐以除去水分。如配制 $0.1\text{mol} \cdot L^{-1}$ 高氯酸溶液 1000ml，需加密度 $1.75\text{g} \cdot \text{ml}^{-1}$，含高氯酸 70%的高氯酸 8.5ml。除去 8.5ml 高氯酸中的水分应加密度 $1.08\text{g} \cdot \text{ml}^{-1}$，含量 97.0%的乙酐为

$$V = \frac{102.09 \times 8.5 \times 1.75 \times 30\%}{18.02 \times 1.08 \times 97\%} = 24.13\text{ml}$$

高氯酸为强酸、强氧化剂，与有机物接触极易引起爆炸，因此配制高氯酸标准溶液时要先用冰乙酸溶液将高氯酸稀释后在不断搅拌下缓缓滴加乙酐。

高氯酸的冰乙酸溶液在低于 16℃时会结冰。若以冰乙酸-乙酐各半为溶剂可使标准溶液的冰点降至–12.4℃，也可加入 10%～15%的丙酸防冻。

标定高氯酸标准溶液，常用邻苯二甲酸氢钾作基准物，以结晶紫为指示剂，滴定至变为蓝色或蓝绿色为终点，并用试剂空白试验校正。也可用 α-萘酚苯甲醇或喹哪红为指示剂，以碳酸钠或水杨酸钠为基准物进行标定。

枸橼酸钠和高氯酸的反应为

$$C_6H_5O_7Na_3 + 3HClO_4 \rightleftharpoons C_6H_5O_7H_3 + 3Na^+ + 3ClO_4^-$$

根据称取样品的质量 $W_{样}$和消耗高氯酸标准溶液的体积就可以计算样品中枸橼酸钠的含量。

$$C_6H_5O_7Na_3\text{含量}(\%) = \frac{c_{HClO_4} \cdot (V - V_{空白}) \cdot M_{1/3C_6H_5O_7Na_3} \times 10^{-3}}{W_{样品}} \times 100\%$$

式中，c_{HClO_4} 为高氯酸标准溶液的准确浓度；V 为滴定时消耗高氯酸标准溶液的体积；$V_{空白}$为不加枸橼酸钠样品时消耗高氯酸标准溶液的体积；$W_{样品}$为所称样品的质量；$M_{1/3C_6H_5O_7Na_3}$ 为摩尔质量。

四、实验仪器与药品

1. 仪器　酸式滴定管，移液管，锥形瓶，称量瓶，容量瓶，试剂瓶，烧杯，洗瓶，铁架台，滴定管夹，玻璃棒，分析天平。

2. 药品　乙酐，冰乙酸，邻苯二甲酸氢钾，0.5%结晶紫指示剂，枸橼酸钠样品，$0.1mol \cdot L^{-1}HClO_4$。

五、实验内容与方法

（一）计算配制溶液所需冰乙酸、乙酐和高氯酸的量

(1) 配制 $0.1mol \cdot L^{-1}HClO_4$ 溶液 1000ml 需 70%高氯酸（密度 $1.75g \cdot ml^{-1}$）体积：

$$V = \frac{0.1 \times 1000 \times M_{HClO_4} \times 10^{-3}}{1.75 \times 70\%} = 8.2ml$$

(2) 除去 1000ml 冰乙酸（99.8%，密度 $1.05g \cdot ml^{-1}$）中水应加乙酐（乙酐含量 97.0%，密度 $1.08g \cdot ml^{-1}$）的体积：

$$V = \frac{102.09 \times 1.05 \times 0.2\%}{18.02 \times 1.08 \times 97\%} = 11.36ml$$

(3) 除去 8.2ml 高氯酸中水需加乙酐体积：

$$V = \frac{102.09 \times 8.2 \times 1.75 \times 30\%}{18.02 \times 1.08 \times 97\%} = 23.28ml$$

（二）高氯酸标准溶液的配制

取无水冰乙酸 550ml，加入高氯酸（70%左右）8.2ml 摇匀，在烧杯中缓缓滴加 24ml 乙酐，用玻璃棒不断搅拌，放冷后转移到 1000ml 容量瓶中，加无水冰乙酸至刻度线，摇匀后放 24h。

（三）高氯酸标准溶液的标定

取 105℃干燥至恒重的邻苯二甲酸氢钾约 0.4g 在分析天平上准确称量后放锥形瓶中，加无水冰乙酸 20ml，使溶解，加 0.5%结晶紫冰乙酸溶液 1～2 滴，用高氯酸冰乙酸标准溶液滴定至蓝色，并将滴定结果用空白试验（即不加邻苯二甲酸氢钾）校正。计算如下：

$$c_{HClO_4} = \frac{W_{邻苯二甲酸} / M_{邻苯二甲酸} \times 1000}{V - V_{空白}}$$

式中：c_{HClO_4} 为 $HClO_4$ 的准确浓度（$mol \cdot L^{-1}$）；V 为样品消耗 $HClO_4$ 的体积（ml）；$V_{空白}$ 为空白试剂消耗 $HClO_4$ 的体积（ml）；$W_{邻苯二甲酸氢钾}$ 为称取的邻苯二甲酸氢钾的质量（g）；$M_{邻苯二甲酸氢钾}$ 为邻苯二甲酸氢钾的摩尔质量（$g \cdot mol^{-1}$）。

重复测两次，三次结果相对偏差不应大于 0.2%。

（四）枸橼酸钠的含量测定

(1) 在分析天平上准确称取枸橼酸钠样品约 8g 置烧杯中，加无水冰乙酸 1000ml，乙酐 200ml 微热使溶解，冷却后转移至 2000ml 容量瓶中，加无水冰乙酸至刻度线，得样品溶液。

(2) 用洁净干燥移液管一支，以样品溶液润洗后吸取枸橼酸钠样品液 20.00ml 置于锥形瓶中，加结晶紫指示剂 2 滴，用 $HClO_4$ 标准溶液滴定至溶液显蓝色为止，另做一空白试验校正。重复测两次，按下式计算：

$$C_6H_5O_7Na_3含量(\%) = \frac{c_{HClO_4} \cdot (V - V_{空白}) \cdot M_{1/3C_6H_5O_7Na_3} \times 10^{-3}}{W_{样品} \times \dfrac{20.00}{2000.00}} \times 1000$$

式中：c_{HClO_4} 为 $HClO_4$ 的准确浓度（$mol \cdot L^{-1}$）；V 为样品消耗 $HClO_4$ 的体积（ml）；$V_{空白}$ 为空白试剂消耗 $HClO_4$ 的体积（ml）；$M_{1/3C_6H_5O_7Na_3}$ 为 $1/3C_6H_5O_7Na_3$ 的摩尔质量（$g \cdot mol^{-1}$），$W_{样品}$ 为称取的样品质量（g）。

本实验所用仪器必须干燥，不得用水洗涤。所用溶剂均为无水冰乙酸，如 0.5%结晶紫即称 0.5g 结晶紫，用无水冰乙酸溶解并定容至 100ml。

六、实验数据记录与处理

1. 邻苯二甲酸氢钾标定 $HClO_4$ 溶液

次数	1	2	3
称量瓶+邻苯二甲酸氢钾/g			
称量瓶+剩余邻苯二甲酸氢钾/g			

续表

次数	1	2	3
邻苯二甲酸氢钾/g			
V_{HClO_4} 终读数/ml			
V_{HClO_4} 初读数/ml			
V_{HClO_4} /ml			
c_{HClO_4} /(mol · L^{-1})			
$\bar{c}_{HClO_4}$ /(mol · L^{-1})			
相对平均偏差/%			

2. $HClO_4$标准溶液测定枸橼酸钠的含量

次数	1	2	3
$V_{C_6H_5O_7Na}$ /ml			
V_{HClO_4} 终读数/ml			
V_{HClO_4} 初读数/ml			
V_{HClO_4} /ml			
$C_6H_5O_7$ Na %(g · ml^{-1})			
$C_6H_5\bar{O}_7$Na %(g · ml^{-1})			
相对平均偏差/%			

七、注意事项

(1) 高氯酸与有机物接触或遇热易引起爆炸，和乙酐混合时发生剧烈反应而放出大量热。配制高氯酸冰乙酸溶液时，不能将乙酐直接加入高氯酸中，应先用冰乙酸将高氯酸稀释后再在不断搅拌下缓慢滴加乙酐。以免剧烈氧化而引起爆炸。

(2) 高氯酸、冰乙酸均对皮肤有腐蚀性，刺激黏膜，使用时应注意防护。

(3) 冰乙酸易挥发，故标准溶液应放在棕色瓶中密闭保存。

(4) 冰乙酸低于 16℃时会结冰而影响使用，对不易乙酰化的试样可采用乙酸-乙酐 (9∶1) 的混合溶剂配制高氯酸溶液。它不仅可以防止结冰，且吸湿性小，浓度改变也小。

(5) 结晶紫指示剂，重点变色为紫—蓝紫—纯蓝—蓝绿。应正确观察终点颜色，如必要可做空白试验或电位法对照试验。

八、思考题

(1) 在非水酸碱滴定中，若容器、试剂含有微量水分，对测定结果有什么影响？

(2) 在溶剂冰乙酸中加乙酐的目的是什么？

(3) 做空白试验的目的是什么？如何做空白试验？

(4) 冰乙酸对于 $HClO_4$、H_2SO_4、HCl、HNO_3 是什么溶剂？水对这四种酸是什么溶剂？

（钮树芳）

实验十　EDTA 标准溶液的配制和标定

一、目标要求

(1) 学习配制和标定 EDTA 标准溶液的方法。

(2) 掌握配位滴定法的基本原理。

(3) 了解配位滴定的特点。

二、预习内容

(1) 掌握金属 Zn 标定 EDTA 溶液浓度在不同 pH 条件下的标定方法。

(2) 计算配制 500ml 0.05 mol · L^{-1}EDTA 溶液，所需 EDTA 二钠盐的质量。

(3) 计算配制 250ml 0.05 mol · L^{-1} $MgCO_3$ 标准溶液，所需 $MgCO_3$ 的质量。

三、实验原理

螯合滴定法是利用氨羧螯合剂与多种金属离子形成稳定的螯合物，以测定多种金属离子的含量的滴定分析方法。氨羧螯合剂中应用最广的是乙二胺四乙酸及其二钠盐，简称 EDTA 及 EDTA-2Na ($Na_2H_2Y \cdot 2H_2O$)，因 EDTA 在水中溶解度较小，一般用 EDTA-2Na，其在水溶液中按下式电离：

$$Na_2H_2Y \longrightarrow 2Na^+ + H_2Y^{2-}$$

$$H_2Y^{2-} \underset{+H}{\overset{-H}{\rightleftharpoons}} HY^{3-} \underset{+H}{\overset{-H}{\rightleftharpoons}} Y^{4-}$$

EDTA 与金属离子的螯合反应主要是 Y^{4-} 与金属离子的螯合。它与各种价态的金属离子一般都形成 1∶1(物质的量比)的可溶性的稳定螯合物。螯合物的稳定性与溶液的pH有关,溶液pH过低将促使螯合物离解,溶液pH过高,多数金属离子会生成氢氧化物沉淀，此时金属离子浓度降低，同样不能使螯合反应进行完全。因此，在滴定中常需加入一定量的缓冲溶液以控制溶液的酸度。

EDTA 标准溶液的浓度一般为 0.01～0.05mol·L^{-1},常用其二钠盐($Na_2H_2Y_2 \cdot H_2O$,摩尔质量为372.24g·mol^{-1})配制。纯度高的EDTA 二钠盐可用直接法配制，但因它常含有少量的吸湿水,使用时应在80℃以内干燥至恒重。如果纯度不够，则可用间接法，先配制近似浓度的溶液，再用基准物质标定。

标定 EDTA 溶液的基准试剂较多，如金属锌、铜、铋、铅以及 ZnO、$MgCO_3$、$CaCO_3$、$NH_4Fe(SO_4)_2 \cdot 24H_2O$ 等。本实验用 $MgCO_3$ 标定 EDTA 溶液。

四、实验仪器与药品

1. 仪器　分析天平，称量瓶，200ml 容量瓶，50ml 和 400ml 烧杯，10ml 和 100ml 量筒,250ml锥形瓶,25ml酸式滴定管,500ml聚乙烯瓶。

2. 药品　基准试剂 $MgCO_3$，分析纯 EDTA-2Na，NH_3-NH_4Cl 缓冲溶液(pH=10)，铬黑 T 指示剂。

五、实验内容与方法

1. 0.05mol·L^{-1}EDTA 溶液的配制

(1)计算配制 500ml 0.05mol·L^{-1}EDTA 溶液所需 EDTA-2Na 固体的质量。

(2)在台秤上称取所需EDTA-2Na固体，放在 400ml 烧杯中，加 200ml 蒸馏水，加热溶解，待溶液冷却后转移至聚乙烯瓶中，稀释成 500ml，摇匀。

2. 0.05mol·$L^{-1}$$MgCO_3$ 标准溶液的配制

(1)将基准试剂 $MgCO_3$ 于 110℃干燥 2h，在干燥器中冷却。

(2)计算配制 200ml 0.05mol·$L^{-1}$$Mg^{2+}$溶液所需的 $MgCO_3$ 固体的质量。

(3)用减量法准确称取所需的 $MgCO_3$，置于烧杯中，用蒸馏水润湿，盖上表面皿，用滴管缓慢由烧杯嘴处加入少量稀 HCl，并不断振荡，待 $MgCO_3$ 完全溶解后，移入 200ml 容量瓶中，用水洗涤烧杯 2～3 次，洗液并入容量瓶中，稀释至标线，摇匀。

3. 0.05mol·L^{-1}EDTA 溶液的标定

(1)用移液管吸取上述 $MgCO_3$ 溶液 20.00ml 于锥形瓶中，滴加浓氨水到 pH 为 6～8 之间。

(2)在上述锥形瓶中加 5ml NH_3-NH_4Cl 缓冲溶液和铬黑 T 指示剂少许(火柴头大小)，在不断振荡下用 EDTA 标准溶液滴定至溶液由酒红色恰好变为纯蓝色即为滴定终点。记录滴定结果，再重复标定两次。

(3)按下式计算 EDTA 标准溶液的准确浓度。

$$c_{EDTA} = \frac{\dfrac{m_{MgCO_3}}{M_{MgCO_3}} \times \dfrac{20.00}{200.00}}{V_{EDTA} \times 10^{-3}}$$

式中：c_{EDTA} 为 EDTA 标准溶液的准确浓度(mol·L^{-1})；m_{MgCO_3} 为称量$MgCO_3$的质量(g)；M_{MgCO_3} 为 $MgCO_3$ 的摩尔质量(84g·mol^{-1})；V_{EDTA}为消耗的 EDTA 体积(ml)。

六、实验数据记录与处理

实验数据记录和处理见下表。

次数	1	2	3
称量瓶+碳酸镁质量/g			
称量瓶+剩余碳酸镁/g			
m_{MgCO_3} /g			
c_{MgCO_3} /(mol·L^{-1})			
V_{EDTA} 终读数/ml			
V_{EDTA} 初读数/ml			
V_{EDTA}/ml			
c_{EDTA}/(mol·L^{-1})			

续表

次数	1	2	3
$\bar{c}_{EDTA}$ /(mol·L^{-1})			
相对平均偏差			

七、注意事项

(1) EDTA-2Na 盐在水中溶解较慢，可加热使其溶解或放置过夜。

(2) 储存 EDTA 溶液应选用硬质玻璃瓶或聚乙烯瓶，用聚乙烯瓶储存更好。避免与橡皮塞、橡皮管等接触。

八、思考题

(1) 为什么通常使用乙二胺四乙酸二钠盐配制 EDTA 标准溶液，而不用乙二胺四乙酸？

(2) 滴定时加 NH_3-NH_4Cl 缓冲溶液的作用是什么？

(3) 试拟出用基准试剂锌标定 EDTA 溶液的步骤。

（薄彧坤）

实验十一　水中钙镁含量的测定

一、目标要求

(1) 掌握 EDTA 法测定水中钙镁含量的原理和方法。

(2) 了解螯合滴定法的实际应用。

(3) 掌握铬黑 T 和钙指示剂的应用，了解金属指示剂的特点。

二、预习内容

(1) 预习本实验全部内容。

(2) 了解金属指示剂的选择原则。

(3) 掌握 EDTA 测定金属离子时，如何确定溶液的 pH？依据是什么？

三、实验原理

天然水中含有各种可溶性的钙盐和镁盐。作为锅炉用的水或用离子交换法制备去离子水时都需要测定水中钙盐和镁盐的含量。

用 EDTA 测定 Ca^{2+}、Mg^{2+}时，通常在两个待测试液中分别测定 Ca^{2+}和 Ca^{2+}、Mg^{2+}总量，Mg^{2+}含量可以用两次测定的 EDTA 差数求出。

在测定 Ca^{2+}时，取一份试液，用 NaOH 溶液调节 pH=12，此时 Mg^{2+}形成 $Mg(OH)_2$ 沉淀，然后加入钙指示剂少许，它只能与 Ca^{2+}螯合，溶液呈红色。当滴入 EDTA 标准溶液时，Y^{4-}先与游离的 Ca^{2+}螯合，然后夺取已和钙指示剂螯合的 Ca^{2+}使钙指示剂游离，溶液由红色恰好变为蓝色。反应式如下：

滴定前：$Ca^{2+} + HIn^{2-} \rightleftharpoons CaIn^{2-} + H^+$

终点前：$Ca^{2+} + H_2Y^{2-} \rightleftharpoons CaY^{2-} + 2H^+$

终点时：$CaIn^- + H_2Y^{2-} \rightleftharpoons CaY^{2-} + H^+ + HIn^{2-}$（蓝）

用 EDTA 标准溶液滴定 Ca^{2+}到达终点时有如下关系：

$$c_{Ca^{2+}} \times V_{Ca^{2+}} = c_{EDTA} \times V_{EDTA}$$

所以根据 EDTA 标准溶液用量可计算 Ca^{2+}含量。

在测定 Ca^{2+}、Mg^{2+}总量时，另取一份试液，用 NH_3-NH_4Cl 缓冲溶液调节 pH=10，以铬黑 T 为指示剂，因稳定性 $CaY^{2-} > MgY^{2-} > MgIn^- > CaIn^-$，所以铬黑 T 先与部分 Mg^{2+}螯合形成 $MgIn^-$，使溶液显酒红色。当滴入 EDTA 标准溶液时，Y^{4-}先与溶液中游离的 Ca^{2+}、Mg^{2+}螯合，然后再夺取 $MgIn^-$中的 Mg^{2+}使铬黑 T 游离，溶液由酒红色恰好变为纯蓝色，指示达到计量点。从 EDTA 标准溶液的用量计算试液中的钙镁总量和镁的含量。反应式如下：

滴定前：$Mg^{2+} + HIn^- \rightleftharpoons MgIn^-$（酒红）$+ H^+$

终点前：$Ca^{2+} + H_2Y^{2-} \rightleftharpoons CaY^{2-} + 2H^+$

$Mg^{2+} + H_2Y^{2-} \rightleftharpoons MgY^{2-} + 2H^+$

终点时：$MgIn^- + H_2Y^{2-} \rightleftharpoons MgY^{2-} + H^+ + HIn^-$（纯蓝色）

四、实验仪器与药品

1. 仪器　50ml 移液管，250ml 锥形瓶，25ml 滴定管，10ml 和 50ml 量筒，250ml 容量瓶，洗瓶，烧杯，pH 试纸。

2. 药品　EDTA-2Na 标准溶液（约 $0.05mol \cdot L^{-1}$），NH_3-NH_4Cl 缓冲溶液(pH=10)，$6mol \cdot L^{-1}$ NaOH，铬黑 T 指示剂，钙指示剂，水样。

五、实验内容与方法

1. $0.01\ mol \cdot L^{-1}$EDTA 溶液的配制　用移液管吸取 $0.05mol \cdot L^{-1}$EDTA 标准溶液 50.00ml，置于 250ml 容量瓶中，加蒸馏水稀释至标线，摇匀。

2.Ca^{2+}的测定　准确量取水样 50.00ml，置于250ml锥形瓶中，加蒸馏水 50ml，$6mol \cdot L^{-1}$ NaOH 2.0ml，用 pH 试纸检查 pH＞12，加钙指示剂少许（火柴头大小），用 $0.01mol \cdot L^{-1}$ EDTA 标准溶液滴定，不断旋摇直至溶液恰好由红色变为蓝色时，即为终点，记录所用 EDTA 溶液的毫升数 V_1，再重复测定 2 次。

3. Ca^{2+}、Mg^{2+} 总量的测定　取水样 50.00ml，置于 250ml 锥形瓶中，加蒸馏水 50ml，NH_3-NH_4Cl 缓冲溶液 7ml，铬黑 T 固体指示剂少许（火柴头大小），用 $0.01\ mol \cdot L^{-1}$ EDTA 标准溶液滴定至样品溶液由红色恰好变为纯蓝色时，即为终点。记录所用 EDTA 溶液毫升数 V_2。再重复测定 2 次。

4.结果计算　根据下式计算水样中 Ca^{2+} 和 Mg^{2+}的含量。

$$Ca^{2+}含量(mmol \cdot L^{-1}) = \frac{c_{EDTA} \times V_1}{50.00} \times 1000$$

$$Mg^{2+}含量(mmol \cdot L^{-1}) = \frac{c_{EDTA} \times (V_2 - V_1)}{50.00} \times 1000$$

六、实验数据记录与处理

1. 水中钙含量的测定

次数	1	2	3
取水样溶液体积/ml			
EDTA 溶液初读数/ml			

续表

次数	1	2	3
EDTA 溶液终读数/ml			
消耗 EDTA 溶液体积/ml			
水样钙含量/$(mmol \cdot L^{-1})$			
水样平均钙含量/$(mmol \cdot L^{-1})$			
相对平均偏差/%			

2. 水中钙镁含量的测定

次数	1	2	3
取水样溶液体积/ml			
EDTA 溶液初读数/ml			
EDTA 溶液终读数/ml			
消耗 EDTA 溶液体积/ml			
水样镁含量/$(mmol \cdot L^{-1})$			
水样平均镁含量/$(mmol \cdot L^{-1})$			
相对平均偏差/%			

七、注 意 事 项

1. NH_3-NH4Cl 缓冲溶液（pH=10）的配制　取 67.5g NH_4Cl 溶于 200ml 水中，加入 570ml $15mol \cdot L^{-1}$ 氨水，用水稀释到 1000ml。

2. 铬黑 T 指示剂的配制　取铬黑 T 1.0g 与磨细的干燥 NaCl 100g 研匀配成固体合剂。

3. 钙指示剂的配制　配制方法与铬黑 T 指示剂的配制方法相同。

4. 消除干扰　水中若有大量干扰离子如 Fe^{3+}、Al^{3+}存在时，可加 1～3ml 1∶2 三乙醇胺溶液作掩蔽剂。

八、思 考 题

(1) 为什么滴定 Mg^{2+}时要控制 pH=10，而 Ca^{2+}则需 pH＞12?

(2) 使用铬黑 T 指示剂时，其终点变化怎样？为什么？

(3) 某溶液主要含有 Ca^{2+}、Mg^{2+}及少量 Fe^{3+}，Al^{3+}，若在 pH=10 时，用铬黑 T 为指示剂，测出的结果是下列哪一种？

①Mg^{2+}含量；②Ca^{2+}含量；③Ca^{2+}、Mg^{2+}总量；④Fe^{3+}、Mg^{2+}总量；⑤Fe^{3+}、Al^{3+}、Ca^{2+}、

Mg^{2+}总量。

（薄彧坤）

实验十二　高锰酸钾滴定法测定双氧水中H_2O_2的含量

一、目 标 要 求

（1）了解$KMnO_4$标准溶液的配制和标定方法。

（2）熟悉 $KMnO_4$ 与 $Na_2C_2O_4$ 的反应条件，正确判断滴定的计量点。

（3）学会用高锰酸钾法测定双氧水中H_2O_2的含量。

二、预 习 内 容

（1）预习本实验全部内容。

（2）阅读分析化学教材，掌握 $Na_2C_2O_4$ 标定 $KMnO_4$溶液的反应机理和反应条件。

三、实 验 原 理

市售的 $KMnO_4$ 常含有 MnO_2 杂质，蒸馏水中常含有少量有机杂质，能还原 $KMnO_4$，因此不能用直接法配制标准溶液。通常配制的溶液要在冷暗处放置数天（为使 $KMnO_4$ 溶液浓度较快达到稳定，也可加热煮沸 10～20min，放置 2 天）。待 $KMnO_4$ 将还原性杂质充分氧化后，用砂芯漏斗或玻璃棉过滤，除去生成的 MnO_2，然后标定其浓度。$KMnO_4$ 能自行分解，光线和 MnO_2 等都能促进 $KMnO_4$ 的分解，所以配好的 $KMnO_4$ 溶液应除尽杂质，并保存于棕色瓶中，放置暗处。

标定 $KMnO_4$溶液常用分析纯 $Na_2C_2O_4$，在酸性溶液中反应如下式：

$$2MnO_4^- + 5C_2O_4^{2-} + 16H^+ = 2Mn^{2+} + 8H_2O + 10CO_2$$

达计量点时，关系为

$$\frac{1}{2}n(KMnO_4) = \frac{1}{5}n(Na_2C_2O_4)$$

此标定反应要在 H_2SO_4酸性溶液预热至 70～85℃和有 Mn^{2+}催化的条件下进行。滴定开始时，反应很慢，$KMnO_4$溶液必须逐滴加入，如果滴加过快，$KMnO_4$在热溶液中能部分分解而造成误差。

$$4KMnO_4 + 6H_2SO_4 = 2K_2SO_4 + 4MnSO_4 + 6H_2O + 5O_2$$

在滴定过程中，溶液中逐渐有 Mn^{2+}生成，使反应速率加快，所以滴定速度可稍加快些，以每秒 2～3 滴为宜。由于 $KMnO_4$ 溶液本身具有颜色，滴定时溶液中有稍微过量的 MnO_4^-即显粉红色，故不需另加指示剂。

双氧水是医药上常用的消毒剂。市售双氧水含 H_2O_2 2.5%～3.5%（$g \cdot ml^{-1}$）。在酸性溶液中 H_2O_2很容易被 $KMnO_4$氧化，反应式如下：

$$2MnO_4^- + 5H_2O_2 + 6H^+ = 2Mn^{2+} + 8H_2O + 5O_2$$

达计量点时：

$$\frac{1}{2}n_{KMnO_4} = \frac{1}{5}n_{H_2O_2}$$

四、实验仪器与药品

1. 仪器　25ml 棕色酸式滴定管，100ml 和 200ml 容量瓶，1ml 和 20ml 移液管，锥形瓶，分析天平，量筒，烧杯，洗瓶，电炉，滴定管夹，铁架台，玻璃棒。

2. 药品　$3mol \cdot L^{-1}H_2SO_4$，固体 $Na_2C_2O_4$（分析纯），$KMnO_4$溶液（约 $0.004mol \cdot L^{-1}$），市售双氧水。

五、实验内容与方法

（一）高锰酸钾溶液的标定

（1）精确称取干燥的分析纯 $Na_2C_2O_4$ 0.25～0.27g（用差减称量法，准确至 0.0001g）于 50ml 烧杯中，先加入少量蒸馏水使其溶解，然后小心地移入 200ml 容量瓶中，并用少量蒸馏水洗涤烧杯 2～3 次，洗涤液一并移入容量瓶中，稀释至标线，摇匀。

(2) 用洁净并润洗过的 20ml 移液管，吸取 $Na_2C_2O_4$ 基准溶液 20.00ml 置于 250ml 锥形瓶中，加入 $3mol·L^{-1}$ H_2SO_4 5ml，摇匀。加热溶液至有蒸汽冒出（约 70～85℃），但不要煮沸。

(3) 将待标定的 $KMnO_4$ 溶液装入酸式滴定管中，排除气泡，调整液面在零刻度或零刻度稍下，记下 $KMnO_4$ 溶液的初读数（$KMnO_4$ 溶液色深，应从液面最高缘读数），趁热对 $Na_2C_2O_4$ 溶液进行滴定。小心滴加 $KMnO_4$ 溶液，充分振摇，等第一滴紫红色褪去，再加第二滴。此后滴定速度控制在每秒 2～3 滴为宜。接近终点时，紫红色褪去很慢，应减慢速度，同时充分摇匀，直至最后半滴或一滴 $KMnO_4$ 溶液滴入摇匀后，保持 30s 不褪色，可认为已达到终点。记下终读数。再重复标定 2 次。

(4) 按下式计算 $KMnO_4$ 溶液的物质的量浓度

$$c_{KMnO_4}=\frac{W_{Na_2C_2O_4}\times\dfrac{20.00}{200.00}}{V_{KMnO_4}\times\dfrac{5}{2}M_{Na_2C_2O_4}}\times1000$$

式中：$M_{Na_2C_2O_4}$ 为 $Na_2C_2O_4$ 的摩尔质量（$g·mol^{-1}$）；$W_{Na_2C_2O_4}$ 为称取的 $Na_2C_2O_4$ 质量（g）；V_{KMnO_4} 为消耗 $KMnO_4$ 溶液的体积（ml）；c_{KMnO_4} 为 $KMnO_4$ 的浓度（$mol·L^{-1}$）。

（二）双氧水中 H_2O_2 含量的测定

(1) 用 1ml 移液管吸取双氧水 1.00ml 于 100ml 容量瓶中，用水稀释至标线，摇匀。

(2) 用 20ml 移液管吸取上述溶液 20.00ml 于 250ml 锥形瓶中，加 $3mol·L^{-1}$ H_2SO_4 5ml，用 $KMnO_4$ 标准溶液滴定至溶液显粉红色，经过 30s 不消褪，即达终点。再重复测定两份。

(3) 结果计算：用下式计算药用双氧水中 H_2O_2 的含量。

$$H_2O_2\%(g·ml^{-1})=\frac{5\times c_{KMnO_4}\times V_{KMnO_4}\times\dfrac{M_{H_2O_2}}{1000}}{2\times V_{H_2O_2}\times\dfrac{20.00}{100.00}}\times100\%$$

式中：$M_{H_2O_2}$ 为 H_2O_2 的摩尔质量（$34g·mol^{-1}$）；c_{KMnO_4} 为 $KMnO_4$ 标准溶液的准确浓度（$mol·L^{-1}$）；V_{KMnO_4} 为消耗 $KMnO_4$ 溶液的体积（ml）；$V_{H_2O_2}$ 为吸取市售双氧水的体积（ml）。

六、实验数据记录与处理

1. 高锰酸钾溶液的标定

$Na_2C_2O_4$ 基准溶液的配制			
称取 $Na_2C_2O_4$ 质量/g			
配制 $Na_2C_2O_4$ 溶液体积/ml			
$C_{Na_2C_2O_4}$/（$mol·L^{-1}$）			
高锰酸钾溶液浓度的标定			
次数	1	2	3
移取 $Na_2C_2O_4$ 溶液体积/ml			
高锰酸钾溶液初读数/ml			
高锰酸钾溶液终读数/ml			
消耗高锰酸钾溶液体积/ml			
高锰酸钾溶液浓度/（$mol·L^{-1}$）			
高锰酸钾溶液平均浓度/（$mol·L^{-1}$）			
相对平均偏差/%			

2. 双氧水中 H_2O_2 含量的测定　取药用双氧水________ml，稀释成________ml，滴定时取待测双氧水溶液________ml。

次数	1	2	3
高锰酸钾溶液的初读数/ml			
高锰酸钾溶液的终读数/ml			
消耗高锰酸钾溶液体积/ml			
H_2O_2%（$g·ml^{-1}$）			
H_2O_2%平均值（$g·ml^{-1}$）			
相对平均偏差/%			

七、注 意 事 项

(1) $KMnO_4$ 溶液的配制，用表面皿在台秤上称取 0.7g 固体，置于 1000ml 烧杯中，用蒸馏水 500ml，加热煮沸 20min，放冷后用新煮沸放冷的蒸馏水稀释至 1000ml，放入洁净的棕色试剂中摇匀、塞紧。在冷暗处放置 2～3 天，然后用砂芯漏斗或玻璃棉过滤，滤液移入另一洁净棕色瓶中在暗处保存备用。

(2) 温度太高，溶液中的 $H_2C_2O_4$ 容易分解（$Na_2C_2O_4$ 遇酸生成 $H_2C_2O_4$）。

$$H_2C_2O_4 \rightleftharpoons CO_2 + CO + H_2O$$

(3) $KMnO_4$ 滴定的终点不太稳定，由于空气中含有还原性气体及尘埃等杂质，落入溶液中能使 $KMnO_4$ 慢慢分解，从而使粉红色消失，所以经过 30s 不褪色，即可认为已达终点。

(4) H_2O_2 溶液有很强的腐蚀性，防止其溅到皮肤和衣物上。

八、思 考 题

(1) 用 $Na_2C_2O_4$ 标定 $KMnO_4$ 溶液时，溶液酸度对反应有无影响？如果在弱酸性或碱性介质中反应，将会产生什么后果？

(2) 在 $KMnO_4$ 滴定法中，滴定开始滴定速度太快，会出现什么结果？

(3) 用 $KMnO_4$ 滴定双氧水时，溶液是否可以加热？滴定开始时可以快速滴定吗？

(4) 盛放在棕色滴定管中的 $KMnO_4$ 溶液，它的体积应如何读取？

（薄彧坤）

实验十三 $Na_2S_2O_3$ 标准溶液的配制与标定

一、目 标 要 求

(1) 掌握 $Na_2S_2O_3$ 标准溶液的配制与标定方法。

(2) 了解置换碘量法过程和原理。

(3) 学习使用碘量瓶。

二、预 习 内 容

(1) 预习本实验全部内容。

(2) 计算配制 500ml $0.1mol \cdot L^{-1}$ $Na_2S_2O_3$ 溶液应称取 $Na_2S_2O_3 \cdot 5H_2O$ 多少克？

(3) 碱式滴定管和碘量瓶的操作方法。

三、实 验 原 理

碘量法是氧化还原滴定法中的重要方法之一。碘量法中最常使用的标准溶液是硫代硫酸钠溶液，硫代硫酸钠（$Na_2S_2O_3 \cdot 5H_2O$）往往含有少量杂质，如 S、Na_2SO_3、Na_2SO_4，同时还容易风化和潮解，因此，$Na_2S_2O_3$ 标准溶液只能用间接法配制。$Na_2S_2O_3$ 溶液在 pH=9～10 最为稳定，在酸性溶液中不稳定，$Na_2S_2O_3$ 遇酸会分解产生 S，水中溶解的 CO_2、微生物和空气中的 O_2 都会使 $Na_2S_2O_3$ 分解：

$$2S_2O_3^{2-} + H_2O + CO_2 \rightleftharpoons HSO_3^- + HSO_3^- + S\downarrow$$

$$S_2O_3^{2-} \xrightarrow{\text{微生物}} SO_3^{2-} + S\downarrow$$

$$2S_2O_3^{2-} + O_2 \rightleftharpoons 2HSO_4^{2-} + 2S\downarrow$$

因此，要用新煮沸并冷却的蒸馏水配制 $Na_2S_2O_3$ 溶液，再加入少量 Na_2CO_3（浓度约为 0.02%），使溶液呈微碱性，抑制微生物生长及 $Na_2S_2O_3$ 的分解。配制好的溶液储存于棕色瓶中，盖紧，并置于暗处 7～10 天，待溶液趋于稳定，过滤后再进行标定。

标定 $Na_2S_2O_3$ 的基准试剂有 $K_2Cr_2O_7$、$KBrO_3$、KIO_3 等，其中 $K_2Cr_2O_7$ 较便宜，又易提纯，是最常用的基准试剂。标定时采用置换碘量法，在酸性溶液中，将 $K_2Cr_2O_7$ 与过量的 KI 作用，置换出来的 I_2 用待标定的 $Na_2S_2O_3$ 溶液滴定。有关反应如下：

$$CrO_7^{2-} + 6I^- + 14H^+ \rightleftharpoons 2Cr^{3+} + 3I_2 + 7H_2O$$

$$I_2 + 2S_2O_3^{2-} \rightleftharpoons 2I^- + S_4O_6^{2-}$$

根据 $K_2Cr_2O_7$ 的质量及消耗 $Na_2S_2O_3$ 溶液的体积可计算出 $Na_2S_2O_3$ 溶液的浓度。

$Cr_2O_7^{2-}$ 与 I^- 反应速率慢，增加酸度可加快其反应速率，但酸度太高，溶液中的 I^- 被空气氧化的速率也会加快。故酸度一般控制在 0.8～1.0mol · L^{-1}，并在暗处放置 10min，使置换反应定量完成后，再用蒸馏水稀释，以淀粉为指示剂，用 $Na_2S_2O_3$ 溶液进行滴定。

四、实验仪器与药品

1. 仪器　25ml 碱式滴定管，20ml 移液管，250ml 碘量瓶，250ml 容量瓶，分析天平，称量瓶，10ml 和 100ml 量筒，烧杯，洗瓶，滴定管夹，铁架台。

2.药品　$Na_2S_2O_3\cdot 5H_2O$ 固体，基准试剂 $K_2Cr_2O_7$，2mol · L^{-1} HCl 溶液，20% KI 溶液，0.5%淀粉溶液。

五、实验内容与方法

1. $Na_2S_2O_3$ 溶液的配制

(1) 计算配制 500ml 0.1mol · L^{-1} $Na_2S_2O_3$ 溶液所需 $Na_2S_2O_3\cdot 5H_2O$ 固体的质量。

(2) 在台秤上称取 $Na_2S_2O_3\cdot 5H_2O$ 固体，然后加入新煮沸并冷却的 500ml 蒸馏水中溶解，并加入约 0.1g Na_2CO_3 固体，充分混匀，倒入棕色试剂瓶中，于暗处放置 7～10 天，过滤后再进行标定。

2. $Na_2S_2O_3$ 溶液的标定

(1) 精密称取 $K_2Cr_2O_7$ 基准试剂 1.2～1.35g，置于小烧杯中，加 40ml 蒸馏水溶解，定量转移到 250ml 容量瓶中，加水至刻度线，摇匀，备用。

(2) 用移液管移取 20ml $K_2Cr_2O_7$ 溶液于碘量瓶中，加入 10ml 20%的 KI 溶液，加入 2mol · L^{-1} HCl 溶液，立刻盖上瓶塞，摇匀，在暗处放置 10min。

(3) 加 50ml 蒸馏水稀释，用 $Na_2S_2O_3$ 溶液滴定至近终点（溶液由暗红色变为浅红色时），加入 2ml 0.5%的淀粉溶液，继续用 $Na_2S_2O_3$ 标准溶液滴定至刚刚消失，溶液显亮绿色即达终点。记录消耗 $Na_2S_2O_3$ 溶液的体积，重复测 2 次。

3. 结果计算　用下式计算 $Na_2S_2O_3$ 溶液的浓度。

$$c_{Na_2S_2O_3}=\frac{6\times\dfrac{m_{K_2Cr_2O_7}}{M_{K_2Cr_2O_7}}\times\dfrac{20.00}{250.00}}{V_{Na_2S_2O_3}\times 10^{-3}}$$

式中：$c_{Na_2S_2O_3}$ 为 $Na_2S_2O_3$ 标准溶液浓度（mol · L^{-1}）；$V_{Na_2S_2O_3}$ 为消耗 $Na_2S_2O_3$ 溶液的体积（ml）；$m_{K_2Cr_2O_7}$ 为称量基准试剂 $K_2Cr_2O_7$ 的质量；$M_{K_2Cr_2O_7}$ 为基准试剂 $K_2Cr_2O_7$ 的摩尔质量（294.19g · mol^{-1}）。

六、实验数据记录与处理

实验数据记录与处理见表。

500ml 0.1 mol · L^{-1} $Na_2S_2O_3$ 溶液配制			
$Na_2S_2O_3\cdot 5H_2O$ 固体质量/g			
$K_2Cr_2O_7$ 基准溶液的配制			
$K_2Cr_2O_7$ 基准试剂+称量瓶质量/g			
剩余 $K_2Cr_2O_7$ 基准试剂+称量瓶质量/g			
$K_2Cr_2O_7$ 基准试剂质量/g			
$Na_2S_2O_3$ 溶液的标定			
次数	1	2	3
移取 $K_2Cr_2O_7$ 溶液体积/ml			
$Na_2S_2O_3$ 溶液初读数/ml			
$Na_2S_2O_3$ 溶液终读数/ml			
滴定时消耗 $Na_2S_2O_3$ 溶液体积/ml			
$Na_2S_2O_3$ 溶液浓度/（mol/ · L^{-1}）			
$Na_2S_2O_3$ 溶液平均浓度/（mol · L^{-1}）			
相对平均偏差/%			

七、注意事项

(1) I_2 容易挥发损失，因此在反应过程中要盖好瓶盖，放在暗处。应在滴定完第一份后，再做第二份。

(2) 在滴定前稀释溶液，既可降低酸度，减慢 I^- 被空气中的 O_2 氧化的速率，也可降低反应产物 Cr^{3+} 的浓度，使 Cr^{3+} 的绿色减弱，易于观察终点。

(3) 在接近终点时才加入淀粉指示剂。若过早加入，溶液中大量的 I_2 易被淀粉表面牢固吸附，终点时难于很快与 $Na_2S_2O_3$ 反应，蓝色褪去迟钝而产生误差。

(4) KI 要过量，但浓度不能超过 2%～

4%，若浓度太大，则淀粉指示剂变色不灵敏。

(5) 滴定操作时，开始快滴慢摇，防止 I_2 挥发，I^- 被氧化；加入淀粉指示剂后，要慢滴快摇，减少淀粉对碘的吸附，并防止滴过终点。

(6) 滴定结束后的溶液放置一段时间会变为蓝色。如果放置 5～10min 才变色，是空气氧化所致，不影响结果；如果很快变成蓝色，说明 $K_2Cr_2O_7$ 与 KI 反应不完全，应弃去重做。

八、思 考 题

(1) 碘量法的主要误差来源是什么？如何避免？

(2) 影响 $Na_2S_2O_3$ 稳定性的因素有哪些？如何配制 $Na_2S_2O_3$ 标准溶液？

(3) 用 $K_2Cr_2O_7$ 标定 $Na_2S_2O_3$ 溶液时，不放置或少放置一段时间就加水稀释，会产生什么影响？

(4) 为什么在滴定至近终点才加入淀粉指示剂？过早加入对测定结果有何影响？

(薄彧坤)

实验十四 铜盐中铜含量的测定(置换碘量法)

一、目 标 要 求

(1) 巩固碘量法的基本知识。

(2) 了解碘量法测定铜盐中铜含量的原理和方法。

二、预 习 内 容

(1) 预习本实验全部内容。

(2) 预习碘量法测定铜的基本原理、反应条件及测定方法。

(3) 如何才能使反应在 pH=3.5～4.0 弱酸性溶液中进行？

三、实 验 原 理

碘量法是测定铜含量的经典方法，对于高含量铜的测定尤为适用。它是以过量 KI 将 Cu^{2+} 还原，析出白色的 CuI 沉淀，同时析出 I_2(实际上以 I_3^- 的形式存在)。CuI 沉淀难溶于稀酸，其反应为

$$2Cu^{2+} + 4I^- \rightleftharpoons 2CuI\downarrow + I_2$$

这里的 I^- 不仅用作还原剂和配位剂，还用作 Cu^+ 的沉淀剂，正是由于生成溶解度很小的 CuI，使 $\varphi^{\ominus}_{Cu^{2+}/Cu^+}(0.86V) \gg \varphi^{\ominus}_{I_2/I^-}(0.54V)$，故上述反应可以定量进行。析出的 I_2 以淀粉为指示剂，用 $Na_2S_2O_3$ 标准溶液滴定。反应为

$$I_2 + 2S_2O_3^{2-} \rightleftharpoons 2I^- + S_4O_6^{2-}$$

根据消耗 $Na_2S_2O_3$ 标准溶液的体积，用下式计算试样铜的质量分数。

$$Cu\ 含量/\%,\ = \frac{c_{Na_2S_2O_3} V_{Na_2S_2O_3} M_{Cu}}{1000 m_s} \times 100\%$$

式中：M_{Cu} 为 Cu 的摩尔质量 ($64g \cdot mol^{-1}$)；$c_{Na_2S_2O_3}$ 为 $Na_2S_2O_3$ 标准溶液的准确浓度 ($mol \cdot L^{-1}$)；$V_{Na_2S_2O_3}$ 为消耗 $Na_2S_2O_3$ 溶液的体积(ml)；m_s 为铜盐试样的质量(g)。

第一步反应要求在弱酸介质中进行，在碱性溶液中，一是 I_2 的歧化反应：

$$I_2 + 2OH^- \rightleftharpoons IO_3^- + H_2O$$

二是 Cu^{2+} 的水解作用使 Cu^{2+} 与 I^- 的反应速率变慢。但酸性过强的空气中的 O_2 会氧化 I^-：

$$4I^- + O_2 + 4H^+ \rightleftharpoons 2I_2 + 2H_2O$$

第二步反应要求在中性或弱酸介质中进行，如果在碱性溶液中，会发生如下副反应：

$$4I_2 + S_2O_3^{2-} + 10OH^- \rightleftharpoons 8I^- + 2SO_4^{2-} + 5H_2O$$

如果溶液酸性太强，$Na_2S_2O_3$ 分解：

$$S_2O_3^{2-} + 2H^+ \rightleftharpoons SO_2\uparrow + S\downarrow + H_2O$$

因此，需用 HAc 或 HAc-NaAc 缓冲溶液控制溶液为弱酸性(pH=3.5～4.00)。

CuI 沉淀易吸附少量的 I_2，使终点变色不敏锐并使测定结果偏低。因此，在近终点时加入 KSCN，使 CuI 转化为溶解度更小的

CuSCN 沉淀，从而使吸附的 I_2 释放出来，使结果更准确。

四、实验仪器与药品

1. 仪器　25ml 碱式滴定管，20ml 移液管，250ml 碘量瓶，分析天平，10ml 和 100ml 量筒，烧杯，洗瓶，滴定管夹，铁架台。

2. 药品　$Na_2S_2O_3$ 标准溶液（约 $0.1mol \cdot L^{-1}$），$6mol \cdot L^{-1}$ HAc 溶液，20% KI 溶液，0.5%淀粉溶液，$CuSO_4 \cdot 5H_2O$ 试样，10% KSCN 溶液。

五、实验内容与方法

(1) 精密称取铜盐试样 0.5g，置于碘量瓶中，加蒸馏水 40ml，加 4ml $6mol \cdot L^{-1}$ 的乙酸溶液，10ml 20%的 KI 溶液，用 $Na_2S_2O_3$ 标准溶液滴定。

(2) 滴定时，溶液由棕红色变为土黄色，再变为浅黄色，表示已近终点。加入 2ml 0.5%的淀粉溶液，溶液呈深蓝色或蓝黑色。继续用 $Na_2S_2O_3$ 标准溶液滴定至浅蓝色，加入 5ml 10%的 KSCN，溶液的颜色又变深，继续滴定至蓝色恰好消失，即达终点。重复测 2 次。

(3) 结果计算：用下式计算试样中 Cu 的含量。

$$\text{Cu含量}(\%) = \frac{c_{Na_2S_2O_3} \times V_{Na_2S_2O_3} \times 10^{-3} \times M_{Cu}}{m_{Cu}} \times 100\%$$

式中：$c_{Na_2S_2O_3}$ 为 $Na_2S_2O_3$ 标准溶液浓度（$mol \cdot L^{-1}$）；$V_{Na_2S_2O_3}$ 为消耗 $Na_2S_2O_3$ 溶液的体积(ml)；m_{Cu} 为称量铜试样的质；M_{Cu} 为 Cu 的摩尔质量（$64g \cdot mol^{-1}$）。

六、实验数据记录与处理

实验数据记录和处理见下表。

次数	1	2	3
称量瓶+铜盐质量/g			
称量瓶+剩余铜盐质量/g			

续表

次数	1	2	3
铜盐质量/g			
$V_{Na_2S_2O_3}$ 终读数/ml			
$V_{Na_2S_2O_3}$ 初读数/ml			
$V_{Na_2S_2O_3}$ /ml			
Cu 含量/%			
$\overline{Cu}$ 平均含量/%			
相对平均偏差/%			

七、注意事项

(1) 碘量法主要有两个误差来源，一是 I_2 的挥发，二是 I^- 易被空气中的 O_2 氧化。实验中应采取适当措施减少这两种误差。

(2) 淀粉指示剂应在临近终点时加入，不可加入过早，否则大量碘与淀粉生成蓝色配合物，不易与 $Na_2S_2O_3$ 反应，终点难以观察。

(3) 在氧化还原滴定中，样品一份一份地做，即取一份样品加好试剂就滴定，滴完之后再做第二份，以免结果受到空气中的氧及其他因素的影响。

八、思考题

(1) 用碘量法测定铜盐为什么在弱酸溶液中进行？

(2) 测定铜含量时为什么不能过早加入淀粉溶液？

(3) 在操作过程中如何防止 I_2 的挥发？

(4) 本实验在测定铜含量时，先后加入下列各试剂的作用是什么？

①过量 KI 溶液；②KSCN 溶液；③淀粉溶液。

（杨　丹）

实验十五　生理盐水中氯化钠含量的测定

一、目标要求

(1) 了解沉淀滴定法的原理。

(2) 了解 Mohr 法和 Fajans 法的实验条件

和应用范围。

(3)掌握沉淀滴定法的基本操作。

二、预 习 内 容

(1)预习本实验全部内容。

(2)参考《分析化学》教材沉淀滴定法相关内容。

(3)计算配制 500ml 0.05mol · $L^{-1}$$AgNO_3$溶液所需固体 $AgNO_3$ 的质量。

(4)计算配制 500ml 0.05mol · L^{-1}NaCl 标准溶液所需基准试剂 NaCl 的质量。

三、实 验 原 理

沉淀滴定法是以沉淀反应为基础的滴定方法。最常用的是利用生成难溶性银盐的容量法，测定能与 Ag^+生成沉淀的物质，其反应为

$$Ag^+ + X^- \rightleftharpoons AgX\downarrow$$

其中 X^-代表 Cl^-、Br^-、I^-、CN^-、SCN^-等离子。在化学计量点时离子浓度 pX^-和 pAg^+发生突跃，借适当的指示剂可以指示滴定终点。银量法常用的指示终点的方法有铬酸钾指示剂法(Mohr 法)、铁铵矾指示剂法(Volhard 法)和吸附指示剂法(Fajans 法)。

Fajans 法是以 $AgNO_3$ 作标准溶液，以吸附指示剂指示滴定终点测定卤离子的滴定方法。如用 $AgNO_3$ 滴定 Cl^-，以荧光黄作指示剂，荧光黄先在溶液中离解(pH=7～10)：

$$HFl \rightleftharpoons H^+ + Fl^-$$

Fl^-在溶液中呈黄绿色。化学计量点前由于 AgCl 吸附 Cl^-，这时 Fl^-不被吸附，溶液呈黄绿色。当化学计量点时稍过量的 Ag^+被 AgCl 沉淀吸附形成 $AgCl \cdot Ag^+$，而 $AgCl \cdot Ag^+$强烈吸附 Fl^-，使结构发生变化而呈粉红色，指示滴定终点。

$$\underset{\text{(黄绿色)}}{AgCl \cdot Ag^+ + Fl^-} \rightleftharpoons \underset{\text{(粉红色)}}{AgCl \cdot Ag^+ \cdot Fl^-}$$

生理盐水中，一般含有 9g · L^{-1}NaCl，其在医药上可用作静脉注射补充电解质；也可用于外伤的清洗。可用沉淀滴定法测定。

四、实验仪器与药品

1. 仪器 25ml 滴定管，10ml 和 20ml 移液管，锥形瓶，称量瓶，容量瓶，试剂瓶，烧杯，洗瓶，铁架台，滴定管夹，玻璃棒，分析天平。

2. 药品

(1)0.05mol · $L^{-1}$$AgNO_3$ 标准溶液：用台秤称取约 4.3g $AgNO_3$ 溶于无 Cl^-的蒸馏水中并稀释至 500ml，摇匀，储存于玻塞棕色试剂瓶中。

(2)0.05000mol · L^{-1}NaCl 标准溶液：准确称取 0.7305g 已在 500～600℃灼烧至恒重的基准 NaCl 于烧杯中溶解，再转移到 500ml 容量瓶中加水稀释至刻度摇匀。

(3)0.1%荧光黄溶液：0.1g 荧光黄溶于 10ml 0.1mol · L^{-1}NaOH 溶液，用 0.1mol · L^{-1} HNO_3 溶液中和至中性(用 pH 试纸试验)，然后用水稀释至 100ml。

(4)1%淀粉溶液：1g 淀粉用水调匀倒入 100ml 沸水中，冷却。

(5)荧光黄-淀粉指示剂溶液：将 0.1%荧光黄溶液与 1%淀粉溶液按 1∶20 的体积混合即得淀粉-荧光黄指示剂溶液。

(6)5%K_2CrO_4 水溶液。

(7)生理盐水。

五、实验内容与方法

1. 0.05mol · $L^{-1}$$AgNO_3$ 标准溶液的标定 用移液管移取 20.00ml NaCl 标准溶液 3 份于 250ml 锥形瓶中，加蒸馏水 20ml，各加 0.75ml 5% K_2CrO_4 溶液，在不断振荡下用 $AgNO_3$ 溶液滴定至呈现砖红色沉淀即达终点。重复测 2 次，根据下式进行计算：

$$c_{AgNO_3} = \frac{c_{NaCl} \times 20.00}{V_{AgNO_3}}$$

式中：c_{AgNO_3} 为 $AgNO_3$ 标准溶液的浓度(mol · L^{-1})；c_{NaCl} 为基准 NaCl 的浓度(mol · L^{-1})；V_{AgNo_3} 为消耗 $AgNO_3$ 的体积(ml)。

三份结果的相对偏差不应大于 0.2%。

2. 生理盐水中氯化钠含量的测定　准确量取生理盐水 7.00ml 三份于锥形瓶中加蒸馏水 10ml，再加荧光黄-淀粉指示剂溶液 1ml，在充分振荡下用 $AgNO_3$ 标准溶液滴定，直至黄绿色消失，沉淀表面变为粉红色即达终点。根据下式计算：

$$NaCl\%(g \cdot ml^{-1}) = \frac{c_{AgNO_3} \times V_{AgNO_3} \times \frac{M_{NaCl}}{1000}}{V_{生理盐水}} \times 100\%$$

式中：c_{AgNO_3} 为 $AgNO_3$ 标准溶液的浓度 $(mol \cdot L^{-1})$；V_{AgNo_3} 为消耗 $AgNO_3$ 的体积(ml)；$V_{生理盐水}$ 为消耗生理盐水的体积(ml)；M_{NaCl} 为 NaCl 的摩尔质量$(58.5g \cdot mol^{-1})$。

重复测 2 次，3 次结果相对偏差不应大于 0.2%。

六、实验数据记录与处理

1. $AgNO_3$ 标准溶液标定

次数	1	2	3
取 NaCl 标准溶液体积/ml			
$AgNO_3$ 溶液体积终读数/ml			
$AgNO_3$ 溶液体积初读数/ml			
滴定消耗 $AgNO_3$ 溶液体积/ml			
$AgNO_3$ 标准溶液浓度/$(mol \cdot L^{-1})$			
$AgNO_3$ 标准溶液平均浓度/$(mol \cdot L^{-1})$			
平均相对偏差/%			

2. 生理盐水中氯化钠含量的测定

次数	1	2	3
取样品溶液体积/ml			
$AgNO_3$ 标准溶液体积终读数/ml			
$AgNO_3$ 标准溶液体积初读数/ml			
滴定消耗 $AgNO_3$ 标准溶液体积/ml			
生理盐水中 NaCl%$(g \cdot ml^{-1})$			
生理盐水中 NaCl%平均值$(g \cdot ml^{-1})$			
平均相对偏差/%			

七、注 意 事 项

(1) 因 $2AgNO_3 \longrightarrow 2Ag + 2NO_2 + O_2$，因此 $AgNO_3$ 溶液须保存在棕色瓶中，滴定时采用棕色滴定管。应尽量避免 $AgNO_3$ 溶液与皮肤接触。

(2) 配制 $AgNO_3$ 标准溶液的水应无 Cl^-，用前应进行检查。

(3) 当 AgCl 沉淀开始凝聚时，表示已接近终点，此时须逐滴加入 $AgNO_3$ 标准溶液，并用力振摇。

八、思　考　题

(1) K_2CrO_4 指示剂的浓度太大或太小对测定有何影响?

(2) 用荧光黄作指示剂时溶液的酸度范围为什么需要控制在 pH=7～10?

(3) 还可以用什么方法标定 $AgNO_3$ 标准溶液的浓度？试设计实验步骤。

（杨　丹）

实验十六　离子交换法制纯水

一、目 标 要 求

(1) 了解离子交换法制纯水的原理，掌握其操作方法。

(2) 学习电导仪的使用。

(3) 掌握水质检验的方法。

二、预 习 内 容

(1) 预习本实验全部内容。

(2) 了解电导仪的构造原理及使用方法。

三、实 验 原 理

离子交换法是利用不溶的固体离子交换树脂(有机高分子聚合物)作为固定相，由流动相携带被分离的离子化合物在离子交换树脂上进行离子交换而达到分离和提纯的色谱方法。离子交换树脂由母体和交换基团两部分组成，各有不同类型，其中磺酸型强酸性阳离子交换树脂（交换基团是—SO_3H）和季铵碱型强碱性阴离子交换树脂[交换基团为-$N^+(R)_3OH^-$]以纯化水中应用最多，其交换反应如下：

$$R—SO_3H + M^+ \longrightarrow R—SO_3M + H^+$$

$$R—N^+(CH_3)_3OH^- + X^- \longrightarrow R—N^+(CH_3)_3X^- + OH^-$$

$$H^+ + OH^- \longrightarrow H_2O$$

树脂经过交换反应逐渐由酸型和碱型变成了盐型，失去交换能力，必须用酸或碱溶液处理使树脂再生，即阳离子树脂用盐酸浸泡，阴离子树脂用氢氧化钠溶液浸泡，再生反应实际上是交换反应的逆向反应。

四、实验仪器与药品

1. 仪器 电导仪，烧杯，试管，离子交换柱，脱脂棉，铬黑 T，pH 试纸。

2. 药品 稀 HNO_3，2mol · L^{-1}NaOH，2mol · L^{-1}HCl，0.1mol · $L^{-1}$$AgNO_3$，$NH_3$-$NH_4Cl$ 缓冲溶液（pH = 10.0）。

五、实验内容与方法

（一）树脂处理

（1）取约 8g 732 型阳离子交换树脂于烧杯中，用 20ml 2mol · L^{-1}HCl 浸泡 15min，倾去溶液，再用 20ml 2mol·L^{-1}HCl 浸泡并搅动 15min，倾去溶液，用蒸馏水洗涤树脂，每次用水约 40ml，洗至接近中性（pH 约 6～7），用 pH 试纸检验。

（2）取约 14g 717 型阳离子树脂于烧杯中，用 40ml 2mol·L^{-1}NaOH 溶液浸泡并搅动 15min，倾去溶液，再重复一次，用蒸馏水洗涤树脂，每次用水约 40ml，直洗至近中性（pH 约 7～8）。

（二）装柱

（1）取二支洁净的玻璃交换柱，自柱口塞入少许脱脂棉并用长玻璃棒推至柱底压平。交换柱固定在铁架台上，先在柱中加入蒸馏水约 1/3 高度，排出棉花及尖管中的空气。

（2）把已处理好的树脂在烧杯中加水充分混合搅拌，分别从上端逐渐倾入柱中，用硬橡胶管轻敲交换柱，以排出气泡。若水过满，可开启下端螺旋夹放水。整个装柱过程中树脂一直保持被水覆盖，防止树脂层进入空气泡而产生缝隙，最后在树脂上面覆盖棉花，同时关闭螺旋夹。

（三）纯水的制备

（1）把自来水慢慢注入阳离子交换柱中，同时开启螺旋夹，待流出水约 50ml 后将阳离子柱中流出水注入阴离子交换柱，此时开启阴离子柱螺旋夹，使注入速度和流出速度平衡，整个过程中树脂必须被水覆盖，以免进入空气使树脂产生缝隙。

（2）待从阴离子交换柱中流出的水约 50ml 后，开始截取流出水做水质检验。

（四）水质检验

1. 化学检验

（1）两个大试管中分别加入 10ml 自来水和去离子水，各加入 2ml NH_3-NH_4Cl 缓冲溶液和少量铬黑 T 试剂，观察现象。

（2）两支试管中分别加入自来水和去离子水各 5ml，各滴 5 滴 0.1mol ·L^{-1} HNO_3 和 10 滴 0.1mol · $L^{-1}$$AgNO_3$ 溶液，观察现象。

2. 物理检验 用电导仪测定水的电导率可间接测得水的纯度，水中所含杂质离子越少，导电能力就越小，电导率越小，即电阻率越大（电阻率是电导率的倒数），一般化学实验用水的电导率应小于 1×10^{-2}ms · cm^{-1}，或电阻率大于 $1\times10^{5}\Omega$ · cm。

六、实验数据记录与处理

实验数据和处理见下表。

水质检验项目		自来水	纯水
加铬黑 T 检验 Ca+、Mg^{2+}	现象：		
	结论：		
加 $AgNO_3$ 检验 Cl^-	现象：		
	结论：		
测电导率	数据：		
	结论：		

七、注 意 事 项

(1)装柱前要用 HCl 或 NaOH 充分浸泡树脂。

(2)装柱时树脂保持被水覆盖，以免进入空气使树脂产生缝隙。

(3)把自来水注入阳离子交换柱中，同时开启螺旋夹，待流出水约 50ml 后再将阳离子交换柱中流出的水注入阴离子交换柱。

(4)水质检验时应加入少量(火柴头大小)铬黑 T，否则现象不明显。

八、思 考 题

(1)离子交换法制纯水的原理是什么?

(2)水质检验时加入 NH_3-NH_4Cl 缓冲溶液和少量铬黑 T 的目的是什么?

(3)把自来水注入阳离子交换柱中，同时开启螺旋夹，待流出水约 100ml 后再将阳离子交换柱中流出的水注入阴离子交换柱，为什么?

(4)测定电导率时，为什么要将量程选择开关扳到所需要的测量范围大一些的位置?

(杨　丹)

实验十七　苯甲酸的定量分析

一、实 验 目 的

设计用滴定分析法对苯甲酸进行定量分析。

二、试 样 性 质

结构式：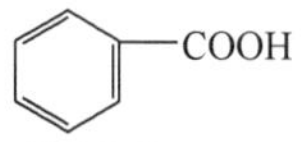

分子式：$C_7H_6O_2$。

相对分子质量：122.12。

物理性状：白色鳞片状或针状结晶，微溶于水，易溶于醇。

三、思 考 题

(1)用什么方法滴定？是否可以直接滴定?

(2)计量点 pH 如何计算？选择何种指示剂?

(3)空气中的二氧化碳对滴定有影响吗？如果有，如何处理?

(杨　丹)

第五章　有机化学实验

实验一　实验基本技术和仪器的认领

一、目 标 要 求

(1)熟悉有机化学实验的常用仪器。

(2)培养良好的实验工作方法和工作习惯，以及实事求是和严谨的科学态度。

(3)掌握仪器的清洗、干燥及有机化学实验装置的选用和装配。

二、预 习 内 容

(一)有机化学实验常用玻璃仪器及其装配

了解有机化学实验中所用仪器的性能、选用适合的仪器并正确地使用所用仪器是对每一个实验者最起码的要求。

1. 仪器的连接与装配　玻璃仪器一般分为普通和标准磨口两种。在实验室常用的普通玻璃仪器有非磨口锥形瓶、烧杯、布氏漏斗、吸滤瓶、普通漏斗等。常用标准磨口仪器有磨口锥形瓶、圆底烧瓶、三颈瓶、蒸馏头、冷凝管、接液管等。

标准磨口玻璃仪器是具有标准磨口或磨塞的玻璃仪器。由于口塞尺寸的标准化、系统化，磨砂密合，凡属于同类规格的接口，均可任意互换，各部件能组装成各种配套仪器。当不同类型规格的部件无法直接组装时，可使用变接头使之连接起来。使用标准磨口玻璃仪器既可免去配塞子的麻烦手续，又能避免反应物或产物被塞子沾污的危险；口塞磨砂性能良好，使密合性可达较高真空度，对蒸馏尤其是减压蒸馏有利，对于毒物或挥发性液体的实验较为安全。

使用同一号的标准磨口仪器，仪器利用率高，互换性强，可在实验室中组合成多种多样的实验装置。标准磨口仪器的每个部件在其口、塞的上或下显著部位均具有烤印的白色标志，表明规格。常用的有 10、12、14、16、19、24、29、34、40 等。表 5-1 是标准磨口玻璃仪器的编号与大端直径对照。

表 5-1　标准磨口玻璃仪器的编号与大端直径对照表

编号	10	12	14	16	19	24	29	34	40
大端直径/mm	10	12.5	14.5	16	18.8	24	29.2	34.5	40

使用磨口仪器时应注意以下几点：

(1)使用时，应轻拿轻放。

(2)不能用明火直接加热玻璃仪器(试管除外)，加热时应垫以石棉网。

(3)不能用高温加热不耐热的玻璃仪器，如吸滤瓶、普通漏斗、量筒。

(4)玻璃仪器使用完后应及时清洗，特别是标准磨口仪器放置时间太久，容易黏结在一起，很难拆开。如果发生此情况，可用热水煮黏结处或用电吹风吹磨口处，使其膨胀而脱落，还可用木槌轻轻敲打黏结处。

(5)带旋塞或具塞的仪器清洗后，应在塞子和磨口的接触处夹放纸片或抹凡士林，以防黏结。

(6)标准磨口仪器磨口处要干净，不得粘有固体物质。清洗时，应避免用去污粉擦洗磨口，否则，会使磨口连接不紧密，甚至会损坏磨口。

(7)安装仪器时，应做到横平竖直，磨口连接处不应受歪斜的应力，以免仪器破裂。

(8)一般使用时，磨口处无需涂润滑剂，以免粘有反应物或产物。但是反应中使用强碱时，则要涂润滑剂，以免磨口连接处因碱腐蚀而黏结在一起，无法拆开。当减压蒸馏时，应在磨口连接处涂润滑剂，保证装置密封性好。

安装仪器遵循的总则：①以热源为准，从下到上，从左到右。②正确、整齐、稳妥、端正；其轴线应与实验台边沿平行。③实验常用的玻璃仪器装置，一般皆用铁夹将仪器依次固定于铁架台上。铁夹的双钳应贴有橡皮、绒布等软性物质，或缠上石棉绳、布条等。若铁钳直接夹住玻璃仪器，则容易将仪器夹坏。

2. 常用玻璃仪器及用途

(1)烧瓶(图 5-1)

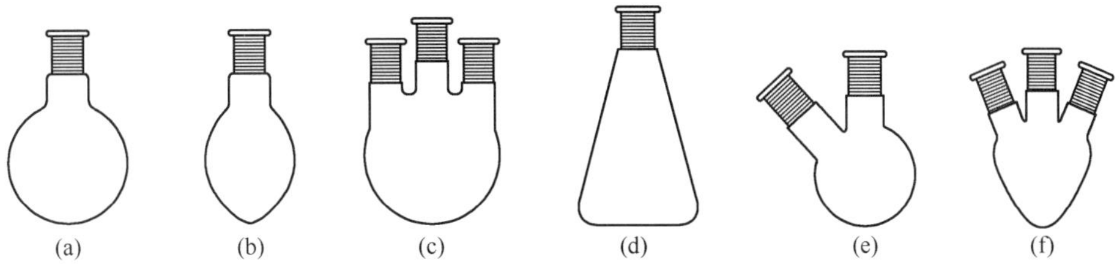

图 5-1　烧瓶

(a)圆底烧瓶；(b)梨形烧瓶；(c)三口烧瓶；(d)锥形烧瓶；(e)二口烧瓶；(f)梨形三口烧瓶

1)圆底烧瓶：能耐热和承受反应物(或溶液)沸腾以后所发生的冲击震动。在有机化合物的合成和蒸馏实验中最常使用，也常用作减压蒸馏的接收器。

2)梨形烧瓶：性能和用途与圆底烧瓶相似。它的特点是在合成少量有机化合物时在烧瓶内保持较高的液面，蒸馏时残留在烧瓶中的液体少。

3)三口烧瓶：最常用于需要进行搅拌的实验中。中间瓶口装搅拌器，两个侧口装回流冷凝管和滴液漏斗或温度计等。

4)锥形烧瓶(简称锥形瓶)：常用于有机溶剂进行重结晶的操作，或有固体产物生成的合成实验中，因为生成的固体物容易从锥形烧瓶中取出来。通常也用作常压蒸馏实验的接收器，但不能用作减压蒸馏实验的接收器。

5)二口烧瓶：常用于半微量、微量制备实验中作为反应瓶，中间口接回流冷凝管、微型蒸馏头、微型分馏头等，侧口接温度计、加料管等。

6)梨形三口烧瓶：用途似三口烧瓶，主要用于半微量、小量制备实验中，用作反应瓶。

(2)冷凝管(图 5-2)

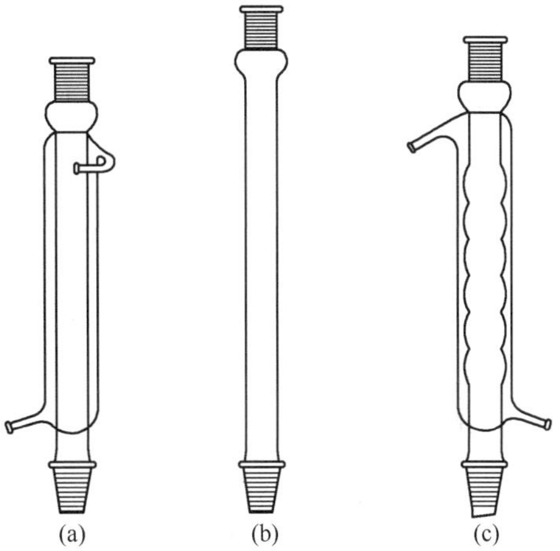

图 5-2　冷凝管

(a)直形冷凝管；(b)空气冷凝管；(c)球形冷凝管

1)直形冷凝管：蒸馏物质的沸点在 140℃以下时，要在夹套内通水冷却；但超过 140℃时，冷凝管往往会在内管和外管的接合处炸裂。微量合成实验中，用于加热回流装置上。

2)空气冷凝管：当蒸馏物质的沸点高于 140℃时，常用它代替通冷却水的直形冷凝管。

3)球形冷凝管：其内管的冷却面积较大，对蒸气的冷凝有较好的效果，适用于加热回流的实验。

(3) 漏斗(图 5-3)

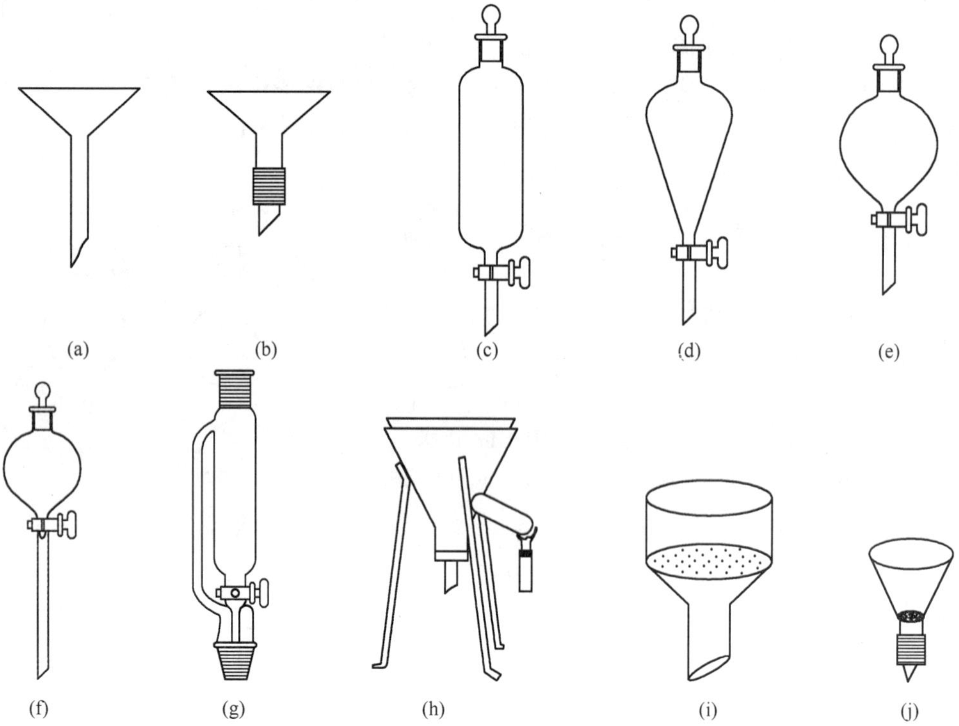

图 5-3 漏斗

(a) 长颈漏斗；(b) 带磨口漏斗；(c) 筒形分液漏斗；(d) 梨形分液漏斗；(e) 圆形分液漏斗；(f) 滴液漏斗；(g) 恒压滴液漏斗；(h) 保温漏斗；(i) 布氏漏斗；(j) 小型多孔板漏斗

1) 漏斗(a)、(b)：在普通过滤时使用。

2) 分液漏斗(c)、(d)和(e)：用于液体的萃取、洗涤和分离；有时也可用于滴加试料。

3) 滴液漏斗(f)：能把液体一滴一滴地加入反应器中，即使漏斗的下端浸没在液面下，也能够明显地看到滴加的快慢。

4) 恒压滴液漏斗(g)：用于合成反应实验的液体加料操作，也可用于简单的连续萃取操作。

5) 保温漏斗(h)：也称热滤漏斗，用于需要保温的过滤。它是在普通漏斗的外面装上一个铜质的外壳，外壳中间装水，用煤气灯加热侧面的支管，以保持所需要的温度。

6) 布氏漏斗(i)：是瓷质的多孔板漏斗，在减压过滤时使用。

7) 小型多孔板漏斗(j)：用于减压过滤少量物质。

还有一种类似漏斗(b)的小口径漏斗，附带玻璃钉，过滤时把玻璃钉插入漏斗中，在玻璃钉上放滤纸或直接过滤。

(4) 常用的配件：如图 5-4 所示，这些配件多数用于各种仪器连接。

3. 玻璃仪器的干燥 有机化学实验经常都要使用干燥的玻璃仪器，故要养成在每次实验后马上把玻璃仪器洗净和倒置使之干燥的习惯，以便下次实验时使用。干燥玻璃仪器的方法有下列几种：

(1) 自然风干：把已洗净的仪器放在干燥架上自然风干，这是常用和简单的方法。但必须注意，若玻璃仪器洗得不够干净时，水珠便不易流下，干燥就会较为缓慢。

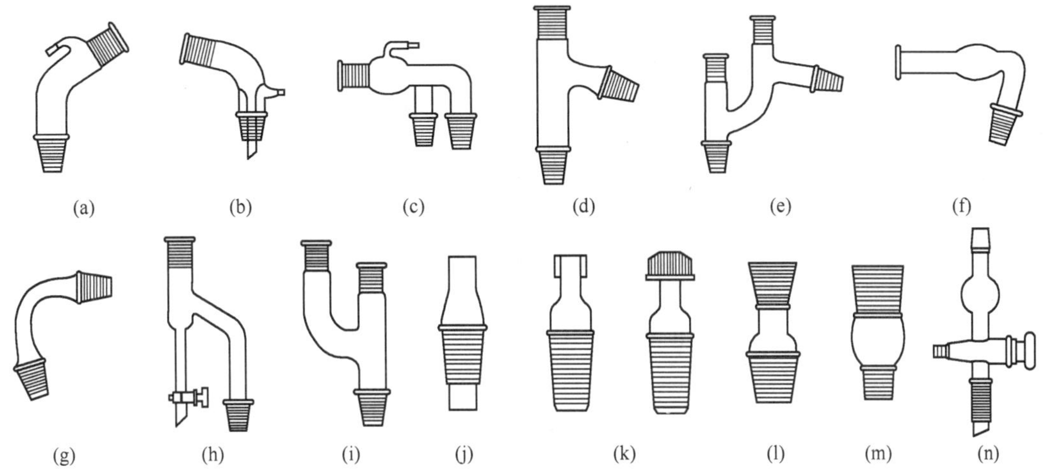

图 5-4 常用的配件

(a)接引管；(b)真空接引管；(c)双头接引管；(d)蒸馏头；(e)克氏蒸馏头；(f)弯形干燥管；(g)75°弯管；(h)分水器；(i)二口连接管；(j)搅拌套管；(k)螺口接头；(l)大小接头；(m)小大接头；(n)二通旋塞

(2)烘干：把玻璃器皿顺序从上层往下层放入烘箱烘干，放入烘箱中干燥的玻璃仪器，一般要求不带水珠。器皿口向上，带有磨砂口玻璃塞的仪器，必须取出活塞后才能烘干，烘箱内的温度保持 100～105℃，约 0.5h，待烘箱内的温度降至室温时才能取出。切不可把很热的玻璃仪器取出，以免破裂。当烘箱已工作时则不能往上层放入湿的器皿，以免水滴下落，使热的器皿骤冷而破裂。

(3)吹干：有时仪器洗涤后需立即使用，可吹干，即用气流干燥器或电吹风把仪器吹干。首先将水尽量沥干后，加入少量丙酮或乙醇摇洗并倾出，先通入冷风吹 1～2min，待大部分溶剂挥发后，吹入热风至完全干燥为止，最后吹入冷风使仪器逐渐冷却。

（二）有机化学实验常用反应装置

1. 回流装置 在室温下，有些反应的反应速率很小或难于进行。为了使反应尽快地进行，常常需要使反应物质较长时间保持沸腾。在这种情况下，就需要使用回流冷凝装置，使蒸气不断地在冷凝管内冷凝而返回反应器中，以防止反应瓶中的物质逃逸损失。图 5-5(a)是最简单的回流装置：将反应物质放在圆底烧瓶中，在适当的热源上或热浴中加热。直立的冷凝管夹套中自下至上通入冷水，使夹套充满水，水流速度不必很快，能保持蒸气充分冷凝即可。加热的程度也需控制，使蒸气上升的高度不超过冷凝管的 1/3。图 5-5(b)是带干燥管回流装置：如果反应物怕受潮，可在冷凝管上端口装接氯化钙干燥管来防止空气中湿气侵入。图 5-5(c)是带气体吸收装置的回流装置：如果反应中会放出有害气体(如溴化氢)，可加接气体吸收装置。图 5-5(d)是滴加回流装置：有些反应进行剧烈，放热量大，如将反应物一次加入，会使反应失去控制；有些反应为了控制反应物选择性，也不能将反应物一次加入。在这些情况下，可采用滴加回流冷凝装置。图 5-5(e)为回流分水装置：在进行某些可逆平衡反应时，为了使正向反应进行到底，可将反应产物之一不断从反应混合物体系中除去，常采用回流分水装置除去生成的水。

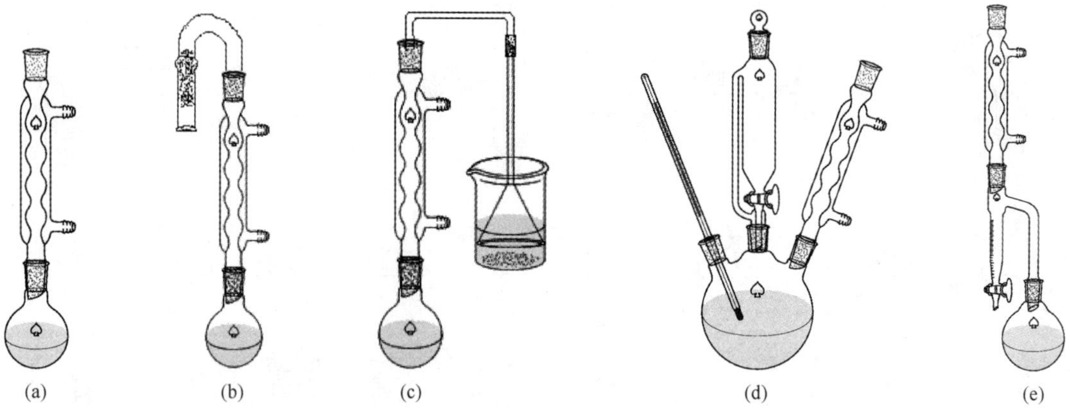

图 5-5　回流装置

(a)简单回流；(b)带干燥管；(c)带气体吸收装置；(d)带滴液漏斗；(e)带分水装置

2. 蒸馏装置　蒸馏是分离两种以上沸点相差较大的液体和除去有机溶剂的常用方法,下面是几种常用的蒸馏装置。图 5-6(a)是最常用的蒸馏装置，由于这种装置出口处与大气相通，可能溢出馏液蒸气。若蒸馏易挥发的低沸点液体时，需将接液管的支管连上橡皮管通向水槽。支管口接上干燥管，可用作防潮的蒸馏。对于沸点相差较小或沸点接近的液体混合物的分离和提纯则是采用简单分馏装置，如图 5-6(b)所示。若蒸馏沸点在 140℃以上的液体时应改用空气冷凝管蒸馏装置，如图 5-6(c)所示。其主要原因是温度高时，水作为冷却介质，冷凝管内外温差增大，从而使冷凝管接口处局部骤然遇冷断裂。图 5-6(d)是为蒸除较大量溶剂的带滴液漏斗蒸馏装置。由于液体可以从滴液漏斗中不断加入，既可调节滴入和蒸出的速度，又可避免使用较大的蒸馏瓶。图 5-6(e)是简易的蒸馏装置，可进行简易的蒸馏操作。

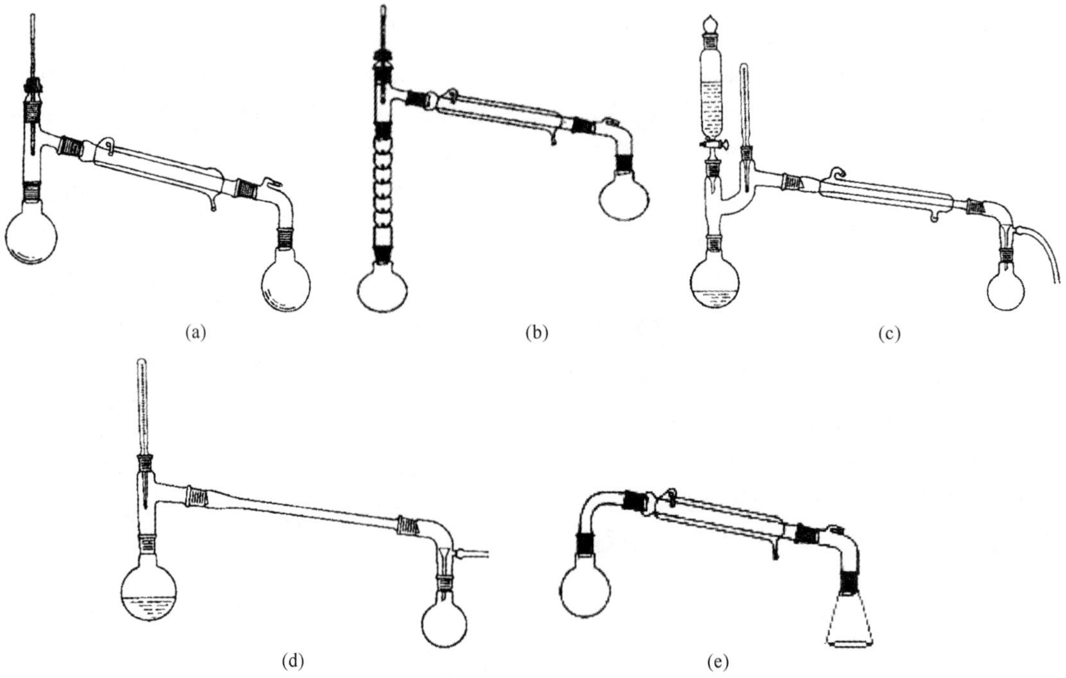

图 5-6　蒸馏装置

(a)普通蒸馏装置；(b)简单分馏装置；(c)带滴液漏斗蒸馏装置；(d)带空气冷凝管蒸馏装置；(e)简易蒸馏装置

3. 搅拌装置　当反应在均相溶液中进行时，一般可以不搅拌。因为加热时溶液存在一定程度的对流，从而保持液体各部分均匀受热。如果是非均相间反应，或反应物之一系逐渐滴加时，为了尽可能使其迅速均匀混合，避免因局部过浓过热而导致其他副反应的发生或有机物的分解，有时反应物是固体，如不搅拌将影响反应顺利进行。在这些情况下均需进行搅拌操作。在那些需要用较长时间进行搅拌的合成实验中，最好用电动搅拌器。电动搅拌的效率高，节省人力，不但可以较好地控制反应温度，还可以缩短反应时间和提高产率。下面是几种常用的机械搅拌装置。搅拌棒是用电机带动的。图 5-7 左图的装置可同时测量反应温度；中间的图是可同时进行搅拌、回流和自滴液漏斗加入液体的实验装置；右图是使用 Y 型管的滴液回流搅拌装置。

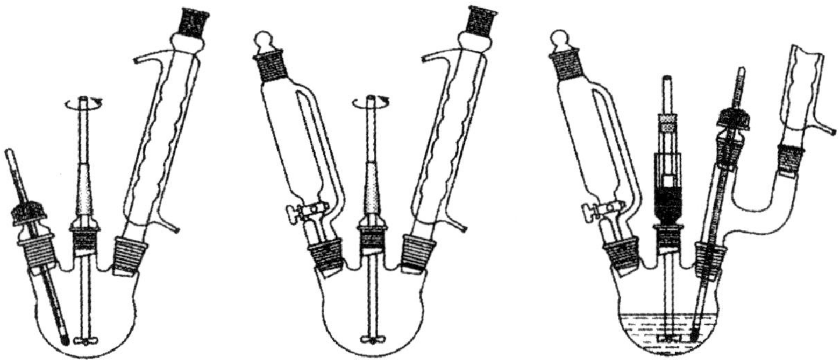

图 5-7　搅拌反应装置

搅拌所用的搅拌棒通常由玻璃棒制成，式样很多，常用的如图 5-8 所示。其中前两种可以容易地用玻棒弯制。第三、第四种较难制作，其优点是可以伸入狭颈的瓶中，且搅拌效果较好。第五种为筒形搅拌棒，适用于两相不混溶的体系，其优点是搅拌平稳，搅拌效果好。

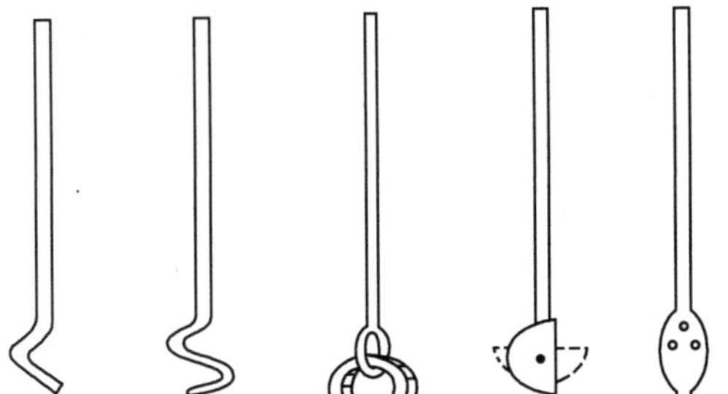

图 5-8　搅拌棒

4. 气体吸收装置　用于吸收反应过程中生成的有刺激性和水溶性的气体，如 HCl、SO_2 等。其中图 5-9 的前两种可作少量气体的吸收装置。左图中的玻璃漏斗应略微倾斜，使漏斗口一半在水中，一半在水面上。这样既能防止气体逸出，也可防止水被倒吸至反应瓶中。若反应过程中有大量气体生成或气体逸出很快时，可使用左图的装置，水自上端流入(可利用冷凝管流出的水)抽滤瓶中，在恒定的平面上溢出。粗的玻管恰好伸入水面，被水封住，以防止气体逸入大气中。图中的粗玻管也可用 Y 形管代替。

（三）有机化学反应的实施方法

1. 加热方法　某些化学反应在室温下难以进行或进行得很慢。为了加快反应速率，要采用加热的方法。温度升高反应速率加快，一般温度每升高 10℃，反应速率增加 2～3 倍。

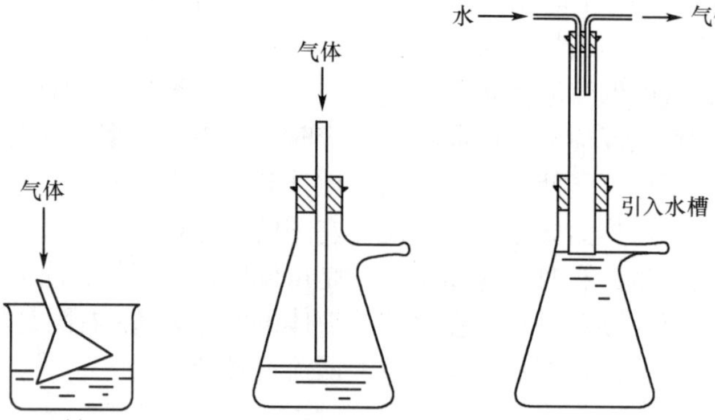

图 5-9　气体吸收装置

有机实验常用的热源是电热套或煤气灯。直接用火焰加热玻璃器皿很少被采用，因为玻璃对于剧烈的温度变化和这种不均匀的加热是不稳定的。局部过热可能引起有机化合物的部分分解。此外，从安全的角度来看，因为有许多有机化合物能燃烧甚至爆炸，应该避免用火焰直接接触被加热的物质。可根据物料及反应特性采用适当的间接加热方法。最简单的方法是通过石棉网进行加热。用明火电炉加热，烧杯(瓶)受热面扩大，且受热较均匀。用灯焰加热时，灯焰要对准石棉块，以免铁丝网被烧断，或局部温度过高。

(1)水浴：当所加热温度在 100℃以下时，可将容器浸入水浴中，使用水浴加热。但是，必须强调指出，当用到金属钾或钠的操作时，决不能在水浴上进行。使用水浴时，热浴液面应略高于容器中的液面，勿使容器底触及水浴锅底。控制温度稳定在所需要范围内。若长时间加热，水浴中的水会汽化蒸发，适当时要添加热水，或者在水面上加几片石蜡，石蜡受热熔化铺在水面上，可减少水的蒸发。

(2)油浴：当加热温度在 100～250℃之间可用油浴，也常用电热套加热。油浴所能达到的最高温度取决于所用油的种类。

1)甘油可以加热到 140～150℃，温度过高时则会分解。甘油吸水性强，放置过久的甘油，使用前应首先加热蒸去所吸的水分，之后再用于油浴。

2)甘油和邻苯二甲酸二丁酯的混合液适用于加热到 140～180℃，温度过高则分解。

3)植物油如菜油、蓖麻油和花生油等，可以加热到 220℃。若在植物油中加入 1%的对苯二酚，可增加油在受热时的稳定性。

4)液状石蜡可加热到 220℃，温度稍高虽不易分解，但易燃烧。

5)固体石蜡也可加热到 220℃以上，其优点是室温下为固体，便于保存。

6)硅油在 250℃时仍较稳定，透明度好，安全，是目前实验室中较为常用的油浴之一。

用油浴加热时，应注意以下几点：①要在油浴中装置温度计(温度计感温头如水银球等，不应放到油浴锅底)，以便随时观察和调节温度。②加热完毕取出反应容器时，仍用铁夹夹住反应容器离开液面悬置片刻，待容器壁上附着的油滴完后，用纸或干布拭干。③油浴所用的油不能溅入水，否则加热时会产生泡珠或爆溅。④要用一块中间有圆孔的石棉板覆盖油锅，以免油蒸气污染环境和引起火灾。

(3)空气浴：空气浴就是让热源把局部空气加热，空气再把热能传导给反应容器。电热套加热就是简便的空气浴加热，能从室温加热到 200℃左右。安装电热套时，要使反应瓶外壁与电热套内壁保持 2cm 左右的距离，以便利用热空气传热和防止局部过热等。

(4)砂浴：加热温度达 200℃或 300℃以上时，往往使用砂浴。将清洁而又干燥的细砂平铺在铁盘上，把盛有被加热物料的容器埋在砂中，加热铁盘。由于砂对热的传导能力较差而散热较快，所以容器底部与砂浴接触处的砂层要薄些，以便于受热。由于砂浴温度上升较慢，且不易控制，因而使用不广。

2. 冷却方法 有时在反应中产生大量的热，它使反应温度迅速升高，如果控制不当，可能引起副反应。它还会使反应物蒸发，甚至会发生冲料和爆炸事故。要把温度控制在一定范围内，就要进行适当的冷却。有时为了降低溶质在溶剂中的溶解度或加速结晶析出，也要采用冷却的方法。

(1)冰水冷却：可用冷水在容器外壁流动，或把反应器浸在冷水中，交换走热量。也可用水和碎冰的混合物作冷却剂，其冷却效果比单用冰块好，可冷却至−5～0℃。进行时，也可把碎冰直接投入反应器中，以更有效地保持低温。

(2)冰盐冷却：要在 0℃以下进行操作时，常用按不同比例混合的碎冰和无机盐作为冷却剂。可把盐研细，把冰砸碎(或用冰片花)成小块，使盐均匀包在冰块上。冰-食盐混合物(质量比 3∶1)，可冷至−18～−5℃。

(3)干冰或干冰与有机溶剂混合冷却：干冰(固体的二氧化碳)和乙醇、异丙醇、丙酮、乙醚或氯仿混合，可冷却到−78～−50℃，当加入时会猛烈起泡。应将这种冷却剂放在杜瓦瓶(广口保温瓶)中或其他绝热效果好的容器中，以保持其冷却效果。

(4)液氮：液氮可冷至−196℃(77K)，用有机溶剂可以调节所需的低温浴浆。

3. 干燥剂与干燥方法 干燥是常用的除去固体、液体或气体中少量水分或少量有机溶剂的方法。如在进行有机物波谱分析、定性或定量分析以及测物理常数时，往往要求预先干燥，否则测定结果不准确。液体有机物在蒸馏前也需干燥，否则沸点前馏分较多，产物损失，甚至沸点也不准。此外，许多有机反应需要在无机条件下进行，因此，溶剂、原料和仪器等均要干燥可见，在有机化学实验中，试剂和产品的干燥具有重要的意义。

(1)干燥方法：干燥方法可分为物理方法和化学方法两种。

1)物理方法：物理方法中有烘干、晾干、吸附、分馏、共沸蒸馏和冷冻等。近年来，还常用离子交换树脂和分子筛等方法进行干燥。离子交换树脂是一种不溶于水、酸、碱和有机溶剂的高分子聚合物。分子筛是含水硅铝酸盐的晶体。

2)化学方法：化学方法采用干燥剂来除水。

根据除水作用原理又可分为两种：①能与水可逆地结合，生成水合物，例如：无水氯化钙、无水硫酸镁等；②与水发生不可逆的化学变化，生成新的化合物，例如：金属钠、五氧化二磷等。

使用干燥剂时要注意以下几点：①干燥剂与水的反应为可逆反应时，反应达到平衡需要一定时间。因此，加入干燥剂后，一般最少要两个小时或更长一点的时间后才能收到较好的干燥效果。因反应可逆，不能将水完全除尽，故干燥剂的加入量要适当，一般为溶液体积的 5%左右。当温度升高时，这种可逆反应的平衡向脱水方向移动，所以在蒸馏前，必须将干燥剂滤除，否则被除去的水将返回液体中。另外，若把盐倒(或留)在蒸馏瓶底，受热时会发生迸溅；②干燥剂与水发生不可逆反应时，使用这类干燥剂在蒸馏前不必滤除；③干燥剂只适用于干燥少量水分。若水的含量大，干燥效果不好。为此，萃取时应尽量将水层分净，这样干燥效果好，且产物损失少。

(2)液体有机化合物的干燥

1)采用分馏和生成共沸混合物的方法：能与水形成二元、三元共沸混合物的液体有机物，其共沸混合物的沸点均低于该液体有机物的沸点。若蒸馏(或分馏)共沸混合物，当共沸混合物蒸馏完毕时，即剩下无水的液体有机物。

2)用干燥剂干燥：最常用的液体有机物的干燥方法是：直接将干燥剂加入液体中，用以除去水分或其他有机溶剂。

A. 干燥剂选择：选择干燥剂时，所选干燥剂应具备：①干燥剂应与被干燥的液体有机化合物不发生化学反应，包括溶解、络合、缔合和催化等作用，例如酸性化合物不能用碱性干燥剂等；②干燥剂应不溶于有机液体；③干燥剂的干燥速度快，吸水量大，价格便宜。表 5-2 列出各类有机物常用干燥剂及其性能。

表 5-2　常用干燥剂的性能与应用范围

干燥剂	吸水容量	干燥速度	干燥效能	应用范围
$CaSO_4$	0.06	极快	强	大多数有机物
$CaCl_2$	0.97	较快，但放置时间宜长	中等	适用：氯代烷烃，氯代芳烃，酯，饱和芳香烃，芳香烃，醚 不适用：醇，胺，苯酚，醛，酰胺，氨基酸，某些酯和酮
$MgSO_4$	1.05	较快	较弱	适用：酸，酮，醛，酯，腈 不适用：对酸敏感物质
分子筛	0.25	快	强	适用：各类有机化合物的干燥
Na_2SO_4	1.25	慢	弱	适用：氯代烷烃，氯代芳烃，醛，酮，酸
K_2CO_3	0.2	慢	较弱	对于酯腈酮，特别是醇，是良好的干燥剂，不可以用于酸性化合物
NaOH，KOH	极高	快	中等	高效，但只适用于不会使它们溶解的惰性溶液；特别适用于胺
氧化铝或硅胶(SiO_2)	极高	极快	强	适用：绝大部分有机物 不适用：氟化氢
CaO	0.3	较快	强	适用：干燥低级醇类
P_2O_5	0.5	快	强	适用：烷烃，芳香烃，，氯代烷，氯代芳烃，腈，酸酐，腈，酯 不适用：醇，酸，胺，酮，氟化氢和氯化氢
Na	—	—	—	适用：饱和脂肪烃、芳香烃、醚 不适用：酸，醇，醛，酮，胺，酯，氯代有机物，含水过高的物质

B. 干燥剂的用量：根据水在液体中溶解度和干燥剂的吸水量，可算出干燥剂的最低用量。但是，干燥剂的实际用量大大超过计算量。一般干燥剂的用量为每 10ml 液体约需 0.5～1g 干燥剂。但在实际操作中，主要是通过现场观察判断。由于干燥剂还能吸收一部分有机液体，影响产品收率，故干燥剂用量应适中。应加入少量干燥剂后静置一段时间，观察用量不足时再补加。

C. 干燥时的温度：对于生成水合物的干燥剂，加热虽可加快干燥速度，但远远不如水合物放出水的速度快，因此，干燥通常在室温下进行。

D. 操作步骤与要点：①首先把被干燥液中水分尽可能除净，不应有任何可见的水层或悬浮水珠。②把待干燥的液体放入锥形瓶中，取颗粒大小合适（如无水氯化钙，应为黄豆粒大小并不夹带粉末）的干燥剂，放入液体中，用塞子盖住瓶口，轻轻振摇，经常观察，判断干燥剂是否足量，静置（半小时以上，最好过夜）。③把干燥好的液体滤入蒸馏瓶中，然后进行蒸馏。

(3)固体有机化合物的干燥：干燥固体有机化合物，主要是为除去残留在固体中的少量低沸点溶剂，如水、乙醚、乙醇、丙酮、苯等。由于固体有机物的挥发性比溶剂小，所以采取蒸发和吸附的方法来达到干燥的目的，常用干燥法如下：

1）晾干。

2）烘干：①用恒温烘箱烘干或用恒温真空干燥箱烘干；②用红外灯烘干。

3）冻干。

4）若遇难抽干溶剂时，把固体从布氏漏斗中转移到滤纸上，上下均放2～3层滤纸，挤压，使溶剂被滤纸吸干。

5）干燥器干燥：①普通干燥器；②真空干燥器；③真空恒温干燥器（干燥枪）。

（4）气体的干燥：在有机实验中常用的气体有N_2、O_2、H_2、Cl_2、NH_3、CO_2，有时要求气体中含很少或几乎不含CO_2、H_2O等，因此，就需要对上述气体进行干燥。常用气体干燥剂列于表5-3。

表5-3 用于气体干燥的常用干燥剂

干燥剂	可干燥气体
CaO、碱石灰、NaOH、KOH	NH_3类
无水$CaCl_2$	H_2、HCl、CO_2、CO、SO_2、N_2、O_2、低级烷烃、醚、烯烃、卤代烃
P_2O_5	H_2、N_2、O_2、CO_2、SO_2、烷烃、乙烯
浓H_2SO_4	H_2、N_2、HCl、CO_2、Cl_2、烷烃

三、实验仪器

圆底烧瓶，温度计套管，蒸馏头，温度计，直形冷凝管，接液管，锥形瓶，电炉，水浴锅，铁架台，量筒，电动搅拌器，磁力搅拌器，烘箱。

四、实验内容与方法

（1）按照教师制定的清单认领有机实验常用的玻璃仪器。

（2）认真洗涤所认领仪器。

（3）教师示范安装蒸馏装置，学生按照教师的要求安装一套完整的蒸馏装置。

（4）学生试着自己动手安装电动搅拌装置。

五、注意事项

1. 有机实验安全 有机化学实验中，经常使用易燃溶剂，使用有毒药品，易燃易爆气体或药品，有腐蚀性的药品。所有这些药品，如使用不当，就有可能发生着火、爆炸、烧伤或中毒等事故。同时进行有机化学实验，一般所使用的仪器大都是玻璃制品，如不注意，容易发生破损，从而引起各种事故。此外，在使用电器设备时，如处理不当，也会发生各种事故。因此，进行有机化学实验必须注意安全。

2. 仪器的装配

（1）根据需要加热的温度高低和化合物的特性来选择热源，一般低于80℃的用水浴，高于80℃的用油浴。

（2）从安全、整洁、方便和留有余地的要求出发，大致确定安排台面和装配仪器的位置。然后放好支架，按照一定的要求和顺序，一般是从下到上，从左到右先难后易逐个地装配。拆卸时，按照与装配时相反的顺序，逐个地拆除。

六、思考题

（1）干燥有机玻璃仪器有哪些方法？

（2）哪些液体有机物不宜用氯化钙干燥剂？

（3）磨口仪器有哪些规格，磨口仪器与普通仪器相比有哪些优点？

（苏 琨）

实验二 常压蒸馏及沸点测定

一、目标要求

（1）掌握蒸馏有机物的原理及操作技术。

（2）掌握液体有机物沸点测定的方法。

（3）了解蒸馏和测定沸点的意义。

二、预 习 内 容

(1) 通过查资料找出乙醇的物理常数，熟悉沸点距的表示方法。

(2) 明确蒸馏的原理及蒸馏的意义，掌握蒸馏的操作方法。

三、实 验 原 理

将液体加热至沸，使液体变成蒸气，然后再使蒸气冷却凝结为液体，这两个过程的联合操作称为蒸馏。蒸馏是分离与提纯液态有机化合物最常用的重要方法之一。应用这一方法，不仅可以把挥发性物质和难挥发性物质分离，还可以把沸点不同的液体混合物分离开。使用蒸馏方法分离液体混合物时，一般要求各组分的沸点相差至少 30℃以上。当混合物各组分的沸点相差不大时，简单蒸馏难以将它们分离，此时应采用分馏的方法。

蒸馏方法主要有四种：普通蒸馏（常压蒸馏）、分馏、减压蒸馏和水蒸气蒸馏。常压蒸馏是使体系处于与大气相通的状态下进行的蒸馏。

在一定温度下的密闭容器中，当液体蒸发的速度与蒸气凝结的速度相等时，液体与其蒸气就处于一种平衡状态，这时蒸气的浓度不再改变而呈现一定的压力，这种压力称为蒸气压。液体的温度升高，它的蒸气压也随着增大（图 5-10）。

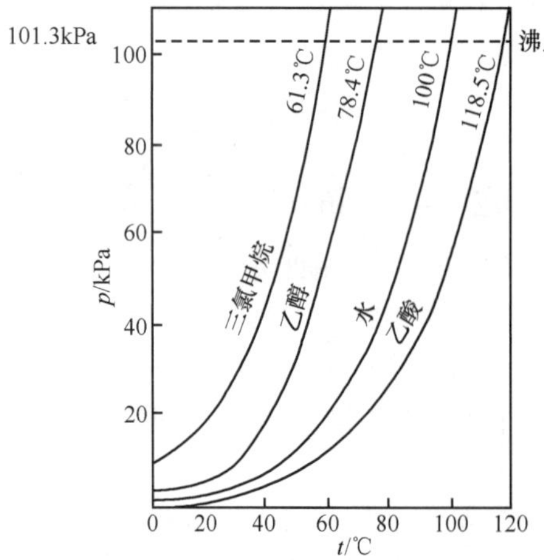

图 5-10　温度与蒸气压的关系图

液体的蒸气压增大到与外界施于液面的压力相等时，液体开始沸腾。我们把液体的蒸气压等于外压时的温度称为沸点（b.p）。显然，沸点与外压的大小有关。因此，在谈到液体的沸点时必须指明外界压力条件。例如水的沸点应记为 100℃（101.3kPa）或 95℃（85.33kPa）。通常所说的沸点是在 101.3kPa 压力条件下液体沸腾的温度。由于沸点对外压力很敏感，所以在测定沸点时均应记录压力。若是任意压力下测得的沸点，可按下列公式换算成标准状态下的沸点。

$$T_0 = t - (0.030+0.00011t)\,\Delta P$$

式中：T_0 为标准状态下的沸点；t 为测得沸点；$\Delta P = P_{测} - P_{标}$。

由于一个纯粹的液态化合物在一定压力下具有固定的沸点，而且沸点距（馏液开始滴出到液体几乎全部蒸出时的温度范围）很小，一般不超过 1℃。所以通过蒸馏可以测定化合物的沸点。沸点的测定也常用于鉴定有机物质或判断其纯度。但要注意，具有固定沸点的物质不一定都是纯物质，因为某些有机化合物常常和其他组分形成二元或三元共沸混合物，这些混合物也具有固定的沸点。一般混合物则没有固定的沸点，沸点距也较长。

为了消除在蒸馏过程中的过热现象（温度超过沸点也不沸腾）和保证沸腾的平稳状态，在开始加热前必须在溶液中加入沸石。沸石是表面疏松多孔性物质，通常是由碎的浮石或大理石制成，也可是一端封闭的毛细管。沸石的微孔中由于吸附了一些空气，它在溶剂中受热时会发出一股很细的空气泡流，在加热时就可以形成液体分子气化的中心，可减少液体变成过热的倾向，促进液体平稳地沸腾。液体如果过热时会有很大的气泡从液体中较猛地喷出，产生暴沸。故在开始加热前必须加入沸石。如果加热前忘了加入沸石，补加时应停止加热，待液体冷至沸点以下后方可加入。若蒸馏在中途停止过，重新蒸馏时应加入新的沸石（原来沸石上的小孔已被液体充满，不能再起气化中心的作用）。

四、实验仪器与药品

1. 仪器　圆底烧瓶，温度计套管，蒸馏头，温度计，直形冷凝管，接液管，锥形瓶，电炉，水浴锅，铁架台，量筒。

2. 药品　乙醇，沸石。

五、实验内容与方法

（一）安装蒸馏装置

蒸馏仪器主要包括：蒸馏瓶、温度计、冷凝管、接液管和接收瓶，装置如图 5-11 所示。

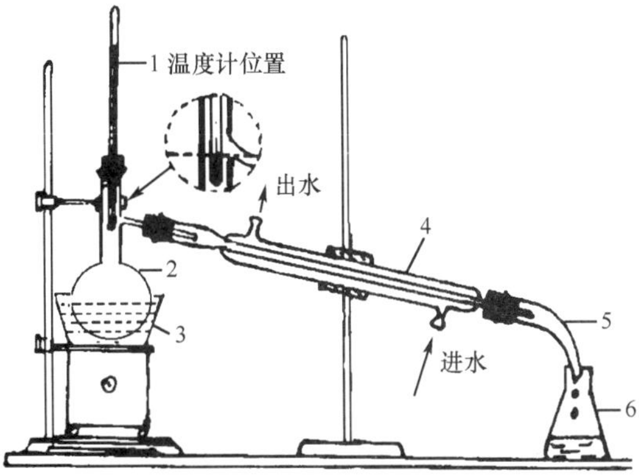

图 5-11　常压蒸馏装置

1. 温度计；2. 蒸馏烧瓶；3. 水浴锅；4. 直形冷凝管；5. 接液管；6. 接收瓶

1. 蒸馏瓶选择　安装仪器之前，应首先根据蒸馏物的量，选择大小合适的蒸馏瓶。蒸馏物液体的体积一般不超过蒸馏瓶容积的 2/3，也不要少于 1/3。

2. 安装仪器的顺序　一般是先从热源处（电炉）开始，然后“由下而上、从左到右”。

3. 安装仪器　先把圆底烧瓶放入水浴锅中（不得触及浴锅底部），然后用铁夹固定在铁架台上。圆底烧瓶上端连有蒸馏头，蒸馏头上端连有温度计套管，套管中插入温度计。温度计的位置通常是使水银球的上端恰好位于蒸馏头支管的底边所在的水平线上。

安装冷凝管时应先调整它的位置，使冷凝管的中心线与蒸馏头支管的中心线在一条直线上，然后用铁夹固定在另一铁架台上（铁夹夹住冷凝管的中部）。松开冷凝管铁夹，使冷凝管沿中心线移动与蒸馏头支管相连，这样才不致折断蒸馏头支管。然后将铁夹夹紧。各铁夹不应夹得太紧或太松，以夹住后稍用力尚能转动为宜。

冷凝管下端连接接液管，接液管末端伸入接收器中（常用锥形瓶）。接液管与锥形瓶间不可密闭，要与大气相通，以免造成封闭体系，使体系压力过大而发生爆炸。冷凝管下端的进水口用橡皮管与自来水龙头相连，上端的出水口用橡皮管导入水槽中（出水口应朝上，保证套管中始终充满水）。

（二）蒸馏操作及沸点的测定

1. 加料　取下温度计套管，用干燥量筒量取 80ml 乙醇溶液，倒入圆底烧瓶中（应沿没有支管的一边慢慢倒入，勿使液体从支管流出），然后加入 2 粒沸石，装好温度计套管。检查仪器各部分连接处是否紧密不漏气。

2. 加热　先在冷凝管内通入冷水（冷凝管外管要充满水），然后加热。开始时加热速度可稍快些，当温度逐渐上升到沸点时液体开始沸腾，蒸气逐渐上升，温度计读数也略有上升。当蒸气的顶端到达温度计水银球部位时，温度计读数急剧上升，这时应适当调小加热电炉的电压，使加热速度略微下降，让水银球上的液滴和蒸气达到平衡。然后稍微加大电压，进行蒸馏。控制加热，调节蒸馏速度，通常以每秒蒸出 1～2 滴为宜。在整个蒸馏过程中，应使温度计水银球上常有被冷凝的液滴，这时的温度即为液体与蒸气平衡时的温度，温度计的读数就是待测液体的沸点。

3. 观察沸点及收集馏液　进行蒸馏前至少要准备两个接收瓶。因为在达到预期物质的沸点之前，沸点较低的液体先蒸出。这部分馏液称为“前馏分”或“馏头”。前馏分蒸完，当温度升至所需沸点范围并恒定时，更换另一接收瓶收集，记下这部分液体开始馏出时的温度（本实验无前馏分，蒸出约 1ml 液体时开始记录温度），到不再有馏出液蒸出时再记录一次温度，停止蒸馏。前后两次温度即为待测液体的沸点距(一般纯物质只有 1～2℃的沸程)。即使杂质含量很少，也切勿蒸干液体，以防蒸馏瓶破裂及发生其他意外事故。

4. 后处理 蒸馏完毕，应先停止加热，然后关闭自来水。取下锥形瓶和接液管，再拆下冷凝管和圆底烧瓶。将蒸出液倒入收集瓶中。

(三) 实验结果的记录与处理

1. 数据记录

加入不纯乙醇体积/ml	
收集馏分体积/ml	
收集馏分沸点距/℃	
纯乙醇沸点/℃	
当天大气压力/kPa	

2. 计算收率

$$收率=\frac{收集馏分体积}{加入乙醇体积}\times 100\%$$

六、注意事项

(1) 蒸馏时不能加热太快，否则会在蒸馏瓶的颈部造成过热现象，使水银球的蒸气来不及冷凝，这样由温度计读得的沸点偏高；另一方面蒸馏也不能进行得太慢，否则温度计的水银球不能为馏出液蒸气所浸润而使温度计上所读得的沸点偏低。

(2) 冷却水流速以能保证蒸气充分冷凝为宜，通常只需保持缓缓水流即可。冷凝水从冷凝管支口的下端进，上端出。

(3) 对于沸点较低又易燃的液体，应用水浴加热，而且蒸馏速度不能太快，以保证蒸气全部冷凝。

(4) 蒸馏沸点在 140℃以上的液体时应改用空气冷凝管。

(5) 进行蒸馏操作时，有时发现馏出物的沸点往往低于(或高于)该化合物的沸点，有时馏出物的温度一直在上升，这可能是因为混合液体组成比较复杂，沸点又比较接近，简单蒸馏难以将它们分开，可考虑用分馏。

(6) 蒸馏低沸点易燃吸潮的液体时，在接液管的支管处，连一干燥管，再从后者出口处接胶管通入水槽或室外，并将接收瓶在冰浴中冷却。

七、思考题

(1) 什么叫沸点？液体的沸点和大气压有什么关系？文献里记载的某物质的沸点是否即为你们那里的沸点温度？

(2) 蒸馏时加入沸石的作用是什么？如果蒸馏前忘记加沸石，能否立即将沸石加至将近沸腾的液体中？当重新蒸馏时，用过的沸石能否继续使用？

(3) 用蒸馏方法测定液体物质沸点时，加热过快或过慢对沸点有何影响？

(4) 如果液体具有恒定的沸点，那么能否认为它是单纯物质？

八、附录

几种重要有机化合物的沸点见表 5-4。

表 5-4 几种重要有机化合物的沸点

化合物	沸点/℃	化合物	沸点/℃
甲醇	64.96	乙醚	34.51
乙醇	78.5	乙醛	20.8
正丙醇	97.4	丙醛	48.8
异丙醇	82.4	丙酮	56.2
乙二醇	198	丁酮	79. 6
甘油	290	甲酸	100.7
正丁醇	117.25	乙酸	117.9
叔丁醇	82.2	丙酸	140.99

(苏 琨)

实验三 柱色谱法分离有机化合物

一、目标要求

(1) 了解柱色谱的基本原理。

(2) 掌握柱色谱的操作技术。

二、预习内容

(1) 柱色谱法分离物质的基本原理。

(2) 柱色谱法的操作步骤和方法。

(3) 两种染料的极性情况及所选择的洗脱剂。

三、实验原理

1. 色谱的概念和分类　色谱法是分离、纯化和鉴定有机化合物的重要方法之一，具有极其广泛的用途。色谱法都有两相，一相固定不动，称为固定相。另一相可流动，称为流动相。色谱法是基于待分离试样中各组分在两相中的溶解度、吸附能力的差别，因而各组分在两相中的分配系数不同。当两相做相对运动时，各组分在两相之间进行连续多次分配，使之达到彼此的分离。根据操作条件色谱法可分为柱色谱、薄层色谱、纸色谱、气相色谱和高效液相色谱等。

柱色谱法是色谱法中的一个类型，分为吸附柱色谱法和分配柱色谱法。本实验仅介绍吸附柱色谱法。

2. 吸附柱色谱法　根据混合物中各组分的分子结构和性质(极性)来选择合适的吸附剂和洗脱剂，从而利用吸附剂对各组分吸附能力的不同及各组分在洗脱剂中的溶解性能不同达到分离目的。吸附柱色谱法通常是在玻璃色谱柱中装入表面积很大、经过活化的多孔性或粉状固体吸附剂。

当混合物溶液流过吸附柱时，各组分同时被附在柱的上端，然后从柱顶不断加入溶剂(洗脱剂)洗脱。由于不同化合物吸附能力不同，从而随着溶剂下移的速度不同，于是混合物中各组分按吸附剂对它们所吸附的强弱顺序在柱中自上而下形成了若干色带，如图 5-12 所示。

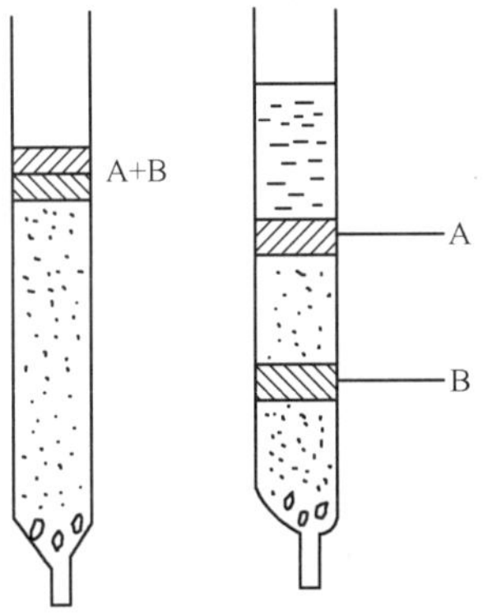

图 5-12　色层的展开

在洗脱过程中，柱中连续不断地发生吸附和溶解的交替现象。被吸附的组分被溶解吸出来，随着溶剂向下移动，又遇到新的吸附剂颗粒，把组分从溶液中吸附出来，而继续流下的新溶剂又使组分溶解而向下移动，这样经过适当时间移动后，各种组分就可以完全分开。继续用溶剂洗脱，吸附能力最弱的组分随溶剂首先流出，再继续加溶剂直至各组分依次全部由柱中洗出为止，分别收集各组分。

3. 吸附剂的选择　铝、硅胶等。氧化铝是一种高极性和强吸附的极性物质，供柱色谱使用的通常分为酸性、碱性和中性三种。中性氧化铝应用最为广泛，适用于中性物质如醛、酮、酯、醌等有机化合物的分离。由于样品被吸附到吸附剂表面上，因此颗粒大小均匀、比表面积大的吸附剂吸附分离效果最佳。比表面积越大，组分在固定相和流动相之间达到平衡就越快，色带就越窄。通常使用的吸附剂颗粒大小为 100～150 目为宜。粉末太粗，溶液流速太快，分离效果不好；粉末太细，流速太慢，分离时耗时太长。

吸附剂的活性取决于吸附剂的含水量，含水量越高，吸附剂的吸附能力越弱；反之，则吸附能力越强。氧化铝的活性分Ⅰ～Ⅴ五级，Ⅰ级为无水物，吸附作用太强，Ⅴ级含水 15%，吸附作用太弱，二者都不合适。最常用的是Ⅲ、Ⅳ级(含水分别为 6%和 10%)。吸附剂含水量和活性等级关系见表 5-5。

4. 洗脱剂的选择　在柱色谱分离中，洗脱剂的选择也是一个重要因素。能将样品中各组分完全分开的展开剂，即作为柱色谱的洗脱剂。有时也选用混合展开剂。另外所选择的洗脱剂必须能够将样品中的各组分溶解，如果被分离的样品不溶于洗脱剂，那么各组分可能会牢固地吸附在固定相上而不随流动相移动或移动很慢。在极性固定相上洗脱剂的洗脱能力顺序为：水>甲醇>乙醇>1-丙醇>丙酮>乙酸乙酯>乙醚>氯仿>二氯甲烷>甲苯>环己烷。

5. 色谱柱的选择　吸附柱色谱法的分离效果不仅依赖于吸附剂和洗脱剂的选择，

而且与制成的色谱柱有关。要求柱中的吸附剂质量为被分离样品质量的 30～40 倍，有时还可再多些。所用柱的高度和直径比应为 8∶1。

本实验选用氧化铝作为固定相分离甲基橙与亚甲蓝混合物。氧化铝的极性很强，对极性较强的物质（如甲基橙）的吸附力强；对极性较弱的物质（如亚甲蓝）的吸附力较弱。所以应选择极性小的洗脱剂（乙醇）首先将亚甲蓝洗脱，甲基橙则留在色谱柱的上部，甲基橙的洗脱则要用极性大的水为洗脱剂。

四、实验仪器与药品

1. 仪器 玻璃色谱柱，抽滤瓶，烧杯，铁架台，水泵（或油泵），长玻棒，小量筒，脱脂棉，漏斗，橡胶管。

2. 药品 活性氧化铝，95%乙醇，0.05%甲基橙与亚甲蓝的乙醇溶液。

五、实验内容与方法

（一）装柱

1. 安装色谱柱玻管 取一支洁净干燥的色谱柱玻管，垂直固定在铁架台上，自柱口塞入少许脱脂棉并用长玻棒推至柱底压平（塞时不宜太紧）。

2. 装柱的方法

（1）湿法装柱：将吸附剂用洗脱剂中极性最低的洗脱剂调成糊状，在柱内先加入约 3/4 柱高的洗脱剂，再将调好的吸附剂边敲打边倒入柱中，同时打开柱下活塞，在色谱柱下面放一个干净并且干燥的锥形瓶，接收洗脱剂。当装入的吸附剂有一定高度时，洗脱剂下流速度变慢，待所用吸附剂全部装完后，用留下来的洗脱剂转移残留的吸附剂，并将柱内壁残留的吸附剂淋洗下来。在此过程中，应不断用橡皮管敲打色谱柱，以使色谱柱填充均匀并没有气泡。柱子填充完后在吸附剂上端覆盖一层脱脂棉（约 0.5cm 厚）。

（2）干法装柱：在色谱柱上端放一个干燥的漏斗，然后将吸附剂慢慢倒入漏斗中，使填装紧密均匀。加完后再加入洗脱剂使吸附剂全部润湿。再在柱顶加入一薄层脱脂棉花。一般湿法比干法装得结实均匀。

本实验采用干法装柱，将活性氧化铝（120～150 目，于 300～400℃ 活化 3～4h）慢慢倒入漏斗中，使其成为一细流连续不断地装入柱中，边装边用胶管敲打色谱柱，直至氧化铝柱高达 10cm 时为止。然后将此色谱柱固定在铁架台上，下面接一个抽滤瓶，装置如图 5-13 所示。

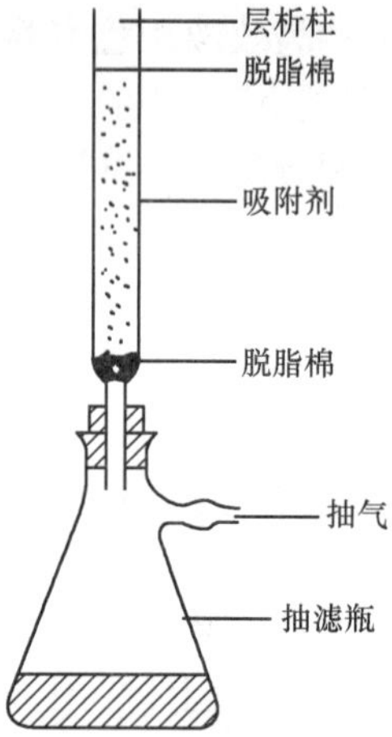

图 5-13 色谱柱装置图

（二）样品的加入

（1）打开色谱柱下端活塞，将抽滤瓶与水泵相连，抽气减压。用小烧杯从柱口沿管壁小心加入 95%乙醇（切勿把氧化铝表面冲乱）直至色谱柱下端有液体流出。当乙醇液面与柱上端棉花层的上面相平时停止减压。

（2）加入甲基橙与亚甲蓝的混合溶液 3ml（要预先准备好）。

（三）洗脱、分离

（1）待混合溶液进入柱上端棉花层时，慢慢加入 95%乙醇，并抽气减压，在柱上可以看到橙色和蓝色的色带。

（2）待乙醇液面降至棉花层时（为了保持吸附柱的均一性，应该使整个吸附剂浸泡在溶剂或溶液中，即从第一次注入乙醇起直至实验完毕，绝不能让柱内液体的液面降至棉花层之下。否则当柱中溶剂或溶液流干时，会使柱身干裂。若再重新加入溶剂，会使吸附柱的各部分不均匀而影响分离效果)，再继续加入乙醇洗脱，每次加入约2～3ml，洗脱剂应连续平稳地加入，直至一种染料被完全洗脱为止(此时滴下的洗脱剂应无色)。

(3)第 1 种染料洗脱完后，停止抽气。将抽滤瓶中的乙醇溶液倒入回收瓶中。改用水作洗脱剂，继续抽气减压，可将第2种染料洗出。

(4)实验完毕，继续抽气减压至吸附剂被抽干，然后将吸附剂(氧化铝)倒入指定的容器中，并把色谱柱洗净倒立于铁架台上晾干。

(四)实验结果的记录与处理

(1)分离样品名称。

(2)吸附剂名称。

(3)洗脱剂名称。

(4)画出柱色谱装置图及色谱图。

六、注意事项

(1)色谱柱装填紧密与否，对分离效果影响很大。若柱中留有气泡或各部分松紧不匀(更不能有断层)时，会影响渗透速度和显色的均匀程度。

(2)在吸附柱上端加入脱脂棉是为了加样品和洗脱剂时不致把吸附剂冲起，影响分离效果；在吸附柱下端加入脱脂棉是为了防止吸附剂细粒流出。

(3)在洗脱过程中应先使用极性最小的洗脱剂淋洗，将极性小的组分分离出来后再改变极性分出极性较大的组分。

(4)在洗脱过程中，样品在柱内的下移速度不能太快，但也不能太慢，因为吸附剂表面活性较大，时间太长会造成某些成分被破坏，使色谱带扩散，影响分离效果。通常流出速度为(5～10)滴/分，若洗脱剂下移速度太慢，可用水泵减压。

七、思考题

(1)为什么极性较大的物质要用极性较大的溶剂洗脱？

(2)色谱柱中若留有空气或装填不匀，会怎样影响分离效果？如何避免？

(3)柱色谱的分离原理是什么？

附录

吸附剂含水量与活性关系见表5-5。

表5-5 吸附剂含水量和活性等级关系

活性等级	Ⅰ	Ⅱ	Ⅲ	Ⅳ	Ⅴ
氧化铝含水量	0	3%	6%	10%	15%
硅胶含水量	0	5%	15%	25%	38%

（苏 琨）

实验四 茶叶中咖啡因的提取

一、目标要求

(1)了解萃取的基本原理。

(2)掌握萃取的操作技术。

(3)掌握用升华方法精制有机化合物的操作。

二、预习内容

(1)萃取的基本原理；萃取的操作步骤和方法。

(2)索氏提取器的装置、滤纸套的折叠方法及升华操作方法。

三、实验原理

萃取是分离提纯有机化合物的常用方法之一。应用萃取法可以从固体或液体混合物中提取出所需要的物质。根据被提取物质的状态不同，萃取可分为两种：一种是用溶剂从液体混合物中分离所需物质，称为液-液萃取；另一种是用溶剂从固体混合物中分离所需物质，称为液-固萃取。本实验仅介绍液-固萃取法。

液-固萃取是利用固体物质在液体溶剂中的溶解度不同来达到分离提纯的目的。通常用浸出法或加热提取法。前者是靠溶剂长期的浸润溶解而将固体物质中需要的物质浸出来，这种方法虽不需要任何特殊器皿，但效率不高，而且溶剂需要量大。

实验室常采用索氏提取器来加热提取物质。装置如图 5-14 所示。索氏提取器是利用溶剂回流及虹吸原理，使固体物质多次被纯的溶剂所萃取，因而效率较高。因为从萃取效率来讲，用相同量的溶剂分几次萃取比一次萃取好，即少量多次萃取效率高。

回流操作是有机化学操作技术中常见的一个基本操作。许多有机化学反应和操作中常需加热反应物或溶剂，为避免反应物或溶剂的挥发损失，常在反应容器上垂直安装球形冷凝管（图 5-15），当溶液被加热沸腾时，溶液的蒸气经过冷凝管而被冷却，又变成液体回流到原来烧瓶中。回流加热前应先加入沸石，回流的速度应控制在液体蒸气浸润不超过 2 个球为宜。

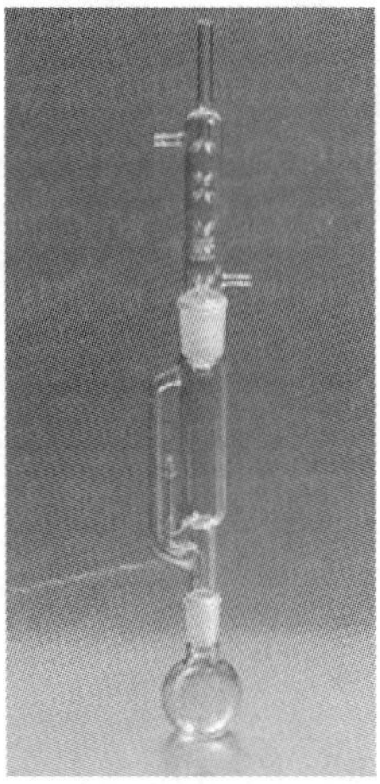

图 5-14　索氏提取器

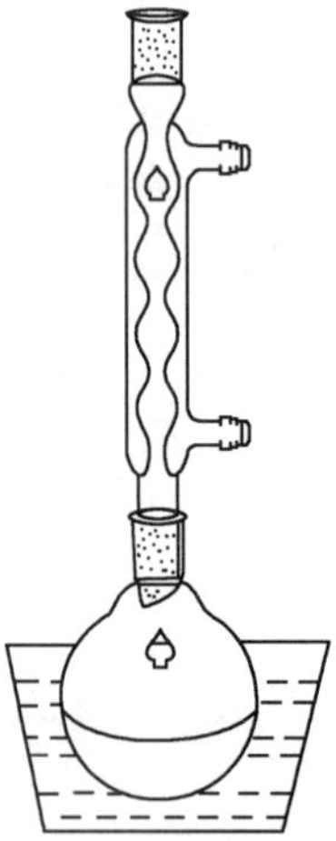

图 5-15　回流装置

在安装索氏提取器的回流装置中可发现冷凝下来的溶剂首先滴入提取器中，提取器液面超过虹吸管上端时，提取液就虹吸回烧瓶。在回流过程中，将反复发生虹吸作用。

咖啡因具有刺激心脏、兴奋大脑神经和利尿等作用，主要用作中枢神经兴奋药，它也是复方阿斯匹林（A.P.C）等药物的组分之一。咖啡因又称咖啡碱，化学名称为 1，3，7-三甲基-2，6-二氧嘌呤，构造式如下：

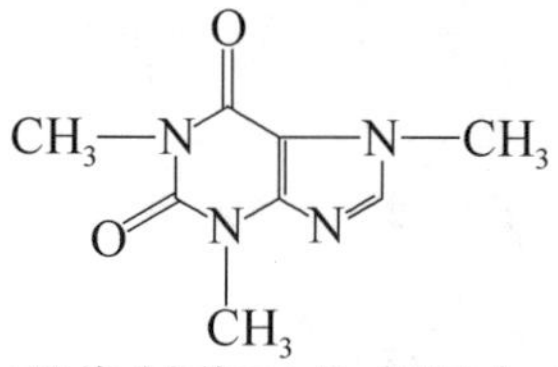

咖啡因

现代制药工业多用合成方法来制得咖啡因。本实验是从茶叶中提取咖啡因。茶叶中含有多种生物碱，其中以咖啡因为主，约占 1% ～5%。咖啡因是弱碱性化合物，易溶于乙醇、氯仿等溶剂中。为了提取茶叶中的咖啡因，往往利用适当的溶剂（乙醇等）在索氏提取器中提取（萃取前应先将茶叶研细，以增加液体浸溶的面积），然后用普通蒸馏法蒸去溶剂，即得粗咖啡因。

固体物质具有较高的蒸气压时，往往不经过熔融状态就直接变成蒸气，蒸气遇冷又直接变成固体，这种过程称为升华。升华是纯化固体有机物的一个方法。利用升华可除去难挥发性杂质或分离具有不同挥发度的固体混合物。升华的操作简便，常可得到较高纯度的产物，但操作时间长，产品损失也较大，不适合大量产品的提纯。

升华是精制某些固体化合物的方法之一。能用升华法精制的物质必须满足以下两个条件：①被精制的固体要有较高的蒸气压，在低于熔点时就可以产生足够的蒸气，使固体不经过熔融状态就直接变成蒸气，从而达到分离的目的。②杂质的蒸气压应与被纯化的固体化合物的蒸气压之间有显著的差别。

含结晶水的咖啡因系白色针状结晶，味苦。在 100℃时即失去结晶水并开始升华，在 120℃时升华相当显著，至 178℃时升华很快。无水咖啡因的熔点为 234.5℃。由于粗咖啡因中还含有其他一些生物碱和杂质，可利用升华法进一步提纯。

四、实验仪器与药品

1. 仪器　索氏提取器，平底烧瓶，球形冷凝管，水浴锅(加圈)，电炉，直形冷凝管，圆底烧瓶，蒸馏头，温度计，接液管，锥形瓶，量筒，玻璃漏斗，滤纸，大头针，蒸发皿，酒精灯，三脚架，玻璃棒，台秤，石棉网，棉花。

2. 药品　茶叶末，95%乙醇，沸石，生石灰粉。

五、实验内容与方法

（一）安装仪器

(1) 将一块长方形滤纸(15cm×12cm)卷成比索氏提取器内径略小的筒形，滤纸筒大小既要紧贴器壁，又能方便取放。将纸筒一头折成筒底，用大头针别紧。将10g茶叶末(已称好)装进制好的滤纸筒中，轻轻压实，然后将滤纸筒放入索氏提取器内。

(2) 在平底烧瓶中加入 80ml 95%乙醇(注意加沸石)，如图5-14安装好仪器。

（二）回流萃取咖啡因

(1) 接通冷凝水，然后用水浴加热(水浴锅要加圈)。

(2) 当溶剂沸腾时，蒸气通过索氏提取器侧管上升，被冷凝管冷凝为液体滴入滤纸筒中与茶叶接触。当液面高至虹吸管顶部时即虹吸流回烧瓶中，因而萃取出溶于溶剂的部分物质。就这样经过多次虹吸作用，使固体中的可溶物质富集到烧瓶中。

(3) 连续提取 1h(提取液颜色很淡)后，待冷凝液最后一次虹吸下去时，立即停止加热，关闭冷凝水。

（三）蒸馏回收乙醇

1. 过滤　将提取液倒入干滤纸中过滤除去茶渣(该步骤有时可省略)。

2. 蒸馏　用普通蒸馏装置(见本章实验一)回收提取液中的大部分乙醇。

（四）残液蒸干及焙炒

(1) 将圆底烧瓶中残液倾入蒸发皿中，拌入3g生石灰粉(起吸水和中和作用)。

(2) 将蒸发皿放在加圈的水浴锅上(蒸发皿不要触到水)，用蒸气浴蒸干。

(3) 将蒸发皿移至酒精灯上焙炒片刻(一定要炒干)，以使水分全部除去，

冷却后将沾在蒸发皿边上的粉末用滤纸擦去，以免升华时污染产物。

（五）升华提纯咖啡因

1. 安装装置　在蒸发皿上面覆盖一张刺有许多小孔(用大头针扎)的滤纸(孔刺向上)。然后将大小合适的玻璃漏斗罩在上面，漏斗的颈部塞一点棉花，减少蒸气逃逸。装置如图5-16所示，加热升华(在升华过程中始终都须用小火加热)。

2. 加热升华　产生的蒸气会通过滤纸小孔上升，冷却后凝结在滤纸孔上或漏斗壁上。当观察到纸孔上出现白色毛状结晶时，停止加热，让其自行冷却，必要时漏斗外壁可用湿布冷却。

3. 收集咖啡因　当漏斗中观察不到蒸气时，方可揭开漏斗和滤纸，仔细地把附着在纸上及器皿周围咖啡因刮下。

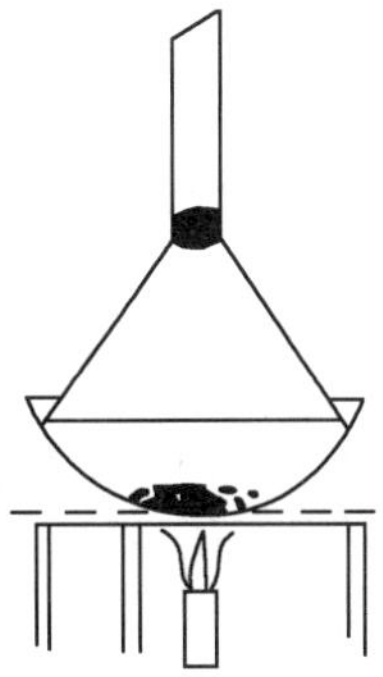

图5-16　升华装置

4. 二次升华　残渣搅拌后用较大的火继续加热片刻，使升华完全。合并两次升华制得的咖啡因，将收集的咖啡因倒入收集瓶中。

（六）实验结果的记录与处理

(1) 画出从茶叶提取咖啡因的流程图。

(2) 索氏提取器中虹吸乙醇的次数。

(3) 茶叶质量 (g)。

(4) 咖啡因颜色、晶形。

六、注 意 事 项

(1) 滤纸筒上面要折成凹形，防止茶叶末漏出堵塞虹吸管。纸筒高度不得超过虹吸管，以保证回流液均匀浸润被萃取物。

(2) 滤纸上的孔应尽量大一些，以便蒸气上升时顺利通过滤纸，在滤纸上和漏斗中结晶，否则将会影响晶体的析出。

(3) 蒸馏乙醇时不能蒸得太干，否则残液很黏，转移时损失较大。

(4) 在萃取回流充分的情况下，升华操作的好坏是本实验成败的关键。在升华过程中始终都须用小火加热。如温度太高，会使滤纸炭化变黑，并把一些有色物质蒸出，使产品不纯。第二次升华时，火也不能太大，否则会使被烘物大量冒烟，影响产品的纯度和产量。

七、思 考 题

(1) 液-固萃取的原理是什么？

(2) 回流操作和蒸馏操作有何异同点？

(3) 什么固体物质才可采用升华法来精制？

(4) 残液中加入生石灰的目的是什么？

附 录

咖啡因的物理常数见表 5-6。

表 5-6 咖啡因的物理常数

名称	相对分子量	性状	折光率	密度	熔点/℃	沸点/℃	溶解度		
							水	乙醇	乙醚
咖啡因	194.19	无色针状晶体	/	d_4^{19} 1.23	238	/	可溶	易溶	易溶

（郭梅凤）

实验五 液体化合物折光率的测定

一、目 标 要 求

(1) 了解阿贝折光仪的基本构造，学会阿贝折光仪的使用方法。

(2) 了解测定化合物折光率的意义。

二、预 习 内 容

(1) 了解阿贝折光仪的基本构造。

(2) 熟悉阿贝折光仪的操作步骤和方法。

(3) 掌握折光率的表示方法。

三、实 验 原 理

折光率是化合物的重要物理常数之一，固体、液体和气体都有折光率，尤其是液体有机化合物，文献记载更为普遍。通过折光率的测定可鉴定未知的液体有机物，折光率也可作为检验液体物质纯度的标准。

在物理学中已经学过：当光线由一种透明介质进入另一种透明介质时，由于光在两种介质中传播速度不同，光的方向就要改变，在界面上发生折射现象。根据折射定律，折光率是光线入射角的正弦与折射角的正弦的比值，即

$$n = \frac{\sin\alpha}{\sin\beta}$$

当光线由介质 A 进入介质 B 时，如果介质 A 对于介质 B 是光疏物质，则折射角 β 必小于入射角 α，当 α=90°时，sinα=1，这时折射角达到最大值，称为临界角，用 β_0 表示。很明显，在一定条件下 β_0 也是一个常数，它与折光率的关系是：$n = \dfrac{1}{\sin\beta_0}$。通过测定临界

角 β_0，就可以得到折光率，这就是阿贝折光仪的基本光学原理(图 5-17)。为了测定 β_0 值，阿贝折光仪采用了“半明半暗”的方法，让单色光线由 0～90°的所有角度从介质 A 射入介质 B，这时介质 B 中临界角以内的整个区域内均有光线通过，因而是明亮的；而临界角以外的全部区域没有光线通过，因而是暗的；明暗两区域的界线十分清楚。如果在介质 B 的上方用一目镜观测，就可看见一个界线十分清晰的半明半暗图像，如图 5-18 所示。

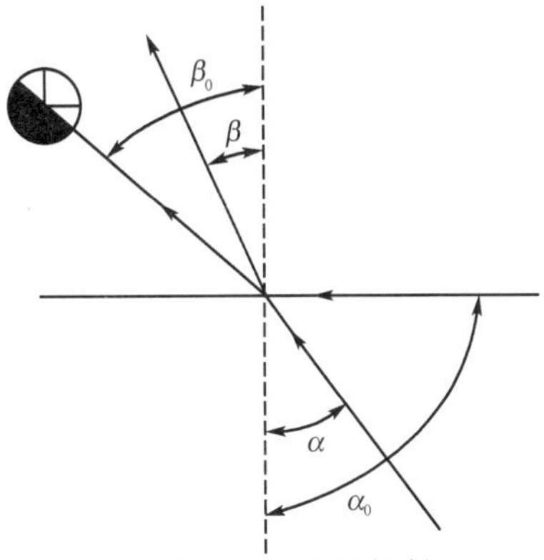

图 5-17　光的折射

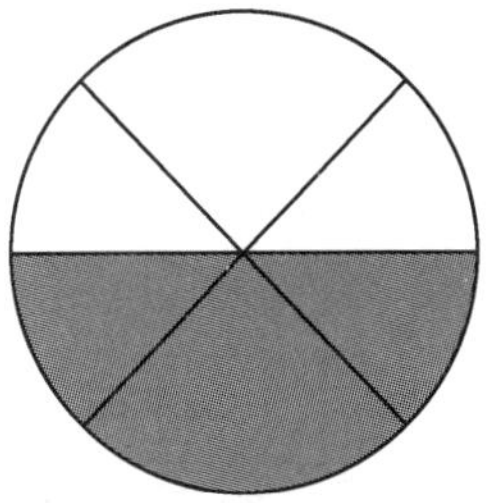

图 5-18　半明半暗图像

介质不同，临界角也不相同，目镜中明暗两区的界线位置也不一样。如果在目镜上刻上“+”字交叉线，改变介质 B 与目镜的相对位置，使每次明暗两区的界线总是与“+”字交叉线的交点重合，通过测定其相对位置(角度)，并经换算，便可得到折光率。阿贝折光仪的标尺上所刻的读数 1.3000～1.7000 即为换算后的折光率，故可直接读出折光率数值。

物质的折光率不但与它的结构和光线波长有关，而且也受温度、压力等因素的影响，所以折光率的表示须注明所用的光线和测定时的温度，常用 n_D^t 表示。D 是以钠灯的 D 线作光源，t 是与折光率相对应的温度。例如：n_D^{20} 表示 20℃时，该介质对钠灯 D 线的折光率。由于通常压力的变化并不显著影响折光率，所以一般测定时忽略其影响。

阿贝折光仪有消色散装置，因此可直接使用日光测定折光率，其测得的数值与钠光线所测得的一样，阿贝折光仪结构如图 5-19 所示。

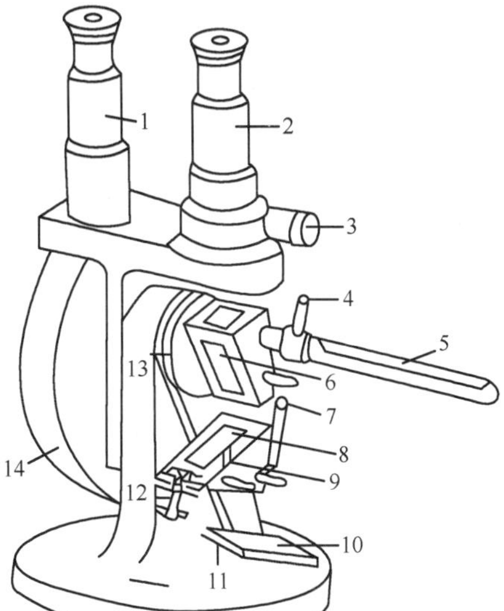

图 5-19　阿贝折光仪的结构

1. 读数望远镜；2. 测量望远镜；3. 消色散镜手柄；4. 恒温水入口；5. 温度计；6. 测量棱镜；7. 绞链；8. 辅助棱镜(开启状态)；9. 加液槽；10. 反射镜；11. 底座；12. 锁钮；13. 转轴；14. 刻度盘罩

四、实验仪器与药品

1. 仪器　阿贝折光仪，擦镜纸。

2. 药品　纯松节油，石蜡，乙酸乙酯，乙醚(或丙酮)。

五、实验内容与方法

(一) 安放仪器

将折光仪放在光线充足的平台上(但不可受日光直射)，装上温度计。

(二) 加入样品

分开直角棱镜，用擦镜纸沾少量乙醚

(或丙酮)轻轻擦洗上下棱镜面，以免留有其他物质影响测定精确度。待溶剂挥发完全后，将 1～2 滴被测液均匀地滴于下面棱镜上(滴管勿碰击棱镜面)，立即将上、下两块棱镜合拢、旋紧。

(三)测定折光率

1. 调节反光镜 将镜筒拉向观察者，使成一倾斜度。转动反光镜，使光线射入，目镜视场明亮。若在光线不充足的室内测定时，可将棱镜上的圆窗(小反光镜)打开，增加光线的强度。

2. 调半明半暗 转动棱镜刻度盘，直至镜内观察到有明暗界线，明暗界线出现彩色光带。

3. 消除色散 转动消色散调节器使明暗界线处彩带消失，明暗界线清晰。

4. 读数 再转动棱镜刻度盘，使明暗界线恰好对准“+”字的交点。记下刻度盘读数即为折光率，折光率读至小数第 4 位。

按 3 和 4 的操作再重复读数 2 次，取其平均值，即为待测液体的折光率。记下实验时的温度。

5. 擦镜 按操作(二)擦洗上、下棱镜，待晾干后再关闭棱镜。将仪器装入木箱中。

(四)实验结果的记录与处理

样品名称	折光率(n_D^t)			
	第 1 次	第 2 次	第 3 次	平均值
松节油				
乙酸乙酯				
石蜡				
室温/℃				

六、注 意 事 项

(1) 被测液应滴加适当，以免过少或分布不均而影响观测，易挥发液体应快速测量。

(2) 测折光率时应备有恒温水槽，保证测定时所需温度。如果实验室条件有限，测定液体折光率的温度与规定温度不一致(通常以 20℃或 25℃为标准)，所测得的结果需加以校正，可利用温度增加 1℃时，液体有机物的折光率减少约 4×10^{-4} 的数值进行换算。

(3) 操作时要特别小心，特别是油手、汗手及滴管的末端等严禁触及棱镜。

(4) 测定有毒样品的折光率时应在通风橱内操作。

七、思 考 题

(1) 测定有机物折光率的意义是什么？

(2) 假定测得松节油的折光率为 n_D^{30} 1.4710，在 25℃时其折光率应是多少？

(3) 折光率与临界角的关系是什么？

附 录

几种液体的折光率见表 5-7 所示。

表 5-7 几种液体的折光率(20℃，钠光)

化合物	n_D^{20}	化合物	n_D^{20}
松节油	1.4770	乙酸	1.3716
乙酸乙酯	1.3723	正己烷	1.3571
石蜡	1.4740	1-丁醇	1.3993
甲醇	1.3288	氯仿	1.4459
水	1.3335	四氯化碳	1.4601
乙醚	1.3526	苯	1.5011
丙酮	1.3588	甲苯	1.4961
乙醇	1.3611	乙苯	1.4959

(郭梅凤)

实验六 水蒸气蒸馏提纯烟碱

一、目 标 要 求

(1) 了解水蒸气蒸馏的原理，掌握水蒸气蒸馏的操作。

(2) 通过烟碱的有关反应认识生物碱的一些性质。

二、预 习 内 容

(1) 了解水蒸气蒸馏的原理，熟悉水蒸气蒸馏的操作步骤。

(2) 掌握水蒸气蒸馏装置的安装程序及

注意事项。

(3) 预习烟碱的性质。

三、实 验 原 理

水蒸气蒸馏是把和水不相混溶的液体在低于 100℃的温度下随水蒸气一起蒸出的操作技术。此法常用于在常压蒸馏下易被破坏的某些高沸点有机化合物，是分离和纯化有机物的常用方法之一。被提纯的物质必须具备下列条件：①不溶或难溶于水；②与水共煮沸时不发生化学反应；③在 100℃左右时该物质蒸气压至少在 1.33kPa 以上。

当与水不相混溶的有机物与水一起加热时，整个系统的蒸气压应为各组分蒸气压之和：

$$P_{总} = P_{H_2O} + P_A$$

式中，$P_{总}$ 为体系总蒸气压；P_{H_2O} 为水的蒸气压；P_A 为被提纯物质蒸气压。当 $P_{总}$ 与外界压力相等时，混合物即开始沸腾，被提纯物与水同时被蒸馏出来。所以混合物的沸点比其中任一组分的沸点都要低，即该有机物在比其正常沸点低得多的温度下，可被蒸馏出来。蒸馏时混合物的沸点不变，蒸出液体的组成不变。我们知道，混合蒸气中各组分的物质的量之比等于各组分气体分压之比：

$$\frac{n_A}{n_{H_2O}} = \frac{P_A}{P_{H_2O}}$$

把 $n = W/M$ 代入上式后可得

$$\frac{W_A}{W_{H_2O}} = \frac{P_A \times M_A}{P_{H_2O} \times M_{H_2O}}$$

式中，W_A、W_{H_2O} 为被提纯物和水在一定容积中蒸气的质量；M_A、W_{H_2O} 为它们的摩尔质量。我们可以根据混合物的沸腾温度从手册中查出该温度下纯水的蒸气压，再通过外界压力（$P_{总}$）求出被提纯物分压 P_A，从而计算出水蒸气蒸馏出来的有机物与水二者质量比（两种组分在馏液中的相对质量就是它们在蒸气中的相对质量）。

以苯胺和水的混合物进行水蒸气蒸馏为例。苯胺沸点 184.4℃，混合物沸点 98.4℃，在 98.4℃时苯胺的蒸气压为 5.65kPa，水的蒸气压为 95.4kPa，两者蒸气压之和恰接近于大气压力，于是混合物开始沸腾，苯胺和水一起被蒸馏出来，馏出液中苯胺和水的质量之比为

$$\frac{W_{苯胺}}{W_{H_2O}} = \frac{P_{苯胺} \times M_{苯胺}}{P_{H_2O} \times M_{H_2O}} = \frac{5.65 \times 93}{95.4 \times 18} = 0.31$$

所以馏出液中苯胺含量为

$$\frac{0.31}{1 + 0.31} \times 100\% = 23.7\%$$

但实际上由于苯胺微溶于水，导致水的蒸气压降低，得到的比例比计算值要低。

生物碱是生物体内一类含氮的有机碱性化合物，一般不溶于水，能溶于氯仿、乙醇、乙醚等有机溶剂，也能溶于稀酸溶液并生成盐。生物碱盐遇较强的碱仍可变为不溶于水的生物碱：

$$\underset{(难溶于水)}{生物碱} \underset{OH^-}{\overset{H^+}{\rightleftharpoons}} \underset{(易溶于水)}{生物碱盐}$$

常利用生物碱的溶解性从植物中提取、精制生物碱。由植物中提取生物碱时，通常用稀盐酸使它们转化为盐酸盐而转移到提取液中，然后用 NaOH 处理提取液，此时水溶性很小的生物碱就沉淀下来。

烟草中含有十余种生物碱，主要是烟碱，其结构式如下：

烟碱分子中有一个吡啶环和一个五元环的叔胺，因而碱性很强，可以使酚酞溶液变红。烟碱在常温下为无色或淡黄色油状液体，难溶于水，沸点 246℃，可被氧化剂氧化成烟酸，可以与苦味酸、碘化汞钾等生物碱试剂发生沉淀反应。

四、实验仪器与药品

1. 仪器　铜制水蒸气发生器，电炉，酒精灯，圆底烧瓶（带玻璃弯管塞），直形冷凝管，

接液管，锥形瓶，T 形管，螺旋夹，铁架台，量筒，烧杯，布氏漏斗，抽滤瓶，三脚架，石棉网，玻棒，试管，滤纸，pH 试纸。

2. 药品　烟丝，10%盐酸，25%氢氧化钠，酚酞指示剂，0.5%高锰酸钾，5%碳酸钠，饱和苦味酸，碘化汞钾溶液，沸石。

五、实验内容与方法

（一）烟碱的提取

(1) 取 2g 烟丝放入烧杯中，加 40ml 10%盐酸，在电炉上加热煮沸 20min，经常搅拌并适当补充水以保持液面不下降。

(2) 煮沸后抽气过滤，滤液用 25%氢氧化钠溶液中和至碱性，再转移到长颈烧瓶中进行水蒸气蒸馏。

（二）烟碱的分离

1. 安装水蒸气蒸馏装置　水蒸气蒸馏装置包括水蒸气发生器、蒸馏部分、冷凝部分和接收器，按图 5-20 装好水蒸气蒸馏装置。在安装仪器时要注意以下几点：

(1) 水蒸气发生器通常是铁制或铜制的，发生器中要插入一长玻璃管作为安全管，管下端接近器底。当内部压力太大时，水可沿着玻璃管上升，以调节内压。如果系统发生阻塞，水便会从管的上口喷出。

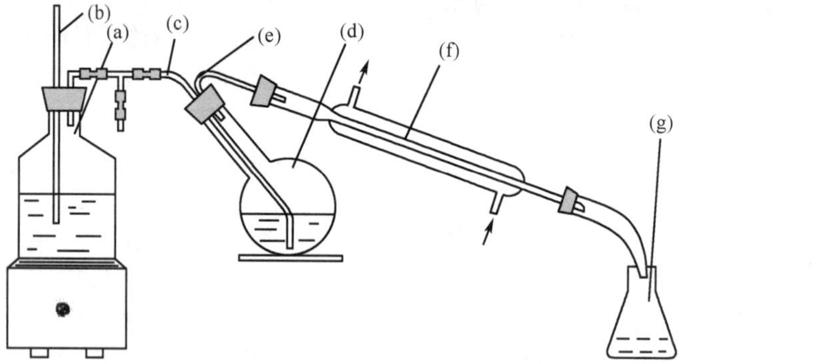

图 5-20　水蒸气发生器

(a) 水蒸气发生器；(b) 安全管；(c) 水蒸气导出管；(d) 圆底烧瓶；(e) 蒸馏液导出管；(f) 冷凝管；(g) 锥形瓶

(2) 水蒸气导出管与 T 形管相连，T 形管下端接一橡皮管，并用螺旋夹夹住，便于及时除去冷凝下来的水滴。在操作中如系统发生阻塞，安全管水位迅速升高时应立即打 T 形管的螺旋夹，使与大气相通。

(3) 蒸馏部分用长颈圆底烧瓶。为了防止瓶中液体因跳溅而冲入冷凝管内污染馏液，将烧瓶倾斜 45°，瓶内液体不得超过其容积的 1/3。水蒸气导出管要正对烧瓶底中央，距瓶底 0.8～1cm，蒸馏液出口与冷凝管相连。

(4) 水蒸气冷凝时吸热较多，应选用长式冷凝管，冷却水流速要大些。

2. 水蒸气蒸馏操作

(1) 加药品：在水蒸气发生器中加入约占容器体积 1/2 的自来水，加入几粒沸石。在圆底烧瓶中加入烟碱溶液，然后检查整个装置是否漏气。

(2) 水蒸气蒸馏：放开 T 形管螺旋夹，加热水蒸气发生器至沸腾。当有大量蒸气从 T 形管中冲出时旋紧螺旋夹，使水蒸气进入圆底烧瓶中而进行蒸馏。蒸馏速度控制在 (2～3) 滴/s，使蒸气能全部在冷凝管中冷凝下来。若蒸馏速度太慢或因水蒸气冷凝而使烧瓶内液体量增加以至超过容器体积的 2/3 时，则用小火将烧瓶在石棉网上加热，但如发现烧瓶内液体蹦跳厉害要停止加热。在蒸馏操作过程中必须注意安全管水位是否正常，烧瓶内混合物是否飞溅厉害或液体倒吸，如遇这些现象应立即旋开螺旋夹，然后停止加热，排除故障后再继续加热。

(3) 收集烟碱：当馏出液无明显油珠，澄清透明时便可停止蒸馏（本实验只收集

15ml 蒸馏液即停止蒸馏）。

(4) 后处理：蒸馏完毕后，一定要先打开螺旋夹使通大气，然后方可停止加热，以免烧瓶内液体倒吸。

（三）烟碱的性质试验

1. 碱性试验　在 1 支试管中加入 1ml 烟碱水溶液，加 1 滴酚酞试剂，观察有何现象。

2. 氧化反应　在 1 支试管中加入 5 滴烟碱溶液，然后加 1 滴 0.5%高锰酸钾溶液和 3 滴 5%碳酸钠溶液，摇动试管，观察现象。

3. 沉淀反应　取 2 支试管，各加入 5 滴烟碱溶液，然后在 1 支试管中逐滴加入 6 滴饱和苦味酸溶液，边滴加边摇动，观察有何现象。在另一支试管中逐滴滴加碘化汞钾溶液，边滴加边摇动直至出现沉淀为止。

（四）实验结果的记录与处理

1. 收集烟碱体积（ml）__________。

2. 烟碱的性质

样品名称 / 加入试剂	烟碱	
	现象	解释
酚酞		
高锰酸钾		
苦味酸		
碘化汞钾		

六、注意事项

(1) 在碘化汞钾溶液配制时，把 5%碘化钾水溶液慢慢地加到 2%氯化汞（或硝酸汞）水溶液中，至初生的红色沉淀刚刚溶解为止。

(2) 水蒸气发生器中的水不能太满，否则沸腾时水会冲入烧瓶中。

七、思考题

(1) 水蒸气蒸馏的原理是什么？

(2) 在水蒸气蒸馏装置中，T 形管下端螺旋夹的作用是什么？

(3) 为什么蒸馏完毕后，必须首先打开螺旋通大气？

附　录

不同温度下水的蒸气压见表 5-8。

表 5-8　不同温度下水的蒸气压

t/℃	1	2	3	4	5	6	7	8
p/kPa	0.657	0.706	0.758	0.813	0.872	0.935	1.002	1.073
t/℃	9	10	11	12	13	14	15	16
p/kPa	1.148	1.228	1.312	1.402	1.497	1.598	1.705	1.818
t/℃	17	18	19	20	21	22	23	24
p/kPa	1.937	2.063	2.197	2.338	2.487	2.643	2.809	2.983
t/℃	25	26	27	28	29	30	31	32
p/kPa	3.167	3.361	3.565	3.780	4.005	4.243	4.492	4.755
t/℃	33	34	35	36	37	38	39	40
p/kPa	5.030	5.319	5.490	5.941	6.275	6.625	6.992	7.376
t/℃	41	42	43	44	45	46	47	48
p/kPa	7.778	8.199	8.639	9.100	9.583	10.086	10.612	11.160
t/℃	49	50	51	52	53	54	55	56
p/kPa	11.735	12.334	12.959	13.611	14.292	15.000	15.737	16.505

续表

t/℃	57	58	59	60	61	62	63	64
p/kPa	17.308	18.142	19.012	19.916	20.856	21.834	22.849	23.906
t/℃	65	66	67	68	69	70	71	72
p/kPa	25.003	26.143	27.326	28.554	29.828	31.157	32.517	33.944
t/℃	73	74	75	76	77	78	79	80
p/kPa	35.424	36.957	38.544	40.183	41.876	43.636	45.463	47.343
t/℃	81	82	83	84	85	86	87	88
p/kPa	49.289	51.316	53.409	55.569	57.808	60.115	62.488	64.941
t/℃	89	90	91	92	93	94	95	96
p/kPa	67.474	70.096	72.801	75.592	78.474	81.447	84.513	87.675
t/℃	97	98	99	100				
p/kPa	90.935	94.295	97.757	101.325				

（郭　叶）

实验七　熔点的测定

一、目 标 要 求

(1) 了解测定熔点的意义、原理。

(2) 掌握用毛细管测定熔点的方法。

二、预 习 内 容

(1) 了解熔点的定义和熔点的表示方法。

(2) 预习测定熔点的操作步骤和方法。

三、实 验 原 理

当晶体物质加热到一定温度时即从固态转变成液态，此时的温度即为该化合物的熔点。然而熔点的严格定义应为固液二态在大气压力为 101.3kPa 时达成平衡时的温度。纯净的固体有机物一般都有固定的熔点，它是有机物的重要物理常数。在外界压力固定的情况下，纯物质固、液二态之间的变化是非常敏锐的，从开始熔化到全部熔化的温度变化范围（熔点距）一般不超过 0.5～1℃。当有杂质存在时，则熔点降低且熔点距加大。所以熔点的测定常用于鉴定未知的固体化合物，还可根据熔点距的长短定性地检验物质的纯度。

将一个纯粹的固体化合物以恒定速率加热，用加热时间对温度作图（图 5-21）。升高温度，固体的蒸气压增大，当温度达到熔点 T_M 时，先有少量液体出现，而后固液两相达到平衡，这时所提供的热量使固体熔化并转化为液体，而化合物的温度不会升高，待固体全部熔化后，熔化了的液体温度才逐渐上升。

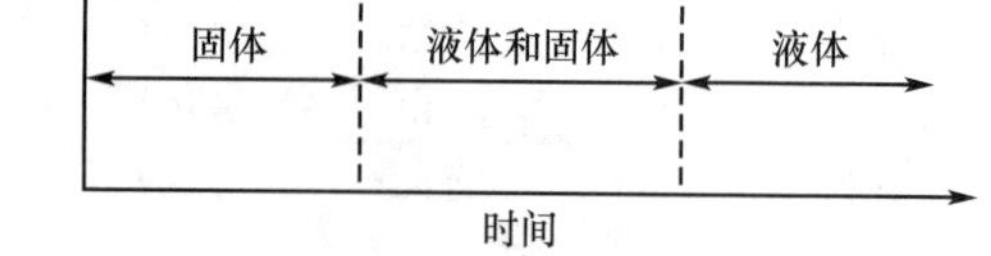

图 5-21　相随时间和温度的变化

测定熔点的方法有几种，以毛细管法最为普遍。其优点为样品用量少，装置和操作简单，而且结果准确。

四、实验仪器与药品

1. 仪器　熔点测定管，温度计，酒精灯，毛细管，表面皿，长玻璃管，方玻片，铁架台，软木塞，烧瓶夹，橡皮圈，玻璃钉。

2. 药品　液状石蜡，苯甲酸，尿素和苯甲酸混合物（1∶4）。

五、实验内容与方法

（一）毛细管中样品的填装

1. 研磨样品　将少许待测结晶置于洁净的表面皿上，用玻璃钉研成细粉状并聚成堆。

2. 装样品　将毛细管的开口端插入细粉中，此时即有少量样品挤入毛细管中。取一根粗玻璃管，直立在干净的方玻片上，将毛细管的开口端朝上，从玻璃管中自由落下，使样品很紧密地填在管底。重复上述装样操作数次，直至毛细管内装入的样品高约 3～4mm（样品量太少不便观察，产生熔点偏低；太多会造成熔点距变大，熔点偏高）中间无空隙为止，用纸擦去毛细管外的粉末。

（二）热浴的选择与仪器的安装

根据样品的熔点选择合适的加热浴液。加热温度在 140℃以下时，选用液状石蜡或甘油。温度低于 220℃时可选用浓硫酸，因硫酸具有较强的腐蚀性，所以操作时应注意安全。

在干燥的熔点测定管中装入液状石蜡作为导热液（浴液），加至上侧管与直管相连处即可，用烧瓶夹将测定管固定在铁架台上。将装有样品的毛细管用橡皮圈系在温度计侧面（橡皮圈不要浸入浴液中），使样品部位置于温度计水银球中部。最后将插入软木塞的温度计安装到熔点测定管上，温度计刻度应位于软木塞缺口处并面向观测者（便于观察温度），温度计水银球的位置应位于测定管两侧管的中间，装置如图 5-22 所示。

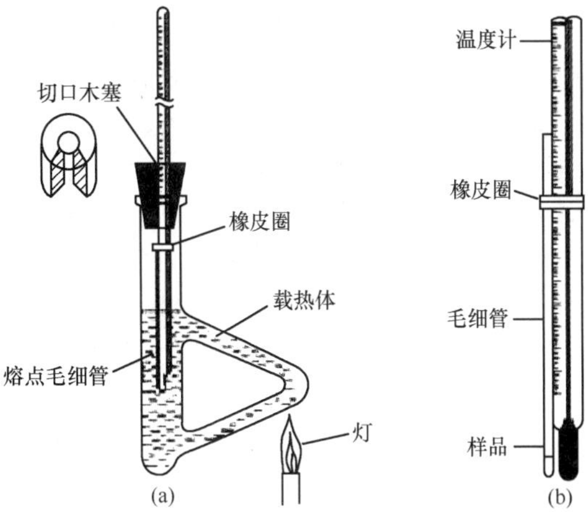

图 5-22　熔点测定装置

（三）校正温度计

测定已知样品的熔点，将测定值与文献值对照，其差值即为校正系数。

（四）熔点的测定

用酒精灯在图示部位缓缓加热熔点测定管，受热的浴液作沿管上升运动，溶液产生的对流循环使得管内温度较均匀。

为了准确地测定熔点，对于每一个样品至少要测 3 次。

1. 粗测　开始加热时可以稍快些，使温度每分钟上升 5℃左右。认真观察并记录现象，直至样品熔化。这样可测得一个不准确的熔点（近似熔点）。

2. 精测　让导热液慢慢冷却到近似熔点以下 30℃左右时，再取另一根装样的毛细管（每一根毛细管只能用一次）精测：开始升温速度可以稍快些，待温度上升到比近似熔点低约 10℃时，调小火焰，使温度每分钟只上升 1℃左右，仔细观察毛细管中样品的变化情况。当样品变色并开始熔化时立即移去热源，最后微量的固体样品全部熔化。记下固体开始塌落并有液相产生时（部分透明）即开始熔化（初熔）至固体完全熔化变成透明液体时（全熔）的温度计读数，即为被测物质的熔点距。精测至少 2 次。

3. 记录　记下初熔和全熔的两点温度。例如某化合物在 121℃时有液滴出现，在122℃时全熔，其熔点为 121～122℃。

4. 后处理　熔点测完后一定要等浴液冷却后方可拿出温度计，用废纸擦去浴液，再用水冲洗，否则温度计极易炸裂。然后将导热液倒入回收瓶中，将熔点测定管固定在铁架台上(不要洗，留给下一组使用)。

根据上述方法测定纯苯甲酸和不纯苯甲酸的熔点距。每个样品测 3 次(粗测 1 次，精测 2 次)。

（五）实验结果的记录与处理

样品名称	纯苯甲酸		不纯苯甲酸	
熔点/℃	初熔温度	全熔温度	初熔温度	全熔温度
粗测				
第一次精测				
第二次精测				

六、注 意 事 项

(1) 由于晶体物质的熔点不仅受纯度影响，而且与晶体大小、样品数量、毛细管的厚薄、样品填入毛细管的密实程度及加热的速度有关。因此，装填样品所用毛细管其管壁要薄且应洁净、干燥。样品应研成细粉并紧密地装填在毛细管中，同时管中样品应有适当高度，这样才能传热迅速、均匀，结果准确。

(2) 熔化的样品冷却后又凝固成固体，再重新加热所测得的熔点往往就不准确。因为有时某些物质会产生部分分解，有些会转变成具有不同熔点的其他晶体形式。所以一根毛细管中的样品只能用一次。

(3) 掌握升温速度是准确测定熔点的关键，越接近熔点，升温的速度应越慢。这一方面是为了保证有充分的时间让热量由管外传至管内，以使固体熔化；另一方面因观察者不能同时观察温度计所示读数和样品的变化情况，若浴液升温太快，样品在熔化过程中产生滞后，其结果使观察的温度比真实值高。

七、思　考　题

(1) 利用熔点的测定怎样判断物质是否纯净?

(2) 为什么说掌握升温速度是准确测定熔点的关键?

(3) 重复测定物质熔点时，为什么一定要重新装样品?

附　　录

几种有机化合物的熔点见表 5-9。

表 5-9　几种有机化合物的熔点(℃)

化合物	熔点/℃	化合物	熔点/℃
甲酸	8.4	尿素	135
乙酸	16.6	乳酸	52.8
苯甲酸	122. 4	苯	5.5

（郭　叶）

实验八　有机化合物鉴别实验

一、目 标 要 求

(1) 巩固学生所学的有机化合物的化学性质及其鉴别方法。

(2) 培养学生独立设计、独立完成实验以及解决问题的能力。

二、预 习 内 容

(1) 预习所学的有机化合物的化学性质。

(2) 参照有机化合物鉴别实验参考方法制定出实验方案。

三、实验仪器与药品

1. 仪器　试管一套，酒精灯，pH 试纸，滴管。

2. 药品　5%$NaHCO_3$，5%NaOH，0.05%$KMnO_4$, 3%$FeCl_3$，2%$CuSO_4$，Fehling 试剂，碘试液，2，4-二硝基苯肼，乙醛，乙

酸，乙醇，正丁醇，1%苯酚，1%乙酰乙酸乙酯，丙酮，甘油，60%苯甲醛，5%乳酸。

四、实验内容与方法

（一）实验内容

学生利用本实验所给的试剂，自行设计实验方案，鉴定下列每组中各字母所代表的化合物。

(1) A_1、A_2和A_3：乙醛、乙酸、乙醇。

(2) B_1、B_2和B_3：乙醇、乙醛、正丁醇。

(3) C_1、C_2和C_3：1%乙酰、乙酸、乙酯、1%苯酚、丙酮。

(4) D_1、D_2和D_3：5%草酸、乙醛、乙酸。

(5) E_1、E_2和E_3：甘油、正丁醇、乙醇。

(6) F_1、F_2和F_3：乙醛、60%苯甲醛、丙酮。

(7) G_1、G_2和G_3：乙酸、5%乳酸、1%苯酚。

（二）有机化合物鉴别实验参考方法

1. 醇和邻二醇的鉴别

(1) 伯醇、仲醇可与$KMnO_4$溶液发生氧化反应，使$KMnO_4$溶液紫色褪去，叔醇一般不与$KMnO_4$溶液反应。

(2) 邻二醇类化合物在碱性溶液中可与$CuSO_4$溶液反应生成绛蓝色的配合物。

2. 酚的鉴别

(1) 大多数酚和烯醇类化合物能与$FeCl_3$起显色反应；

(2) 酚类还能和溴水反应生成白色沉淀。

3. 醛和酮的鉴别

(1) 2，4-二硝基苯肼反应

1) 原理：用2，4-二硝基苯肼和醛或酮反应生成黄色、橙色或橙红色的2，4-二硝基苯腙沉淀。

2) 实验操作方法：在试管中加入1ml 2，4-二硝基苯肼溶液，然后加入5滴所测溶液，用力振荡，有黄色结晶析出。如不析出结晶，可静置15min，然后微热1min再振荡，冷却后观察有无黄色结晶析出。

(2) 碘仿反应

1) 原理：乙醛、甲基酮和具有$CH_3CH(OH)R$结构的醇能和$NaOI(I_2+NaOH)$反应生成黄色碘仿沉淀。

2) 实验操作方法：在试管中加入所测溶液10滴，然后加入10滴蒸馏水和10滴碘试液，摇匀后再滴加5% NaOH溶液至碘的颜色刚褪去为止。观察试管中有无黄色碘仿沉淀生成。

(3) 氧化反应：醛具有还原性，可以与Tollen试剂反应生成单质银，而酮不能，可用来鉴别醛和酮。脂肪醛可以和Fehling试剂反应生成砖红色Cu_2O沉淀，芳香醛不反应，可用于脂肪醛和芳香醛的鉴别。

1) Fehling试验：取洁净的试管，加入0.5ml的Fehling A和0.5ml的Fehling B溶液，混合均匀后，加入5滴所测溶液。在沸水中加热数分钟，若有砖红色沉淀(Cu_2O)生成，表明试样为脂肪醛类化合物。

2) Tollen试验：取1支洁净的试管，加入2ml $0.2mol \cdot L^{-1}$ $AgNO_3$溶液和0.5ml $2.5mol \cdot L^{-1}$的NaOH溶液。试管里立即有棕黑色的沉淀出现，振荡使反应完全。然后边振荡边滴加$2mol \cdot L^{-1}$氨水至生成的沉淀刚好全部溶解，即得Tollen试剂。将此溶液分置于几支洁净的试管中，分别加入5滴所测溶液，将各试管摇动均匀后，在室温下静置5～10min。如没有银镜形成，可将试管放入60℃水浴2～3min（加热不能太久！），观察有无银镜出现。

4. 羧酸、二元酸和取代羧酸的鉴别

(1) 羧酸可以和$NaHCO_3$反应生成CO_2气体，可用于羧基的鉴别。

(2) 草酸具有还原性，可使$KMnO_4$溶液褪色。草酸受热可发生脱羧反应。

(3) α-羟基酸可与Tollen试剂反应产生银镜，也能与$KMnO_4$溶液反应使之褪色。

5. 烯醇类化合物的鉴别　乙酰乙酸乙酯既可发生甲基酮的典型反应（如碘仿反应，与2，4-二硝基苯肼反应），又能与$FeCl_3$呈颜色反应，能使溴水褪色（烯醇的性质）。

（三）实验结果的记录与处理

(1) A_1 名称：A_2 名称：A_3 名称：
简述鉴别方法：
(2) B_1 名称：B_2 名称：B_3 名称：
简述鉴别方法：
(3) C_1 名称：C_2 名称：C_3 名称：
简述鉴别方法：
(4) D_1 名称：D_2 名称：D_3 名称：
简述鉴别方法：
(5) E_1 名称：E_2 名称：E_3 名称：
简述鉴别方法：
(6) F_1 名称：F_2 名称：F_3 名称：
简述鉴别方法：
(7) G_1 名称：G_2 名称：G_3 名称：
简述鉴别方法：

五、注 意 事 项

1. 2，4-二硝基苯肼溶液的配制 将 2g 2，4-二硝基苯肼溶于 15ml 浓硫酸中，加入 150ml 95%乙醇，然后以蒸馏水稀释至 500ml，搅拌使其混合均匀，必需时过滤使用。

2. 碘试液配制 把 25g 碘化钾溶于 100 ml 蒸馏水中，再加入 12.5g 碘，搅拌使碘溶解。

3. Fehling 溶液配制 因酒石酸钾钠和氢氧化钠混合后生成的配合物不稳定，故需分别配制，试验时将二溶液混合。

(1) Fehling A：结晶硫酸铜 34.6g 溶于 500 ml 蒸馏水中。

(2) Fehling B：酒石酸钾钠 173g，氢氧化钠 70g 溶于 500 ml 蒸馏水中。

六、思 考 题

(1) 鉴别醛、酮有哪些简便的方法？

(2) 从实验结果归纳醇和酚在化学性质上的差异。

(3) 哪一种丁醇起碘仿反应？

（郭　叶）

实验九　乙酸乙酯的合成

一、目 标 要 求

(1) 了解从有机酸合成酯的一般原理及方法。

(2) 熟悉和掌握酯化反应的特点。

(3) 掌握蒸馏、分液漏斗的使用等操作。

二、预 习 内 容

(1) 复习酯化反应的知识及反应方程式写法。

(2) 复习蒸馏、分液漏斗的使用等操作技术。

三、实 验 原 理

酸催化的直接酯化是工业和实验室制备羧酸酯最重要的方法。常用的催化剂有硫酸和对甲苯磺酸等，酸的作用是使羰基质子化从而提高羰基的反应活性。

乙酸乙酯（$CH_3COOC_2H_5$）是具有菠萝香味的化合物，它是工业上的重要原料。乙酸乙酯一般是由乙酸和乙醇在少量浓硫酸催化下反应制得，主要反应式为

$$CH_3COOH + C_2H_5OH \underset{110\sim120^\circ C}{\overset{浓H_2SO_4}{\rightleftharpoons}} CH_3COOC_2H_5 + H_2O$$

副反应：

$$2CH_3CH_2OH \xrightarrow[140^\circ C]{浓H_2SO_4} CH_3CH_2OCH_2CH_3 + H_2O$$

$$CH_3CH_2OH \xrightarrow[170^\circ C]{浓H_2SO_4} CH_2{=\!=}CH_2 + H_2O$$

酯化反应是可逆反应，平衡时原料转化率只有 60%左右。为提高产率，可以通过增加酸和醇的用量或移出产物的方法，也可以两法并用。本实验中使用了过量的醇，并将产物酯和水一起蒸出，以求提高产率。

四、实验仪器与药品

1. 仪器 三颈烧瓶，圆底烧瓶（250ml），球形冷凝管，直形冷凝管，蒸馏头，沸石，温度计，电热套，接液管，干燥锥形瓶，量筒，分液漏斗。

2. 药品　冰乙酸，无水乙醇，浓硫酸，饱和碳酸钠溶液，饱和食盐水，饱和氯化钙溶液，无水硫酸镁。

五、实验内容与方法

（一）粗产物制备

1. 加药品　在 125ml 三颈烧瓶中放入 12ml 95%乙醇，在振摇下分批加入 12ml 浓硫酸使混合均匀，并加入几粒沸石。滴液漏斗中装入 12ml 95%乙醇和 12ml 冰乙酸混合液。

2. 安装仪器　如图 5-23 安装仪器。在三颈瓶左口插入 60ml 滴液漏斗，右口插入温度计，中间口装配常压蒸馏装置。

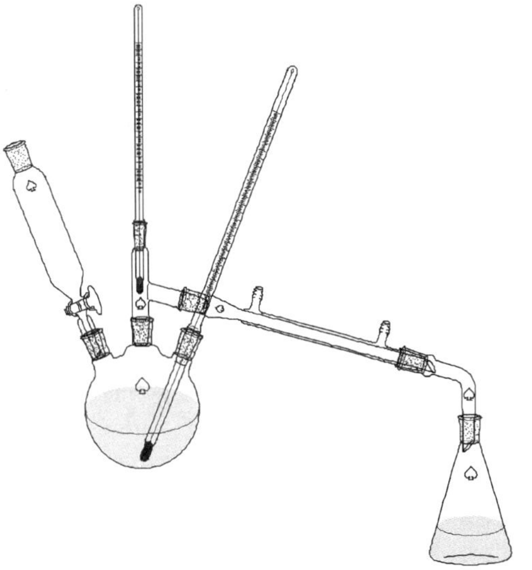

图 5-23　乙酸乙酯的制备装置

3. 蒸馏　将 3～4ml 95%乙醇和 12ml 冰乙酸混合液由滴液漏斗滴入三颈瓶中，然后将三颈烧瓶在电热套上慢慢加热，使瓶内反应液温度升至 110～120℃之间，蒸馏管口开始有液滴馏出时，再将其余的混合液由滴液漏斗慢慢滴入，控制滴入速度和馏出速度大致相等，并维持反应在 120℃左右，待液体滴加完毕后，继续加热数分钟，直到温度升高到 130℃并不再有液滴馏出时为止。

（二）分离纯化

馏出液中含有乙酸乙酯及少量乙醇、乙醚、水和乙酸。在馏出液中慢慢加入饱和碳酸钠溶液 10ml 左右，不断振荡，直至不再有二氧化碳气体放出(用 pH 试纸检验，酸层呈中性)。然后将混合液转入分液漏斗，充分振摇(注意及时放气！)，静置后，分去下层水相。酯层用 10ml 饱和食盐水洗涤后，再每次用 10ml 饱和氯化钙溶液洗涤两次。弃去下层液，酯层自漏斗上口倒入干燥的 50ml 锥形瓶中，用无水硫酸镁干燥。

将干燥后的有机层(粗乙酸乙酯)滤入干燥的蒸馏瓶中，加入沸石在水浴上进行蒸馏，收集 73～78℃的馏分，产量约 4.2g。

纯乙酸乙酯的沸点为 77.06℃，折光率为 1.3723。

（三）实验结果的记录与处理

乙酸乙酯理论产量：

乙酸乙酯实际产量：

六、注 意 事 项

(1) 本实验所采用的酯化方法仅适用于合成一些沸点较低的酯类。优点是能连续进行，用较小容积的反应瓶制得较大量的产物。对于沸点较低的酯类，若采用相应的酸和醇回馏来制备，常常不够理想。

(2) 合成乙酸乙酯时温度应控制在 110～120℃之间，温度不宜太高，否则会增加副产物乙醚的含量。

(3) 酯层用饱和食盐水洗涤以洗去碳酸钠，否则下一步用饱和氯化钙溶液洗去醇时会产生絮状的碳酸钙沉淀，造成分离困难。为减小酯在水中的溶解度，需用饱和食盐水洗。洗涤时注意放气，有机层用饱和 NaCl 洗涤后，尽量将水相分干净。

(4) 乙酸乙酯与水或醇能形成一元或三元共沸物，所以应尽量将有机层中的乙醇除尽和干燥充分，否则形成低沸点共沸混合物，影响酯的产量。

七、思 考 题

(1)酯化反应有什么特点？本实验如何创造条件使酯化反应尽量向生成物方向进行？

(2)蒸出的乙酸乙酯中主要有哪些杂质？如何除去？

(3)如果采用乙酸过量是否可以？为什么？

附 录

反应物、反应产物的物理常数见表5-10。

表5-10 乙酸、乙醇和乙酸乙酯物理常数(文献值)

化合物	相对分子质量	熔点/°C	沸点/°C	相对密度/ d_4^{20}	溶解度			
					水	乙醇	乙醚	其他
乙酸乙酯	88.12	−83.58	77.06	0.9003	8.5^{15}	互溶	互溶	苯：互溶
乙酸	60.05	16.6	117.9	1.049	互溶	互溶	互溶	苯：互溶
乙醇	46.07	−117.3	78.5	0.7893	互溶	/	互溶	苯：可溶

乙酸乙酯与水或醇形成共沸物组成及沸点见表5-11。

表5-11 乙酸乙酯与水或醇形成共沸物组成及沸点

沸点/°C	组成/%		
	乙酸乙酯	乙醇	水
70.2	82.6	8.4	9.0
70.4	91.9		8.1
71.8	69.0	31.0	

(赵冬冬)

实验十 碳水化合物的性质

一、目 标 要 求

(1)加深对单糖、二糖、多糖和糖苷化学性质的认识。

(2)掌握主要糖类的鉴别方法。

二、预 习 内 容

(1)复习单糖、二糖、多糖和糖苷化学性质。

(2)熟悉主要糖类的鉴别方法。

三、实 验 原 理

糖类是多羟基醛或多羟基酮或能水解产生多羟基醛或多羟基酮的化合物。根据糖类化合物的水解情况通常分为四类：单糖、双糖、寡糖和多糖。单糖是不能被水解成更小分子的糖；双糖水解后产生两分子单糖；多糖完全水解后可产生十个以上单糖。

单糖(酮糖在碱性条件下可变为醛糖)及分子中含有半缩醛羟基的双糖在水溶液中能发生互变异构现象，开链的醛基结构与环状结构具有一定的平衡，因此具有还原性，能将Benedict弱氧化剂还原成砖红色的Cu_2O沉淀，蔗糖等不含半缩醛羟基的双糖则无还原性。蔗糖虽无还原性，但水解后生成葡萄糖和果糖，因而水解溶液具有还原性，与Benedict试剂作用可生成砖红色沉淀。

芸香苷(芦丁)无还原性，但用酸作催化剂，水解后生成槲皮素和等分子的葡萄糖和鼠李糖，因此水解溶液具有还原性。

淀粉为多糖，多糖无还原性。淀粉在酸的存在下加热水解，先生成糊精，再生成麦芽糖，最终水解产物是葡萄糖。因此水解溶液具有还原性。淀粉遇碘显蓝色，而分子大小不同的糊精与碘作用时，分别呈现蓝紫、紫红、红等不同颜色，因此根据淀粉的水解产物与碘作用呈现的颜色可判断淀粉水解的程度。最后溶液对碘液不再显色时为水解终点。

直链淀粉遇碘液显蓝色，加热煮沸时颜色消失，冷却后又重新显色。显色的原因是直链淀粉螺旋状结构中空部分的大小，恰好适合碘分子进入，依靠分子间引力使碘和淀粉形成一种蓝色配合物，从而改变了碘原来的颜色。这个反应很灵敏，常用来检验淀粉或碘的存在。

四、实验仪器与药品

1. 仪器　试管，烧杯，酒精灯，电炉，白瓷滴板，吸管，小量筒，试管夹。

2. 药品　2%葡萄糖，2% 果糖，2%麦芽糖，2%蔗糖，2%淀粉，10%碳酸钠，浓盐酸，芸香苷（固体），0.1%碘液，Benedict 试剂，3 $mol \cdot L^{-1}$ H_2SO_4，红色石蕊试纸。

五、实验内容与方法

（一）糖的还原性

(1) 取 4 支试管，各加入 1ml 的 Benedict 试剂，然后分别加入 2%葡萄糖、2%果糖、2%麦芽糖和 2%蔗糖溶液 10 滴。

(2) 振荡后，把试管放入沸水浴中加热 5min，待溶液自行冷却后，观察有无砖红色沉淀生成。

（二）蔗糖的水解

(1) 取 2 支试管，分别加入 2%蔗糖溶液 1ml，然后于一支试管中加入 2 滴 3$mol \cdot L^{-1}$ H_2SO_4，将此试管放在沸水浴中加热 10min。

(2) 冷却后加入 10%的碳酸钠溶液至呈现碱性（红色石蕊试纸变蓝）。

(3) 将 2 支试管各加入 10 滴 Benedict 试剂，并放在沸水浴中加热 5min，观察并比较两管的结果。

（三）糖苷的水解

(1) 取 2 支试管，各加入芸香苷一小粒，加少量水溶解，然后于一支试管中加入 5 滴 3$mol \cdot L^{-1}$$H_2SO_4$，将此试管放在沸水浴中煮沸 10 min。

(2) 冷却后，加 10%碳酸钠溶液中和至呈碱性。

(3) 将两支试管各加入 10 滴 Benedict 试剂，并放在沸水浴中加热 5 min，观察并比较两管的结果。

（四）淀粉的性质

1. 与碘液作用　在一支试管中加入 10 滴 2%淀粉和 1 滴碘液，观察呈现的颜色。将试管直接在酒精灯上加热，则溶液颜色消失（为什么？），冷却后，颜色又重复出现（为什么？），试解释之。

2. 淀粉水解

(1) 取 2 支试管，各加入 2 ml 2%淀粉溶液。然后于一支试管中加入 3 滴浓盐酸，将此试管放在沸水浴中煮沸 15min。加热过程中，每隔 2 min 用吸管取出 1 滴反应液滴在白瓷滴板上，加 1 滴碘液，观察颜色的变化过程。

(2) 等反应液对碘不再显色（呈黄色）时，取出试管，将其冷却。用 10%碳酸钠溶液中和至呈碱性。

(3) 将两支试管各加入 10 滴 Benedict 试剂，然后在沸水浴中加热 5min，观察并比较两管的结果。

（五）实验结果的记录与处理

1. 糖的还原性

样品	Benedict 试剂（现象）	解释现象
葡萄糖		
果糖		
麦芽糖		
蔗糖		

2. 蔗糖的水解

样品	水解试剂	鉴别试剂	现象	解释现象
蔗糖	3$mol \cdot L^{-1}$ H_2SO_4	Benedict 试剂		
蔗糖		Benedict 试剂		

3. 糖苷的水解

样品	水解试剂	鉴别试剂	现象	解释现象
芸香苷	$3mol\cdot L^{-1}$ H_2SO_4	Benedict 试剂		
芸香苷		Benedict 试剂		

4. 淀粉的水解

(1) 与碘液作用

样品	试剂	现象	加热后现象	冷却后现象	解释
淀粉	I_2				

(2) 淀粉水解

样品	水解试剂	鉴别试剂	现象	解释现象
淀粉	$3mol\cdot L^{-1}$ H_2SO_4	Benedict 试剂		
淀粉		Benedict 试剂		

六、注意事项

1. Benedict 试剂配制 称取枸橼酸钠 173g, 无水碳酸钠 100g, 溶于 800ml 热水中。另取结晶硫酸铜 17.3g，溶于 100ml 水中。然后在不断搅拌下把硫酸铜溶液慢慢地加到已冷却的枸橼酸钠溶液中，最后用水稀释至 1000ml。溶液应澄清，否则需过滤。

Benedict 试剂是经过改良的 Fehling 试剂。试剂稳定，不必临时配制，同时它还原糖类时很灵敏。

2. 2%淀粉溶液配制 取可溶性淀粉 2g，加水 5ml 搅匀后，缓缓倾入 95ml 沸水中，边加边搅拌，继续煮沸 2min，放冷，倾取上层清液，即得。本液应临用新制。

七、思考题

(1) 如何鉴别葡萄糖、麦芽糖、蔗糖和淀粉?

(2) 为什么可以用碘液定性地了解淀粉水解进行的程度?

(3) 为什么糖苷水解后有还原性?

(张 璐)

实验十一 旋光度的测定

一、目标要求

(1) 了解旋光仪的基本原理，掌握其使用方法。

(2) 了解测定旋光性物质旋光度的意义。

(3) 掌握由测定结果计算比旋光度的方法。

二、预习内容

(1) 了解旋光仪的基本原理，掌握其使用方法。

(2) 掌握比旋光度的表示方法。

三、实验原理

能使平面偏振光的偏振面发生旋转的物质称为旋光性物质。旋光性物质可使偏振光的偏振面向左或向右旋转一定的角度，旋转的度数称为该物质的旋光度。旋光度不仅取决于物质的分子结构，而且还和被测溶液的浓度、测定管的长度(液层厚度)、温度、光的波长及溶剂等有关。因此，常用比旋光度来表示物质的旋光能力。旋光度和比旋光度的关系如下：

$$[\alpha]_D^t = \frac{\alpha}{d \cdot L}$$

式中：$[\alpha]_D^t$ 为旋光性物质在 t ℃，光源波长为钠光谱的 D 线(589.2nm)下的比旋光度；α 为旋光仪测得的旋光度；L 为测定管的长度(dm)；d 为溶液的浓度(每毫升溶液所含溶质的克数)，若样品为纯液体时，d 表示其密度。

比旋光度是旋光性物质的一个重要物理常数，常用于鉴定旋光性物质或测定其含量。旋光仪是测定物质旋光度的仪器。本实验所用 WXG-4 型圆盘旋光仪，其外形如图 5-24 所示。

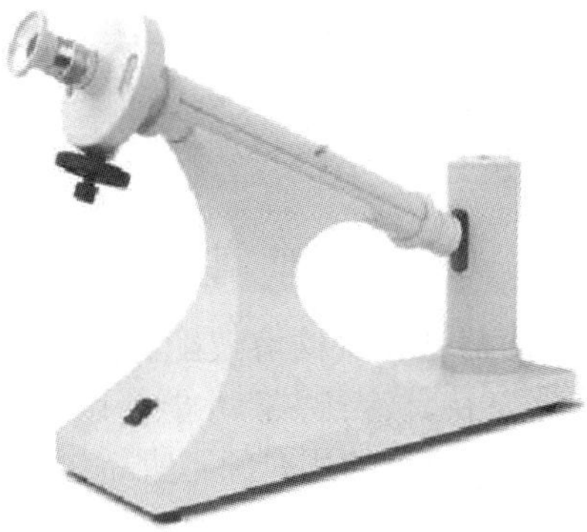

图 5-24　WXG-4 型圆盘旋光仪

旋光仪的结构主要包括两个尼科尔棱镜、盛液管、旋转刻度盘和单色光源。近光源的棱镜称为起偏镜，不能转动，其作用是将单色光变成偏振光。近目镜的棱镜称为检偏镜，它和旋转刻度盘连在一起，随着刻度盘的旋转而转动，其作用是测定偏振光旋转的角度。盛液管装待测溶液，刻度盘用来读取偏振光被旋转的度数。为了便于观察，在仪器中设计了一种三分视场，即在检偏镜后的中部装一狭长的石英片，其宽度约为视场的 1/3。由于石英片具有旋光性，从石英片通过的那一部分偏振光被旋转了一个角度，因而出现三分视场，即视场中三个区域内明暗程度不相等，如图 5-25(a)或(c)所示。只有当检偏镜旋转至某一角度时，三分视场消失，出现零度视场，即视场中三个区域内明暗程度相等，如图 5-25(b)所示。而检偏镜从 0°旋转至 180°时会出现较暗和较亮的两种零度视场，应选择较暗的零度视场作为旋光仪的零点和终点的判断标准，从而使测定的准确度和灵敏度提高。

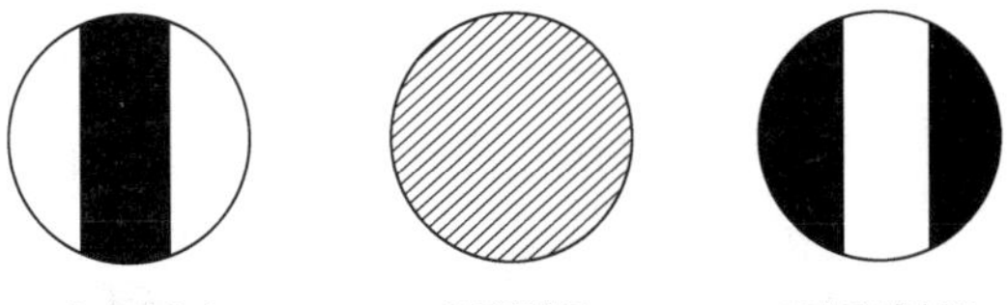

图 5-25　三分视场示意图

测定时，在盛液管中装满无旋光性的蒸馏水，校正仪器的零点。当盛液管中换以旋光性物质溶液后，由于溶液具有旋光性，使偏振光的偏振面向右或向左旋转一定角度，零度视场发生变化，出现三分视场，再向右或向左一定角度出现另一个三分视场。转动检偏镜至相应的一个角度使三分视场消失，在这两个三分视场中间重新出现较暗的零度视场，这时旋光仪刻度盘上的读数即为被测物质的旋光度。若刻度盘的旋转方向为顺时针，则被测物质为右旋性，读数用“+”号表示，如为逆时针，则被测物质为左旋性，读数用“–”号表示。

四、实验仪器与药品

1. 仪器　WXG-4 型圆盘旋光仪，烧杯，擦镜纸。

2. 药品　10.00%（$g\cdot ml^{-1}$）葡萄糖，10.00%（$g\cdot ml^{-1}$）果糖。

五、实验内容与方法

（一）钠光灯预热

将旋光仪接通电源(220V)，待钠光灯稳定后(约 10min)，即可开始测量。

（二）旋光仪零点的校正

1. 装样品溶液　取 2dm 长的盛液管，装满蒸馏水，使液面凸出管，将小圆玻片沿管口边沿平推盖好，不能带入气泡，然后装上橡皮圈，旋紧螺帽至不漏水，螺帽不宜旋得太紧，否则使玻片产生扭力，影响读数。用擦镜纸将管两端的玻片及外壁残液擦干。打开镜盖，将盛液管置于旋光仪镜筒中，若有气泡，应将气泡放在中间球形的上面，盖好盖子。

2. 调节目镜　调节目镜上视度螺旋至视场中三分视场明暗程度清晰为止。

3. 调零点　转动刻度盘手轮，使刻度盘的 0°线与固定游标尺 0°线重合，从目镜观察三分视场消失，出现较暗的零度视场。如不一致，缓慢转动刻度盘手轮，直到出现较暗的零度视场，记录刻度盘读数，此数即为零点。

（三）读数方法

刻度盘分两个半圆，分别标出0°～180°，并有固定游标分为20等份，读数时先看游标的0点落在刻度盘上的位置，记下整数值，再看它的刻度划线与刻度盘上的刻度划线相重合的点，记下游标尺上的数据为小数点以后的数值。如图5-26所示。刻度盘前方有两块放大镜，供读数时使用。

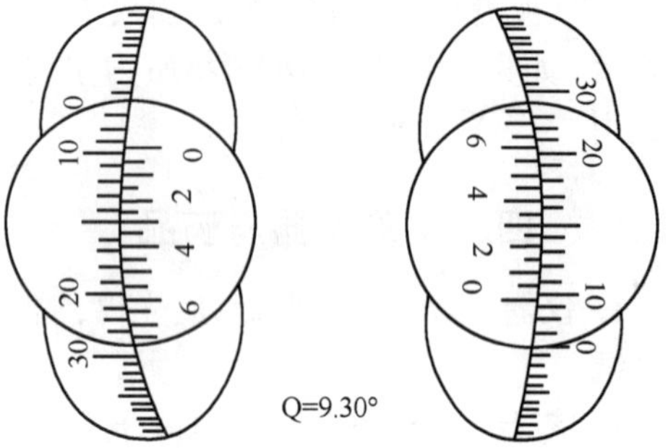

图5-26　旋光仪读数示意图

（四）旋光度的测定

1. 装样品　倒去盛液管中蒸馏水，用少量待测的溶液润洗2～3次，装满待测液，置于镜筒中，若有气泡，应将气泡放在中间球形的上面，盖好盖子。这时出现三分视场。

2. 调节零度视场　缓慢转动刻度盘手轮，再找出另一个三分视场，再缓慢转动刻度盘手轮，使三分视场消失，在两个三分视场中间重新出现较暗的零度视场。

3. 读数　记录刻度盘上读数。重复操作2～3次，取平均值。即为待测溶液的旋光度。

4. 后处理　测毕，关熄钠光灯，取出盛液管，将溶液倒出，用蒸馏水洗净，擦干放好。

用上述方法测定葡萄糖和果糖的旋光度，并分别计算它们的比旋光度。

（五）实验结果的记录与处理

1. 实验结果的记录

样品名称	旋光度/°		
	1次	2次	平均值
葡萄糖			
果糖			
室温/℃			

2. 比旋光度计算

葡萄糖 $[\alpha]_D^t =$

果糖 $[\alpha]_D^t =$

六、注意事项

（1）葡萄糖和果糖溶液配好后，必须放置数小时，待其达到平衡才能使用。

（2）仪器连续使用时间不宜超过4h，如使用时间较长，中间应关熄10～15min，待钠光灯冷却后再继续使用。

七、思考题

（1）测定旋光性物质的旋光度有何意义？

（2）旋光度与比旋光度有何不同？

（3）为什么葡萄糖和果糖溶液配好后，必须放置数小时？

附　录

几种糖的比旋光度见表5-12。

表5-12　几种糖的比旋光度

化合物	比旋光度	化合物	比旋光度
D-葡萄糖	+52.7°	蔗糖	+66.7°
D-果糖	−92.4°	D-半乳糖	+80.7°
麦芽糖	+136°	D-核糖	−23.7°
D-甘露糖	+14.6°	D-2-去氧核糖	−59.0°

（张　璐）

实验十二　乙酰水杨酸的制备

一、目标要求

（1）掌握水杨酸乙酰化反应的原理和操作。

（2）熟悉固体有机物重结晶提纯方法。

二、预习内容

（1）复习酰化反应知识，会写水杨酸乙酰化反应。

(2) 预习固体有机物重结晶提纯操作步骤和方法。

三、实验原理

乙酰水杨酸商品名为阿斯匹林，为常用的退热镇痛药。制备乙酰水杨酸最常用的方法是将水杨酸与乙酸酐作用，通过乙酰化反应，使水杨酸分子中酚羟基上的氢原子被乙酰基取代，生成乙酰水杨酸。为了加速反应的进行，通常加入少量浓硫酸作催化剂，浓硫酸的作用是破坏水杨酸分子中羧基与酚羟基间形成的氢键，从而使酰化作用较易完成。其反应式如下：

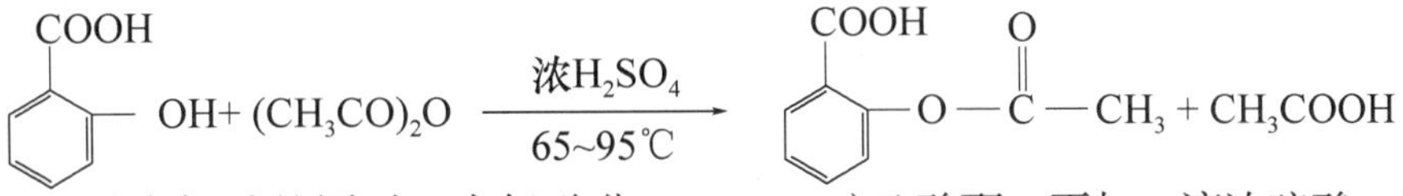

在生成乙酰水杨酸的同时，水杨酸分子间可以发生缩合反应，生成少量聚合物，因此，反应温度不可过高，以减少聚合物的生成。

制得的粗制乙酰水杨酸中混有反应副产物和尚未作用的原料、催化剂等，必须经过纯化处理才能得到纯品。

纯化固态有机物常用的方法是选择合适的溶剂进行重结晶（重结晶有关内容见第五章实验十四）。如果选择不到一种合适的溶剂，常可使用混合溶剂。混合溶剂就是把对此物质溶解度很大和溶解度很小而又能互溶的两种溶剂混合起来使用，可获得满意的结果。

粗制的乙酰水杨酸采用乙醇-水混合溶剂进行重结晶。乙酰水杨酸微溶于水，易溶于乙醇等有机溶剂。

四、实验仪器与药品

1. 仪器　锥形瓶，电炉，水浴锅，温度计，烧瓶夹，烧杯，布氏漏斗，抽滤瓶，量筒，台秤，表面皿，试管，水泵（或油泵），滤纸。

2. 药品　水杨酸，乙酸酐，浓硫酸，95%乙醇，1%三氯化铁，冰块。

五、实验内容与方法

（一）乙酰水杨酸的制备

1. 加药品　在 100ml 干燥的锥形瓶中加入 3g（约 0.022mol）水杨酸和 4.3ml（约 0.044mol）乙酸酐，再加 5 滴浓硫酸，摇匀。将锥形瓶置于 80～85℃的水浴中加热，水杨酸溶解后，维持反应 20min 并时加振摇。

2. 抽气过滤　取出冷却后加入 30ml 蒸馏水，然后将锥形瓶放在冰水中冷却 15min。当有大量结晶析出时抽气过滤（滤纸用蒸馏水润湿），并用少量蒸馏水洗涤结晶 2 次，抽干，即得粗制的乙酰水杨酸。

3. 粗产品纯度检验　取少量粗制品，溶解于 10 滴 95%乙醇中，加入 1%三氯化铁溶液 2 滴，观察有无颜色变化，从而判断产物中有无未反应的水杨酸。

（二）粗制乙酸水杨酸的提纯——重结晶

1. 溶解　将粗制的乙酰水杨酸放入 50ml 烧杯中，并用 5ml 乙醇把粘附在布氏漏斗及滤纸上的晶体都洗入烧杯中，在水浴上加热使其溶解。

2. 抽气过滤　趁热抽气过滤（滤纸用乙醇润湿），以除去不溶性杂质。

3. 加蒸馏水　将滤液倒入一干净烧杯中，加入 20ml 蒸馏水。

4. 冷却　溶液搅拌后放入冰水中冷却 15min。

5. 抽气过滤　当有大量结晶析出时抽气过滤（滤纸用蒸馏水润湿），并用少量蒸馏水洗涤结晶 2 次，抽干。

6. 干燥　将结晶平铺在表面皿上，置于 100℃烘箱中烘干 20min，

7. 称重　干燥后称重（约 2g）并计算产率。

8. 产品纯度检验 再用 1%三氯化铁溶液检验乙酰水杨酸的纯度。

乙酰水杨酸为白色针状结晶，熔点为 134～136℃。

（三）实验结果的记录与处理

1. 实验结果的记录与计算

理论产量：______________g

实际产量：______________g

$$产率=\frac{实际产量}{理论产量}\times 100\%=$$

2. 乙酰水杨酸的纯度检验

样品	加入 $FeCl_3$	
	现象	结论
粗乙酰水杨酸		
提纯乙酰水杨酸		

六、注 意 事 项

（1）反应温度不宜过高，否则将增加副产物酯的生成。

（2）要用没有过量的反应物计算乙酰水杨酸理论产量。

七、思 考 题

（1）重结晶提纯的原理是什么？

（2）前后两次用三氯化铁检查，其结果说明了什么？

（3）在制备乙酰水杨酸过程中，应注意哪些问题才能保证有较高的产率？

附 录

水杨酸、乙酸酐和乙酰水杨酸物理常数见表 5-13。

表 5-13 水杨酸、乙酸酐和乙酰水杨酸物理常数（文献值）

化合物	相对分子质量	熔点/℃	沸点/℃	相对密度/ d_4^{20}	溶解度	
					水	乙醇
水杨酸	138.12	159	211	1.443	微溶（冷水）	互溶
乙酸酐	102.09	−73.1	140.0	1.082	可溶	可溶
乙酰水杨酸	180.15.	136		1.350	微溶	可溶

（张　璐）

实验十三 氨基酸的纸上电泳

一、目 标 要 求

（1）了解纸上电泳的基本原理和方法。

（2）掌握纸上电泳分离氨基酸的实验方法。

二、预 习 内 容

（1）复习氨基酸带电情况与溶液 pH 关系的相关知识。熟悉天冬氨酸和精氨酸在 pH=8.0 的溶液中的带电情况。

（2）熟悉纸上电泳分离氨基酸的操作步骤和方法。

三、实 验 原 理

氨基酸是一类具有特殊重要意义的化合物。许多氨基酸是与生命活动密切相关的蛋白质的基本组成单位，是人体必不可少的物质。氨基酸广泛用于医药、化工、食品等行业，有些则直接用作药物。氨基酸为无色晶体，熔点较高（200℃以上），它的水溶液可以与水合茚三酮试剂发生颜色反应，生成蓝紫色或紫色化合物，这个反应非常灵敏，是鉴定氨基酸最迅速、最简单的方法，常用于 α-氨基酸纸上电泳的显色。

在外加电场的作用下，在一定 pH 条件

下，带电荷的氨基酸向电极移动的现象称为氨基酸的电泳。

由于混合物中各组分所带电荷性质、电荷数量以及分子质量不同，在同一电场作用下，各组分泳动方向和速度也不同，因此，电泳一段时间后，利用各组分的移动距离不同达到分离鉴定的目的。

氨基酸含有氨基和羧基，是一种两性物质。当氨基酸正负电荷相等时，此 pH 即是该氨基酸的等电点(pI)。当氨基酸所处溶液的 pH 等于其等电点时，它主要以两性离子形式 NH_3^- CH(R)COO$^-$存在，分子的净电荷为零，不发生电泳；若溶液的 pH 低于等电点时(即溶液对其等电点来说是酸性)，则氨基酸带有正电荷：

$$H_3N^+—\underset{\displaystyle R}{\underset{|}{CH}}—COO^- + H^+ \longrightarrow H_3N^+—\underset{\displaystyle R}{\underset{|}{CH}}—COOH$$

在电场的作用下向负极移动。反之，氨基酸带有负电荷：

$$H_3N^+—\underset{\displaystyle R}{\underset{|}{CH}}—COO^- + OH^- \longrightarrow H_2N—\underset{\displaystyle R}{\underset{|}{CH}}—COO^-$$

在电场的作用下向正极移动。

纸上电泳作为电泳技术的一种，是最常用来分离或鉴定氨基酸、蛋白质等混合物的一种方法，它是以滤纸为支持剂，使带电的物质或离子于纸上在外电场作用下作定向移动，从而达到分离或鉴定的目的。纸上电泳法操作简单方便，快速准确，因而应用广泛。将样品点在滤纸条上，滤纸用缓冲溶液浸湿，使能导电。将滤纸放在一个支架上，滤纸的两端浸在缓冲溶液中，接通电源，纸的两端就有一定的电压，吸引荷电物质在纸上移动。

氨基酸在滤纸上分离后，干燥滤纸，喷显色剂显色。纸上电泳因为有电流通过滤纸，产生一定热量，所以应在密闭系统中进行，以防水分蒸发，否则滤纸变干而不能导电。电泳分离速度与外加电压有关，电压越大，移动越快，分离所需时间就越短。常用电压为几百伏，按每厘米纸长计算，在几伏至几十伏范围内。电压要稳定才能得到重现结果。

四、实验仪器与药品

1. 仪器　调压稳压整流器(0～500V，0～50mA)，电极(0.5mm 直径铂金丝或碳棒或不锈钢丝)，缓冲液槽(有机玻璃或玻璃槽)，电泳支架，电泳滤纸(20cm×20cm)。

2. 药品　天冬氨酸、精氨酸、精氨酸和天冬氨酸的混合液，磷酸二氢钾-NaOH 缓冲溶液(pH=8.0)，水合茚三酮试剂(0.4%丙酮溶液)。

五、实验内容与方法

(一) 点样和润湿

1. 点样　用铅笔在滤纸中央轻轻画一条横线，并在此横线上等距离处标上 Asp，AA，Arg 三点，表示点样位置。用三支毛细管分别蘸取样品溶液，在上述位置分别点上天冬氨酸、混合氨基酸及精氨酸溶液，样点的直径不超过 2mm，

2. 润湿滤纸　将滤纸两端浸入缓冲溶液中，当滤纸湿至距样点 4～5cm 处取出，用手沿水平方向拉直，待滤纸全被缓冲溶液润湿后，将此滤纸条夹在干滤纸中轻压，吸去多余的缓冲溶液。

(二) 电泳

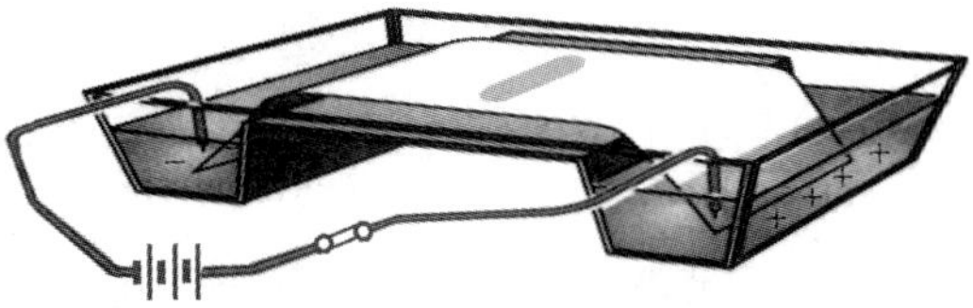

图 5-27　纸上电泳装置

(1) 纸上电泳装置如图 5-27 所示。将点好样品的滤纸条放在电泳槽的支撑板上，样品原点应在隔板正上方，滤纸两端下垂浸入电泳槽里的缓冲溶液中。

(2) 盖上槽盖，然后通直流电，电极与电源接通数分钟后，调节稳压装置，每升高 1 格要停 1～2min，然后调至所需电压，保持恒定。一般使用的电场强度为 $10V\cdot cm^{-1}$，泳动 2h。关闭电源。

（三）显色

(1) 用夹子取出滤纸，热风吹干。

(2) 然后用喷雾器喷上茚三酮溶液，放 100℃烘箱中几分钟，即有紫色斑点出现。

(3) 记录显色斑点与原点的距离及电压和电泳方向，判断混合氨基酸的组成。

（四）实验结果的记录与处理

(1) 电泳样品名称。

(2) 电泳时间。

(3) 显色剂名称。

(4) 电压。

(5) 电泳结果。

样品	显色斑点与原点的距离	电泳方向
天冬氨酸		
精氨酸		
混合氨基酸		

六、注意事项

(1) 必须注意，整个实验过程中手都不能接触滤纸条中部，以免因污染而出现错误的斑点。

(2) 如果一个电泳槽同时放多张滤纸，最好待全部放妥后一起通电，以免操作过程中触电。

七、思考题

(1) 用纸上电泳分离物质的基本原理是什么？

(2) 不带电的物质的混合物能否用纸上电泳分离？为什么？

(3) 在电泳中，某氨基酸向电源正极移动，则该氨基酸主要以什么离子形式存在？

附录

一些重要氨基酸的等电点见表 5-14。

表 5-14 一些重要氨基酸的等电点

化合物	等电点(pI)	化合物	等电点（pI）
甘氨酸	5.97	半胱氨酸	5.07
丙氨酸	6.02	丝氨酸	5.68
天冬氨酸	2.98	酪氨酸	5.66
精氨酸	10.76	赖氨酸	9.74
谷氨酸	3.22	组氨酸	7.59

（张　璐）

实验十四　丙酮的分馏

一、目标要求

(1) 理解蒸馏和分馏的基本原理。

(2) 熟练掌握蒸馏装置的安装和使用方法。

(3) 掌握分馏柱的工作原理和常压下的简单分馏操作方法。

二、预习内容

(1) 复习常压蒸馏装置的安装和使用方法。

(2) 了解简单分馏装置及操作方法。

三、实验原理

蒸馏和分馏的基本原理是一样的，都是利用有机物质的沸点不同，在蒸馏过程中低沸点的组分先蒸出，高沸点的组分后蒸出，从而达到分离提纯的目的。不同的是，分馏是借助于分馏柱使一系列的蒸馏不需多次重复，一次得以完成的蒸馏(分馏就是多次蒸馏)。应用范围也不同，蒸馏时混合液体中各组分的沸点要相差 30℃以上才可以进行分离，而要彻底分离，沸点要相差 110℃以上。分馏可使沸点相近的互溶液体混合物(甚至沸点仅相差 1～2℃)得到分离和纯化。

利用分馏柱进行分馏，实际上就是在分馏

柱内使混合物进行多次气化和冷凝。当上升蒸气和下降的冷凝液互相接触时，二者进行热交换，蒸气中高沸点的组分被冷凝，低沸点的组分仍呈蒸气上升。结果，上升蒸气中低沸点组分含量增多，而下降的冷凝液中高沸点组分增多，如此经过多次气-液两相间的热交换，就相当于是多次的简单蒸馏，以至低沸点组分不断上升而被蒸馏出来，而高沸点组分则不断流回烧瓶中，最终在分馏柱顶部出来的蒸气为高纯度的低沸点组分，这样能把沸点相差较小的混合组分有效地分离或提纯出来。

影响分离效率的因素：①分馏柱效率。理论塔板数，一块理论塔板相当于一次普通蒸馏的效果。②回流比。回流比越大，分馏效率越好（即馏出液速度太快时分离效果差）。③柱的保温。

四、实验仪器与药品

1. 仪器　圆底烧瓶，温度计套管，蒸馏头，温度计，直形冷凝管，接液管，锥形瓶，电炉，水浴锅，铁架台，量筒，分馏柱。

2. 药品　丙酮水溶液，沸石。

五、实验内容与方法

（一）丙酮水混合物分馏

(1) 在 50ml 圆底烧瓶内放入 15ml 丙酮和 15ml 水，加 2～3 粒沸石，按照图 5-28 安装好分馏装置，仔细检查接口是否严密以及温度计的位置。

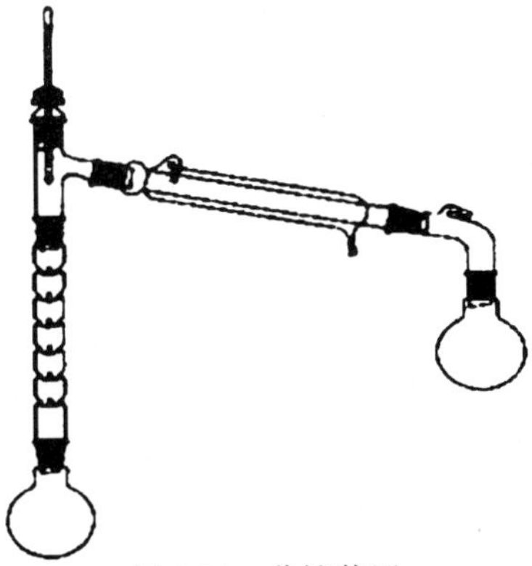

图 5-28　分馏装置

(2) 准备 3 只 15ml 量筒作为接收器，分别注明 A、B、C。通冷凝水，开始缓慢加热，并尽可能精确地控制加热（可通过调压变压器来实现），使馏出液以 2～3s/滴的速度蒸出。

(3) 将初馏出液收集于量筒 A，注意并记录柱顶温度及接收器 A 的馏出液总体积。继续蒸馏，记录每增加 2ml 馏出液时的温度及总体积。

(4) 温度达 62℃时换量筒 B 接收馏出液，98℃时用量筒 C 接收馏出液，直至蒸馏烧瓶中残液为 1～2ml，停止加热。

(5) 记录三个馏分（A.56～62℃，B. 62～98℃，C. 98～100℃）的体积，待分馏柱内液体流到烧瓶时测量并记录残留液体体积。

(6) 以柱顶温度为纵坐标，馏出液体积（ml）为横坐标，将实验结果绘成温度-体积曲线，讨论分离效率。

（二）丙酮-水混合物蒸馏

(1) 为了比较蒸馏和分馏的分离效果，可将丙酮和水各 15ml 的混合液放置于 60ml 蒸馏烧瓶中，按照图 5-29 安装好蒸馏装置进行蒸馏操作，按（一）中规定的温度范围收集 A′、B′、C′各馏分。

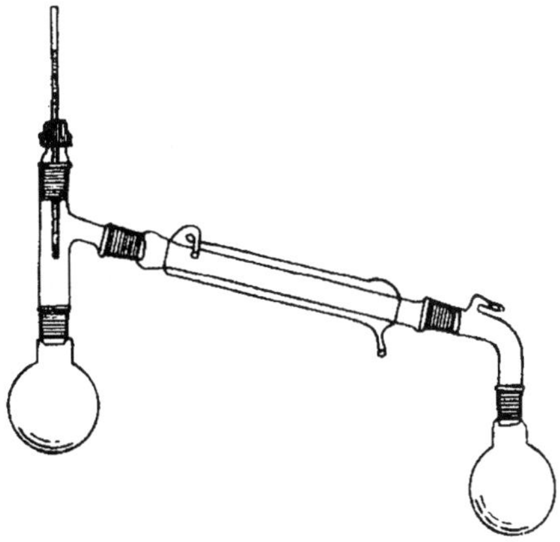

图 5-29　蒸馏装置

(2) 在（一）中所用的同一张纸上作温度-体积曲线。这样蒸馏和分馏所得到的曲线显示在同一图表上，便于对它们所得结果进行比较。从图 5-30 普通蒸馏曲线可看出，无论是丙酮还是水，都不能以纯净状态分离。从

图 5-30 分馏曲线可以看出分馏柱的作用，曲线转折点为丙酮和水的分离点，基本可将丙酮分离出。

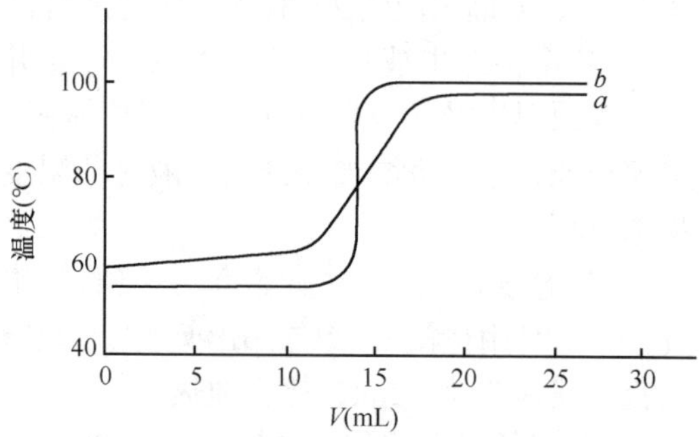

图 5-30　丙酮-水的分馏和蒸馏曲线

（三）实验结果的记录与处理

1. 实验结果的记录

分馏	馏出液体积/ml	第 1 滴	2	4	6	8	10	12	13	14	16	18	…
	温度/℃							62	62	62			
蒸馏	馏出液体积/ml												…
	温度/℃												

2. 作图　依上表数据在同一坐标上作分馏曲线和蒸馏曲线图。

六、注 意 事 项

(1) 蒸馏及分馏效果好坏与操作条件有直接关系，其中最主要的是控制馏出液流出速度，以 2～3s·滴$^{-1}$ 为宜，不能太快，否则达不到分离要求。

(2) 简单分馏操作和蒸馏大致相同，要很好地进行分馏，必须注意下列几点：

1) 分馏一定要缓慢进行，控制好恒定的蒸馏速度为 2～3s·滴$^{-1}$，这样可以得到比较好的分馏效果。

2) 要使有相当量的液体沿柱流回烧瓶中，即要选择合适的回流比，使上升的气流和下降液体充分进行热交换，使易挥发组分尽量上升，难挥发组分尽量下降，分馏效果更好。

3) 必须尽量减少分馏柱的热量损失和波动。柱的外围可用石棉绳包住，这样可以减少柱内热量的散发，减少风和室温的影响，也减少了热量的损失和波动，使加热均匀，分馏操作平稳地进行。

七、思 考 题

(1) 为什么分馏时最好控制馏出液的速度以 2～3s·滴$^{-1}$ 为宜？

(2) 在分离两种沸点相近的液体时，为什么装有填料的分馏柱比不装填料的效率高？

(3) 蒸馏和分馏的操作有何异同点？

（郑东华）

实验十五　乙酰苯胺的重结晶

一、目 标 要 求

(1) 了解用重结晶法提纯固态有机化合物的基本原理和步骤。

(2) 掌握重结晶的基本操作。

二、预 习 内 容

(1) 了解重结晶原理，熟悉重结晶方法提纯固体有机化合物操作。

(2) 复习热过滤和抽滤操作。

三、实 验 原 理

固体有机化合物在某一溶剂中的溶解度与温度密切相关，一般是温度升高溶解度增大。若把固体样品溶解在热的溶剂中生成饱和溶液，冷却时由于温度降低，溶解度下降，溶液便析出结晶。重结晶操作是利用混合物中各组分（被提纯物或杂质）在某种溶剂中的溶解度的不同，使被提纯物质从过饱和溶液中析出，而让杂质全部或大部分仍留在溶液中（或被过滤除去），从而达到除去杂质提纯固态有机化合物的目的。

重结晶操作常按以下步骤进行：

1. 溶剂的选择　在进行重结晶时，选择适宜的溶剂是一个关键。否则达不到纯化的目的，或者纯品的回收率很低。

(1) 理想的溶剂必须具备下列条件：①该溶剂不与被提纯物质发生化学反应；②在较高温度下，被提纯物质在溶剂中的溶解度大，而在较低温度下被提纯物质的溶解度小；③该溶剂对杂质的溶解度非常大，能把杂质留在母液中不随晶体一同析出，或对杂质的溶解度非常小，很少溶于热溶剂中，在热过滤时被除去；④溶剂易挥发，以免其附着于晶体表面不易除去；⑤能结出较好的结晶。

(2) 在几种溶剂同样适合时，应根据重结晶的回收率高低、操作难易、溶剂毒性大小、易燃性、溶剂用量和价格等因素来选择。常用溶剂有水、乙醇、乙醚、丙酮、石油醚、氯仿、四氯化碳、苯和乙酸乙酯等（表 5-11）。

(3) 选择溶剂时，根据“相似相溶”的原理，必须考虑需提纯物质的成分与结构，如极性物质较易溶于热水、醇、酮和酯等极性溶剂中，而难溶于如苯、四氯化碳等非极性溶剂中。溶剂的最终选择，需要采用实验的方法来确定。具体方法如下：取几支小试管，各加入约 0.1g 待重结晶的固体样品粉末（若为块状，应研成粉末，便于溶解），用滴管逐渐加入溶剂，并不断振荡。若加入的溶剂量达 1ml 仍未见全溶，可小心加热混合物至沸腾（必须严防溶剂着火！）。若此物质在 1ml 冷的或温热的溶剂中已全溶，则此溶剂不适用。若该物质不溶于 1ml 沸腾的溶剂中，则继续加热，并分批加入溶剂，每次加入 0.5ml 并加热至沸腾。若加入溶剂量达到 4ml，而物质仍然不溶解，则必须寻求其他溶剂。如果该物质能溶解在 1.0～4.0ml 的沸腾的溶剂中，则将试管进行冷却，观察结晶析出的情况，如果结晶不能自行析出，可用玻璃棒摩擦溶液液面下的玻璃壁，或再辅以冰水冷却，以使结晶析出。若结晶仍不析出，则此溶剂也不适用；如果结晶能正常析出，可考虑使用该溶剂。要注意析出的量，在几个溶剂中选用结晶效率最好的溶剂来进行重结晶。

(4) 假如不能找到单一的溶剂进行重结晶，则可采用混合溶剂。混合溶剂通常是由两种能以任一比例互溶的溶剂组成，其中一种对被提纯物质的溶解度很大，而另一种溶解度很小。一般常用的混合溶剂如下：

乙醇-水　乙醚-甲醇　乙酸-水乙醚-丙酮
丙酮-水　乙醚-石油醚　吡啶-水 苯-石油醚

2. 固体物质的溶解　固体物质的溶解常以圆底烧瓶做容器，因为它的瓶口较小，溶剂不易挥发，而且便于摇动以促使固体样品溶解。操作时，先将样品放入圆底烧瓶中，加入较需要量（根据查得的溶解度数据或溶解度试验方法所得的结果估计的需要量）稍少的适宜溶剂。加热至沸腾，若未完全溶解，可再分次逐渐添加溶剂。每次加入后均需再加热使溶剂沸腾，直至物质完全溶解。注意不要因为重结晶的物质中含有不溶解的杂质而加入过量的溶剂。溶剂的用量在整个重结晶的操作中极为重要，用量太少会造成过滤困难；用量太多，则物质遗留在母液中的量太多，损失大、回收率低。因此，溶剂的用量必须适量，一般可比需要量多加 20%左右。

为了避免操作时溶剂挥发，应在圆底烧瓶上装回流装置，溶剂从冷凝管上端加入，中途加溶剂时应撤去热源，根据溶剂的沸点选择合适的热源，使用可燃性溶剂时禁止用明火直接加热。

3. 杂质的除去（趁热过滤）　样品溶解后，若溶解中含有有色杂质或树脂杂质时，会影响产品的纯度，在这种情况下，应将被提纯物质全部溶解并待溶液稍冷后，加入适量的活性炭（一般加入量约为固体质量的 1%～5%），若一次脱色不彻底，可重复操作，但必须注意，活性炭除吸附杂质外，也会吸附产品，因而活性炭加入过多是有害的。活性炭不能直接加入已沸腾的溶液中，以免溶液暴沸而自容器中冲出，过滤所选用的滤纸质量要紧密，以防活性炭透过滤纸进入溶液中。如果溶液稍冷却后就会析出结晶，或过滤的液体较多时，最好用热水漏斗（图 5-31）。夹套内的水应预先烧热，切忌在过滤时用火加热。

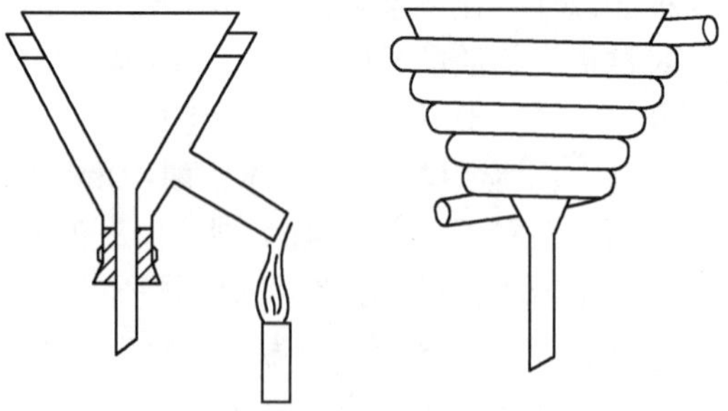

图 5-31　热水漏斗

为了过滤较快，可选用一颈短而粗的漏斗和折叠滤纸（图 5-32）。折叠滤纸向外突出的棱边，应紧贴于漏斗壁上。

折叠滤纸的方法：将选定的圆形滤纸，按图 5-32（a）先一折为二，再沿 2、4 折成四分之一。然后将 1、2 的边沿折至 4、2，2、3 的边沿折至 2、4，分别在 2、5 和 2、6 处产生新的折纹。继续将 1、2 折向 2、6，2、3 折向 2、5，分别得到 2、7 和 2、8 的折纹，如图 5-32（b）所示；同样以 2、3 对 2、6，1、2 对 2、5，分别折出 2、9 和 2、10 的折纹，如 5-32（c）所示。最后在八个等分的每一小格中间以相反方向折成十六等分，如图 5-32（d）所示，结果得到折扇一样的排列。再在 1、2 和 2、3 处各向内折一小折面，展开后即得到折叠滤纸或扇形滤纸，如 5-32（e）。在折纹集中的圆心处折时切勿重压，否则滤纸中央在过滤时容易破裂。在使用前，应将折好的扇形滤纸翻转并整理好后再放入漏斗中，这样可避免被手指弄脏的一面接触滤过的滤液。

4. 结晶的析出及抽滤　若将滤液迅速冷却或剧烈搅动，则可得到颗粒很小的晶体。小晶体总表面积较大，吸附在它表面的杂质较多。若要得到均匀而且颗粒较大的晶体，可将滤液在室温下静置，使之缓慢冷却，逐渐形成结晶。颗粒大的结晶，总表面积小，吸附在它表面上的杂质少，提纯效果较好。

如果在趁热过滤或滤液转移时已有结晶析出，应加热复溶后再让其缓慢冷却析出结晶。有时滤液虽冷却，但仍无结晶析出，可用玻璃棒摩擦器壁以形成粗糙面，使溶质分子呈定向排列而析出结晶，或者投入晶种（同一物质的晶体，若无此物质的晶体时，可用玻璃棒蘸一些溶液，稍干后即会析出结晶），促使晶体形成。应注意的是晶种不要加得太多，加入晶种后不要搅动溶液，以免很快形成结晶而影响产品的纯度。

当结晶完全后，把晶体从母液中分离出来，一般用布氏漏斗抽气过滤，如图 5-33 所示。抽滤瓶的侧管用耐压的橡皮管和水泵相连（最好接一安全瓶再和水泵相连）。布氏漏斗中铺的圆形滤纸要剪得比漏斗内径略小，使其紧贴于漏斗的底壁。在抽气前先用少量溶剂把滤纸润湿，然后打开水泵把滤纸抽紧，以防止固体在抽滤时自滤纸边沿而吸入抽滤瓶中，借助玻璃棒，将固体和母液分批倒入漏斗中，并用少量滤液洗出黏附于容器壁上的晶体。

布氏漏斗中的晶体要用重结晶的同一溶剂洗涤以除去存在于晶体表面的母液，用量要尽量少，以减少溶解损失。洗涤的方法是先将抽气暂时停止，在晶体上加少量冷的溶剂，用玻璃棒或刮刀轻轻小心搅动（不要使滤纸松动），使固体全部被溶剂润湿，静置一会儿，然后再抽气。为了使溶剂和晶体更好地分开，最好在进行抽气的同时用清洁的玻璃塞倒置在晶体表面上并用力挤压（图 5-33）。如此反复 1～2 次即可将晶体表面的母液洗净。

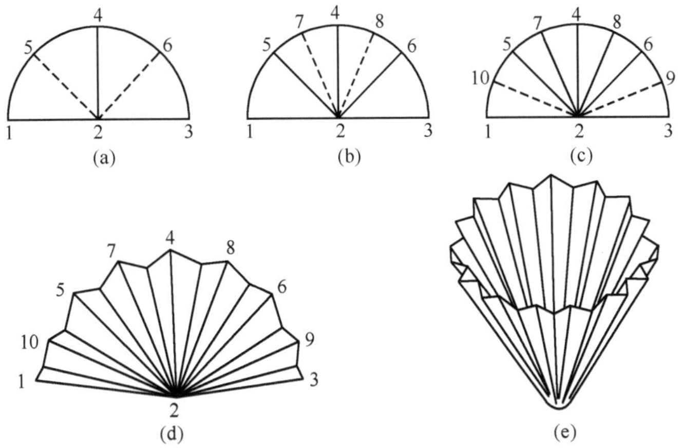

图 5-32　折叠滤纸的方法

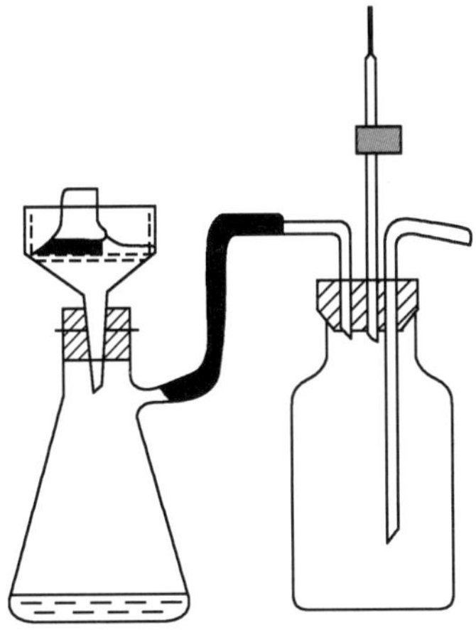

图 5-33　抽滤装置

关闭水泵前，先将抽滤瓶与水泵间连接的橡皮管拆开，或将安全瓶上的旋塞打开接通大气，以免水倒注入吸滤瓶。抽滤所得到的母液，如还有用处，可移置于其他容器中，较大量的有机溶剂，一般应用蒸馏法回收。如母液中溶解的物质不容忽视，可将母液适当浓缩，回收得到一部分纯度较低的晶体，测定它的熔点，以决定是否可供直接使用，或需进一步提纯。

5. 结晶的干燥　洗涤和抽滤后的结晶表面可能吸附有少量的溶剂，必须把它除去。若产品不吸潮，可将固体样品倒入表面皿上铺成薄薄的一层，再用一张滤纸盖在上面以免灰尘沾污，然后在室温下放置晾干，一般要经几天后才能彻底干燥。对于不易挥发的溶剂可在红外灯下烘干。对于热稳定的物质，也可在烘箱中用比该物质熔点低的温度烘干。经干燥后的纯品应保存在密闭的试剂瓶内或放入干燥器中，以防止吸潮。

四、实验仪器与药品

1. 仪器　循环水真空泵、热滤漏斗、抽滤瓶、布氏漏斗、酒精灯、滤纸、铁架台、铁圈、火柴、短颈玻璃漏斗，台秤，烧杯。

2. 药品　粗乙酰苯胺，活性炭。

五、实验内容与方法

（一）固体物质的溶解

(1) 称取 5g 粗乙酰苯胺，放在 150ml 烧杯中。

(2) 加入适量纯水，加热至乙酰苯胺溶解，若不溶解，可适量添加少量热水（每次加入 3～5ml），搅拌并热至接近沸腾，使乙酰苯胺溶解，若未见不溶物消失，则可能是不溶性杂质。

（二）活性炭脱色及热过滤

(1) 稍冷后，加入适量（约 0.5～1g）活性炭于溶液中，煮沸 5～10min。

(2) 趁热用放有折叠式滤纸的热水漏斗过滤，用一烧杯收集滤液。

（三）结晶的析出与干燥

(1) 称量一张滤纸（剪好）与表面皿的合重，并记录为 m_1，滤液放置冷却后，有乙酰苯胺析出。

(2) 减压过滤，尽量除去母液。

(3) 抽干后连同滤纸放在表面皿中，放入烘干箱 85℃干燥样品 30min。

(4) 从烘干箱取出晶体，称量样品、滤纸和表面皿的合重，记录质量为 m_2。计算回收率。

（四）实验结果的记录与处理

m_1=______（g）

m_2=______（g）

$$回收率=\frac{m_2-m_1}{5}\times100\%=\_\_\_\_\_\_$$

六、注意事项

1. 活性炭脱色 活性炭用量的多少视反应液颜色而定，不必准确称量，通常加半牛角勺即可。特别注意不可在溶液沸腾时加活性炭，以防暴沸。

2. 热过滤 短颈漏斗必须先在烘箱中充分预热，尽量减少产物在滤纸上

结晶析出。

3. 扇形滤纸的折叠 扇形滤纸的作用是增大母液与滤纸的接触面积，加快

过滤速度。在折叠扇形时要注意不要把滤纸的顶部折破。

七、思考题

(1) 理想溶剂应具备的条件是什么？

(2) 活性炭使用时应注意什么？

(3) 抽气过滤时应注意什么？

附录

常用的重结晶溶剂物理常数见表 5-15。

表 5-15 常用的重结晶溶剂物理常数

溶剂	沸点/℃	冰点/℃	密度	与水的混溶性	易燃性
水	100	0	1.0	+	0
甲醇	64.96	<0	0.7914	+	+
95%乙醇	78.1	<0	0.804	+	++
冰乙酸	117.9	16.7	1.05	+	+
丙酮	56.2	<0	0.79	+	+++
乙醚	34.51	<0	0.71	—	++++
石油醚	30～60	<0	0.64	—	++++
乙酸乙酯	77.06	<0	0.90	—	++
苯	80.1	5	0.88	—	++++
氯仿	61.7	<0	1.48	—	0
四氯化碳	76.54	<0	1.59	—	0

乙酰苯胺在水中的溶解度与温度的关系见表 5-16。

表 5-16 乙酸苯胺在水中的溶解度与温度的关系

温度/℃	20	25	50	80	100
乙酰苯胺饱和浓度/%	0.46	0.56	0.84	3.45	5.5

乙酰苯胺的物理常数见表 5-17。

表 5-17 乙酰苯胺物理常数

名称	沸点/℃	熔点/℃	溶解度（水中）	相对分子质量
乙酰苯胺	304～305	113～115	25℃：0.563g 100℃：5.2g	135.16

（郑东华）

实验十六 环己烯的制备

一、目标要求

(1) 了解分馏和蒸馏的原理和操作。

(2) 掌握醇脱水制备烯烃的原理和操作。

二、预习内容

(1) 复习分馏柱的使用和操作。

(2) 预习环己醇在酸催化下脱水制备环己烯的反应和方法。

三、实验原理

烯烃是重要的有机化工原料。实验室中制备烯烃通常采用酸催化下醇脱水的方法，常用的脱水剂是浓硫酸和磷酸等。由于高浓度的硫酸会导致烯烃的聚合和分子间的脱水反应，因此，醇在酸催化脱水反应中的主要副产物是烯烃的聚合物和醚。环己醇在脱水剂浓硫酸作用下分子内脱去一分子水而形成环己烯。

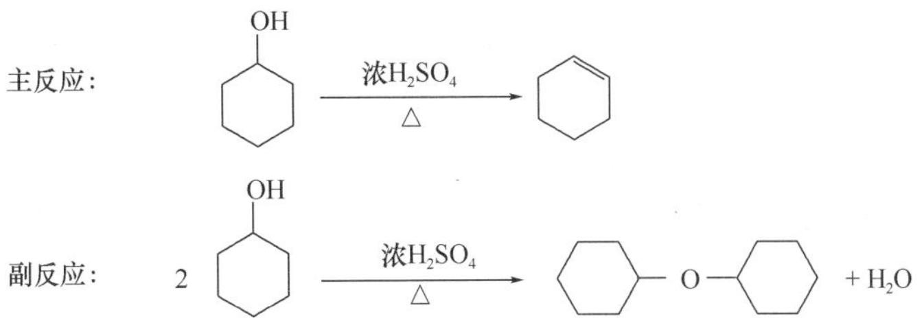

在平衡混合物中，环己烯沸点最低，可以边生成边蒸出，从而获得高产率。

四、实验仪器与药品

1. 仪器　圆底烧瓶，分馏柱，分液漏斗，锥形瓶，干燥管，直形冷凝管，蒸馏头，温度计，电热套，量筒。

2. 药品　环己醇，9mol·L^{-1} 硫酸，3mol·L^{-1} 氢氧化钠，无水硫酸钠，沸石，氯化钙。

五、实验内容与方法

（一）仪器安装与药品加入

在 100ml 干燥的圆底烧瓶中，放置 20g（21ml，约 0.2mol）环己醇和 10ml 9mol·L^{-1} 硫酸，充分振摇使之混合均匀，以免在加热过程中产生局部碳化。加 2～3 粒沸石，按图 5-34 安装好分馏装置，接收瓶应浸入冰水浴。电热套加热反应瓶。

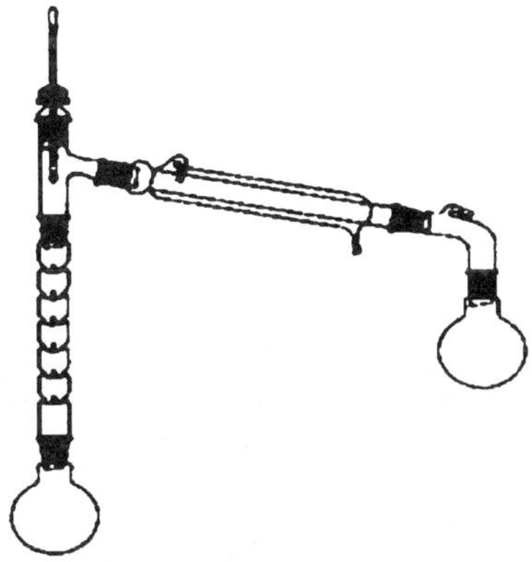

图 5-34　分馏装置

（二）环己烯粗产物制备

用小火慢慢加热混合物至沸腾，控制分馏柱顶部馏出温度不超过 90℃，以减少未作用的环己醇蒸出。大部分时间顶部馏出温度在 60～70℃（除非加热过猛）之间。反应瓶中液体只剩 10ml 时，停止加热，收集馏出液。馏出液为环己烯和水的浑浊液。

（三）环己烯和水的分离

馏出液转入小分液漏斗，加 5～10ml 3mol · L^{-1} 氢氧化钠溶液，充分振摇，不时小心放气，静置分层，除去水层。有机层转入干燥的 50ml 锥形瓶中，加 1～2 g 无水硫酸钠，不时摇动 5～10 min，将有机混合物倾入另一个干燥的 50 ml 锥形瓶中，加 1～2g 无水硫酸钠，不时摇动 5min，将有机混合物滤入干燥的 50 ml 蒸馏瓶中。

（四）蒸馏提纯环己烯

为获得纯环己烯，所用的蒸馏装置必须彻底干燥（水和环己烯形成共沸物）。加几粒沸石，用事先干燥的简单蒸馏装置蒸馏，用干燥的 25ml 接收瓶（应事先称重）收集（如果低沸点馏分较多，重新干燥蒸馏）。收集 80～85℃馏分，接收瓶用冰浴冷却，真空接收管上接氯化钙干燥管。产量 8～10g。

纯环己烯为无色透明液体，沸点 83℃。

（五）实验结果的记录与处理

产品性状：

环己烯实际产量：____________g

六、注意事项

(1) 环己醇在常温时为黏稠液体。为减少转移时的损失，可用少量水冲洗量筒并倒入反应液中，也可用称量法称取。

(2) 脱水用磷酸或硫酸均可。磷酸的用量是硫酸的 2 倍。用磷酸可以使反应中不生成碳渣、刺激性气体。

(3) 反应中，环己烯和水形成最低共沸物，沸点：70.8℃；环己醇和环己烯形成共沸物，沸点：64.9℃；环己醇和水形成共沸物，沸点：97.8℃。因此，在加热时温度不可过高，蒸馏速度不宜太快，以减少未反应的环己醇蒸出。

(4) 水层应尽可能分离完全，否则将增加干燥剂的用量，使产物更多地被干燥剂吸附，从而导致损失。

七、思考题

(1) 什么是最低共沸物？

(2) 如脱水时用回流而不用蒸馏，将会有什么结果？假定其他操作不变。

(3) 在制备环己烯的过程中为什么要控制分馏柱馏出温度不超过 90℃？

附录

主要试剂及产物的物理性质见表 5-18。

表 5-18 主要试剂及产物的物理常数

名称	相对分子质量	性状	折光率	密度(d_4^{20})	熔点/℃	沸点/℃	溶解度(水)
环己醇	100.16	无色黏稠液体	1.4656^{20}	0.9624	24	161.1	5.67g/100ml
环己烯	82.14	无色液体	1.4507^{20}	0.8102	—	83	2.4g/100ml

（苏 琨）

实验十七 己二酸的制备

一、目标要求

(1) 了解用环己醇氧化制备己二酸的基本原理和方法。

(2) 掌握电动搅拌器的使用方法及浓缩、过滤、重结晶等基本操作。

二、预习内容

(1) 复习环己醇与高锰酸钾试剂反应生成己二酸的理论，了解其合成方法。

(2) 熟悉电动搅拌器的安装和使用方法。

三、实验原理

羧酸是重要的有机化工原料。制备羧酸的方法很多，最常用的是氧化法。烯、醇和醛等氧化都可以用来制备羧酸。所用的氧化剂有重铬酸钾、硫酸、高锰酸钾和硝酸等。利用环己醇氧化可制备己二酸，同时产生一些降解的二元羧酸。反应如下：

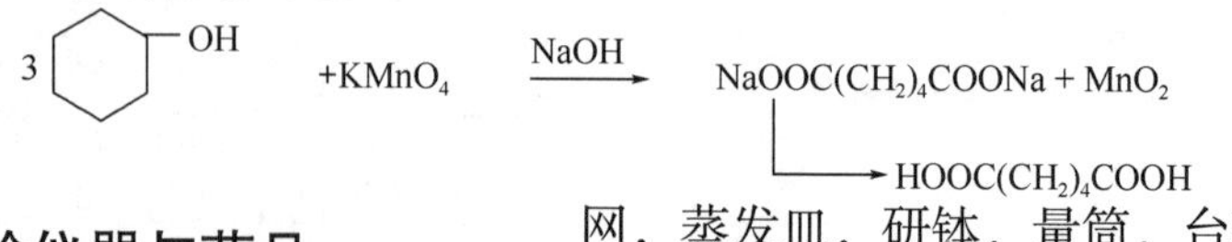

四、实验仪器与药品

1. 仪器 三口烧瓶，温度计，电动搅拌装置，吸滤瓶，布氏漏斗，滤纸，滴管，烧杯，电炉，铁架台，水泵，pH 试纸，石棉网，蒸发皿，研钵，量筒，台秤，表面皿。

2. 药品 环己醇 1.3g (1.4ml，约 0.013mol)，高锰酸钾 5.6g (0.035mol)，10%氢氧化钠溶液，浓盐酸，亚硫酸氢钠，活性炭。

五、实验内容与方法

（一）仪器安装

按图 5-35 安装仪器。搅拌器的轴与搅拌棒要在同一直线上，先用手试验搅拌棒转动是否灵活，再以低转速开动搅拌器，试验运转情况。搅拌棒下端位于液面以下，以离烧杯底部 3～5mm 为宜。温度计应与搅拌棒平行且伸入液面以下。

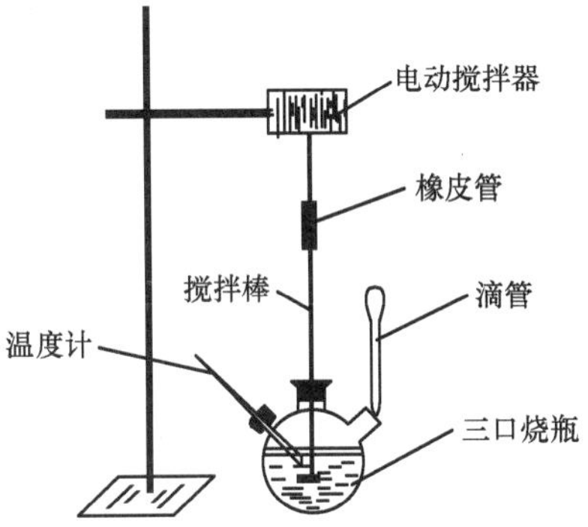

图 5-35　制备己二酸搅拌装置图

（二）制备己二酸

(1) 在装有搅拌装置、温度计的 200ml 三口烧瓶中加入 30 ml 水、3 ml 10%氢氧化钠溶液，开动搅拌器，边搅拌边加入 5.6g 高锰酸钾（$KMnO_4$ 要研细）。待高锰酸钾溶解后，用滴管缓慢滴加 1.4 ml 环己醇（可用少量水冲洗量筒并倒入反应液中），反应随即开始。控制滴加速度，使反应温度维持在 43～47℃之间。

(2) 当环己醇滴加完毕，反应温度开始下降时，在沸水浴上将反应物加热 5min，促使反应完全，可观察到有大量二氧化锰的沉淀凝结。

(3) 用玻璃棒蘸一滴反应混合物点到一张平整的滤纸上做点滴实验，以试验反应是否完成。如有高锰酸盐存在，则在棕色二氧化锰点的周围出现紫色的环，可加入少量固体亚硫酸氢钠直到点滴试验呈阴性为止。

(4) 将得到的混合物趁热抽滤，每次用 10ml 热水洗涤滤渣 2 次，将洗涤液与滤液合并置于烧杯中。加少量活性炭脱色，趁热抽滤。将滤液转移至干净烧杯中，慢慢滴加浓盐酸，酸化至 pH＝1～3。然后在石棉网上加热浓缩使溶液的体积减少至 10ml 左右，放置，冷却析出结晶，抽滤，用 10ml 冷水洗涤结晶，干燥，得己二酸白色棱状晶体约 1.2～1.5g，熔点 151～152℃。

投料也可选用以下比例：高锰酸钾 9.6g，滴加 2.4g 环己醇。

（三）实验结果的记录与处理

1. 实验结果的记录

产品性状：

己二酸理论产量：________g；　己二酸实际产量：________g。

2. 计算产率

$$产率=\frac{实际产量}{理论产量}\times100\%=$$

六、注 意 事 项

(1) 此反应属强烈放热反应，要控制好环己醇滴加速度和搅拌速度，滴加速度不可太快，否则，反应强烈放热，使温度急剧升高而难以控制。易引起混合物冲出反应器，引起飞溅或爆炸。严格控制反应温度，稳定在 43～49℃之间。

(2) $KMnO_4$ 要研细，以利于 $KMnO_4$ 充分反应。

(3) 反应终点的判断：①反应温度降至 43℃以下；②用玻璃棒蘸一滴混合物点在平铺的滤纸上，若无紫色存在表明已没有 $KMnO_4$。

(4) 环己醇熔点为 24℃，熔融时为黏稠液体。为减少转移时的损失，可用少量水冲洗量筒并倒入反应液中。

(5) 用热水洗涤 MnO_2 滤饼时，每次加水量约 5～10 ml，不可太多。

(6) 用浓盐酸酸化时，要慢慢滴加，酸化至 pH＝1～3。

(7) 浓缩蒸发时，加热不要过猛，以防液体外溅。浓缩至 10 ml 左右后停止加热，让其自然冷却、结晶。

本实验的成败关键：环己醇的滴加速度和反应温度的控制。

七、思 考 题

(1)用高锰酸钾法制取己二酸时，为什么先用热水洗涤滤渣，后用冷水洗涤粗产品？

(2)为什么环己醇滴加速度不可太快？

(3)本实验为什么要加入浓盐酸？

附 录

一些化合物的物理常数见表5-19。

表5-19 一些化合物的物理常数

名称	性状	密度(d)	熔点/℃	沸点/℃	折光率(n^{20})	溶解度		
						水	乙醇	乙醚
环己醇	无色黏稠液体	0.9624	24	161	1.4656	3.5^{20}	可 溶	可 溶
己二酸	单斜晶棱柱体	1.360	151～153	265	—	100^{100}	易 溶	0.6^{15}

（苏 琨）